> 고침판

빛깔이 있는
학급운영 2
상담과 생활지도 길잡이

빛깔이 있는
학급운영 2
상담과 생활지도 길잡이

ⓒ 우리교육, 2004

1999년 3월 20일 1판 1쇄 펴냄
2019년 3월 5일 2판 17쇄 펴냄

엮은이 · 우리교육
펴낸곳 · (주)우리교육
펴낸이 · 신명철
주소 · 03993 서울특별시 마포구 월드컵북로 6길 46
전화 · 02-3142-6770
팩스 · 02-3142-6772
등록 · 제313-2001-52호
홈페이지 · www.uriedu.co.kr

· 이 책의 내용과 그림은 무단 전재·복사할 수 없습니다.
· 잘못된 책은 바꾸어 드립니다.
· 책값은 뒤표지에 있습니다.

ISBN 978-89-8040-611-1 14370
　　　978-89-8040-609-8 (세트)

고침판

빛깔이 있는
학급운영 2
상담과 생활지도 길잡이

우리교육 엮음

우리교육

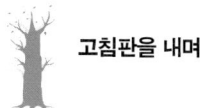 **고침판을 내며**

책을 낸 지 꼭 5년 만에 고침판을 내게 되었습니다.

초판본이 여러 쇄를 거듭하는 동안, 끊임없는 성원과 격려로 힘을 실어주신 전국의 여러 선생님들께 진심으로 감사의 인사를 드립니다.

처음 이 책을 펴내면서 가슴에 심어둔 꿈이 하나 있었습니다.

그것은, 이 책 이후로 각 영역에서 내밀하게 갈고 벼린 결과물들이 낱권으로 구체화되어 계속 잇대어 출간되는 것이었습니다. 이름하여 '빛깔시리즈'입니다. 10년, 20년 공들여 가꾸고 연구한 지혜와 경험이 갈래별로 축적된 빛깔시리즈는, 상상하는 것만으로도 설레는 일이었습니다.

아직도 그 기대감을 버리지 않고 있습니다. 서둘러 고침판을 내는 것도 ― 물론 환경 변화에 따른 고침판에 대한 요구도 있었습니다만 ― 빛깔시리즈에 대한 추임새를 좀 더 충실하게 해내고 싶은 욕심 때문입니다.

고침판은 그런 취지를 반영하여, 허름한 곳을 손질하고, 새로운 정보를 꼼꼼하게 보완하는 수준에서 작업을 진행했습니다. 낡은 예화나 상투적인 해설은 솎아내고, 그 사이에 이루어낸 성과물은 엄선하여 덧보탰습니다. 필요하면, 과감히 새로운 꼭지를 신설하여 추가하기도 했습니다. 그리고 선생님들의 편의를 위해 인용 자료와 주제어 색인도 덧붙였습니다.

그러나, 처음 유지하고 있던 틀을 흔들지는 않았습니다. 환경의 변화 속도가 너무 빨라서 감당하기 어려운 부분이 있다지만, 기본적인 철학과 지향점은 여전히 유효하기 때문입니다.

이 책이 행복한 교실을 꿈꾸는 선생님들에게 값진 거름으로 쓰였으면 하는 바람은 처음 책을 펴낼 때와 똑같습니다. 거듭 강조컨대, 이 책은 시작일 뿐입니다. 선생님들의 관심과 열정이 '빛깔시리즈'로 더 깊어지고 넓어질 수 있기를 기원합니다.

고침판을 내는 과정에서 아낌없이 지혜와 경험을 빌려주신 여러 선생님들, 그리고 초판에 이어 책의 표지와 꼴을 다시 반듯하게 다듬어주신 이정은 님께 감사드립니다. 아울러 '교육의 희망'을 위해 사방에서 고군분투하시는 선생님들께도 변함없는 존경과 사랑을 전합니다.

2004년 2월 우리교육

《빛깔이 있는 학급운영》을 펴내며

오랫동안 벼르던 학급운영 지침서를 이제야 내놓게 되었습니다.

책이 나오기까지 적지 않은 준비 기간을 거친 셈입니다. 그간 많은 선생님들의 요구가 있기도 했지만, 《우리교육》이 10년간 일구어낸 성과가 버팀목이 되었기에 가능한 출발이었습니다. 이 책을 엮기 위해 선생님들의 열정과 지혜를 찾아 떠나는 탐색은 — 매우 어려운 일이었지만 — '교육의 희망'을 앞세운 작업이었으므로 내내 설렘 같은 것으로 충만할 수 있었습니다.

기획 과정에서 많은 선생님들을 만나 이 책의 방향성 문제를 두고 집중적인 검토 작업을 벌였습니다. 교육의 의미를 엄정하게 되짚어볼 필요도 있었지만, 학교를 둘러싼 환경과 조건이 너무 많이 변했기 때문입니다.

집약된 의견은 크게 두 가지로 나뉘었습니다. 하나는 프로그램의 나열보다 현재 학급운영의 철학을 한 단계 끌어올릴 수 있는 '진보적 논점'을 중심에 두자는 것이고, 또 다른 하나는 학급운영의 고민을 현실적으로 해결할 수 있는 대안에 무게를 싣자는 것이었습니다. 한 가지 주제를 선택하더라도, 그것의 도입부터 끝까지 프로그램의 내면화 과정을 집중적으로 추적하자는, 이름하여 '주제가 있는 학급운영'에 대한 의견도 있었습니다. 이 가운데 우리가 택한 것은 이 모든 것을 한 틀로 다스리되, 발전적인 대안 탐색에 무게를 두는 것이었습니다. 그 편이 선생님들에게 운용의 공간을 만들어주는 데 훨씬 유효할 것이란 판단 때문입니다.

본격적인 작업은 편집부의 연구 작업과 전국 각지에서 선생님들이 일구어낸 사례를, 사전의 개념으로 결합시키는 방향에서 이루어졌습니다. 물론 미완성입니다. 완성은 선생님의 손에 달려 있습니다. 구슬이 영롱하게 희망의 빛깔을 품었다 해도, 끈에 꿰어지지 않는 한 그저 낱낱의 구슬일 뿐입니다. 이 책은 99개의 구슬입니다. 여기에 하나를 덧보태고 끈에 꿰어 보배로 만드는 것은 선생님의 몫입니다. 덧보탤 하나는 곧 관심과 사랑입니다. 그래서 책 머리에 '빛깔'이라는 수식어를 얹었습니다. 아이들을 헤아리는 사랑의 폭에 따라 아이들과 학급의 빛깔이 빚어질 것입니다.

이 책은 모두 세 권으로 구성되어 있습니다.

제1권에서는 '학급운영 터잡기'라는 주제로 첫만남, 모둠활동 등의 일상활동의 영역을 담았고, 제2권은 학생 생활지도와 상담을 중심 테마로 삼았습니다. 3권에서는 각종 학급 행사와 마무리에 대한 실제 방법론을 모았습니다.

각 권의 짜임은 4단계 구성으로, 각 단계가 갖는 빈틈을 서로 엇갈려 보완할 수 있도록 마치 그물을 짜듯 엄정하게 갈고 다듬었습니다.

우선 첫 단계인 '약이 되는 이야기'는 해당 주제에 대한 원론을 새로운 각도에서 조망해보는, 일종의 '뒤집어보기'이며, 이에 대한 본격적인 방법적 탐색은 둘째 가름에서 이루어집니다.

셋째 가름은 해당 주제에 대한 선생님들의 사례입니다. 사례는 되도록 단일한 주제를 다루되, 그 주제를 통해 전체 학급운영의 골격을 경험할 수 있는 이야기를 우선해서 실었습니다. 마지막 가름은 정보쌈지입니다. 앞에서 미처 담아내지 못한 짤막한 자료를 걸러내고 가다듬어 실속 있게 활용할 수 있도록 편집했습니다.

우리는 이 책이 이제 겨우 시작일 뿐이라는 것을 잘 알고 있습니다. 완성은 여러 선생님의 가슴과 교실에서 이루어질 것입니다. 학급은 야생의 텃밭입니다. 텃밭의 생명 원리는 더불어 어울리되, 제각각 다양한 꽃과 열매를 맺으며 자기 모습을 구현하는 데 있습니다. 모쪼록 이 책이 선생님의 텃밭에 놓이는 기름진 거름으로 쓰였으면 하는 바람입니다.

이 책이 나오기까지 기획과 원고 가름을 맡아주신 이상대 선생님과, 설문지 같은 귀찮은 일거리를 내 일처럼 해결해주시고 격려까지 아끼지 않으신 전국의 많은 선생님께도 고맙다는 말씀 전합니다.

1999년 3월 우리교육

차례

첫째 마당 상담

개인상담

016 **약이 되는 이야기** 귀와 입의 철학

020 **개인상담의 이해와 준비**

　같이 읽기 아이들의 마음을 읽어라　028

030 **사람을 움직이는 여덟 가지 지혜**
바로 그 아이에게 맞는 방법으로 이야기하라 / 최대한 자기 감정을 표출하게 하라
'공감'의 한계를 분명히 하라 / 있는 그대로를 받아들이라 / 잘잘못을 가려 판결을 말하지 마라
모든 결정은 아이가 하도록 하라 / 바닥치기 시기를 감지하라 / 비밀 없이 상담도 없다

　사례 ● 나의 개인상담　편지와 녹음 테이프를 이용한 상담　038
　　　　　　　　　　　귓속말 공책으로 마음 나누기　039
　　　　　　　　　　　'나의 발자국 공책' 활용하기　040
　　　　　　　　　　　상담 신청서 받기　042

046 **개인상담을 위한 정보쌈지**
학생이 상담을 필요로 하는 여섯 장면 / 개인상담의 대화법

집단상담

052 **약이 되는 이야기** 지혜로운 교사의 조건

054 **집단상담의 준비**

057 **학년초 또래 관계 개선 집단상담**
1차시·마음을 여는 단계 / 2차시·관계 개선 단계 / 3차시·자기 이해 단계
4차시·타인 이해 단계 / 5차시·공동체 형성 단계

074 **부적응아를 위한 집단상담**
자기 존중감 증진을 위한 집단상담 / 학교 적응을 촉진하는 집단상담 / 친구 관계 개선을 촉진하는 집단상담
가족 스트레스 극복을 위한 집단상담 / 변화 지속을 위한 집단상담

088 **집단상담을 위한 정보쌈지**
집단상담을 시작하며 할 수 있는 긴장 풀이 놀이

090 **친구 관계를 돕는 이야기 네 마당**

둘째 마당 부적응아 지도

부적응의 유형과 상담

- 096 **약이 되는 이야기** 우리는 동료로서 만나야 합니다
- 098 **부적응아와 관계 맺기**

유형별 부적응아 이끌기

- 106 **집단따돌림(왕따) 상담**
  따돌림 문화의 원인과 유형 / 따돌림의 예방과 사후 대책
  - **사례 ● 집단따돌림 지도** 당당하게 맞서면 오히려 해결이 빠르다 115
    상처받지 않기 위해 미리 성벽을 친 아이 118

- 120 **학교폭력 상담**
  가해학생의 특성과 학교폭력의 유형 / 효과적인 지도 방법

- 124 **성(性)문제 상담**
  피해학생을 위한 상담 / 임신 · 낙태 — 부모와 상담하라 / 성행동에의 몰입 — 구체적인 대체 활동 권하기
  - **같이 읽기** "샘들은 성적(性的)으로 성숙하십니꺼?" 128

- 134 **학업 태도 상담**
  학업 동기와 학업 태도 / 학업 태도별 지도 방안

- 140 **도벽 상담**
  훔치는 행동과 도벽에 대한 이해와 지도

일상생활 지도

- 146 **교실 안 적응 지도 8훈**
  매들기 전에 10초만 생각하라 / 작은 것을 얻으려다 큰 것을 잃지 마라 / 연대 지도하라. 하나보다는 둘이 낫다
  아이들이 보내는 작은 신호를 놓치지 마라 / 같이 행동할 수 있는 마인드를 가지라
  감당할 수 있는 역할을 찾아주라 / 지나친 욕심은 차라리 무관심보다 못하다 / 당당하게 권위를 세우라

  - **같이 읽기** 반성문 쓰기, 이제 바꿔봅시다 156
    학급 문제 상황, 이럴 땐 이렇게 158
  - **사례 ● 나의 생활지도** 나는 아이들을 믿는다 160
    가출은 병이 아니다 162

- 166 **부적응아와 함께하는 이야기 마당**

셋째 마당 **학부모 만나기**

학부모 첫만남

176 **약이 되는 이야기**   이제 교사만의 교실이 아닙니다

180 **학년초 학부모회 꾸리기**
학부모와의 첫만남을 위한 준비 / 학급 학부모회 회의 진행 / 학급 학부모회 꾸리기 (연간 활동)

학부모와 같이 읽기   엄마 아빠, 저희 말 좀 들어주세요   188

사례 ● 학부모 통신 활용   학부모 통신의 위력   192
마음을 움직이는 편지   194

학부모 만남 넓히기

198 **학부모와 함께하는 다양한 학급활동**
매체 활동에 참여하기 / 다양한 일일 명예교사 활용하기 / 문화 활동 함께 하기
작은 학급 행사와 알뜰시장 함께 열기 / 학급활동 도우미로 참여하기 / 모둠일기 함께 쓰기

사례 ● 학부모 만나기   학급 홈페이지로 시작한 학부모 만남   201

206 **가정방문, 어떻게 할까**
대도시 사례 / 농어촌 사례

사례 ● 나의 가정방문   집에 가면 아이들이 보인다   212
"가정방문, 안 오시면 안돼요?"   216

222 **학부모 만남을 위한 정보쌈지**
학부모와의 상황별 대응법 Q&A
학부모 통신 예시   1. 담임의 첫인사 (중학교)   2. 담임의 첫인사 (고등학교)
3. 학부모 총회 안내   4. 가정방문을 앞두고
5. 성적표를 보내며   6. 진학 정보 안내 (중학교 / 서울)
7. 스승의 날을 앞두고   8. 방학 안내
9. 상담 안내 편지   10. 학급 행사 협조

239 **주제별 키워드로 찾아보기**

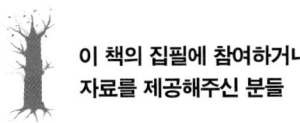

이 책의 집필에 참여하거나 자료를 제공해주신 분들

첫째 마당 상담

개인상담
- 박계해 (전 경남 개운중 교사)
- 윤철수 (학교사회사업가)
- 이경근 (서울 한가람고 교사)
- 이명남 (서울 문래중 교사)
- 이상대 (서울 신월중 교사)
- 이장우 (인천 박문여고 교사)
- 정현숙 (경기 동구중 교사)

집단상담
- 이상대 (서울 신월중 교사)
- 조한일 (충남 대건중 교사)

둘째 마당 부적응아 지도

부적응의 유형과 상담
- 김인순 (전남 목포여중 교사)
- 박경화 (경남 신월중 교사)
- 백승한 (전 청소년폭력예방재단 상담팀장)
- 이명화 (전 서울 YMCA 서초지회 청소년상담실장)
- 이상대 (서울 신월중 교사)
- 이재규 (전 청소년 대화의 광장 연구원)
- 임은미 (전 청소년 대화의 광장 선임연구원)
- 조은영 (정신보건사회복지사)
- 황임란 (선문대 산업심리학과 겸임교수)

일상생활 지도
- 김대유 (서울 서문여중 교사)
- 박정희 (강원 북평중 교사)
- 송승훈 (경기 광동고 교사)
- 안준천 (전남 효산고 교사)
- 이상대 (서울 신월중 교사)

셋째 마당 학부모 만나기

학부모 첫만남
- 이상대 (서울 신월중 교사)
- 조장희 (서울 신일중 교사)
- 황금성 (충남 부여여고 교사)

학부모 만남 넓히기
- 남무현 (인천 대인고 교사)
- 류지남 (충남 청양정산고 교사)
- 이상대 (서울 신월중 교사)
- 이상훈 (경북 상주여중 교사)
- 조장희 (서울 신일중 교사)
- 조한일 (충남 대건중 교사)

빛깔이 있는 학급운영 ● 1권 주요 차례

학급운영 터잡기

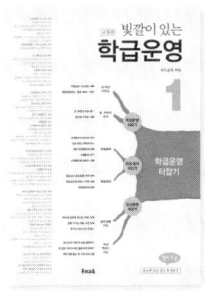

● 1권은 학급운영 터잡기를 큰 골격으로 하고 있습니다.
새 학년 첫만남부터 정·부반장 선거, 모둠활동, 학급회의, 일상활동에 이르기까지 학급활동의 뼈대를 시간순으로 망라했습니다. 어느 것 하나 소홀히 다룰 영역이 없거니와, 나아가 이들의 조화로운 교직(交織)이 무엇보다 중요하다는 것을 염두에 둘 필요가 있습니다. 그런 점에서 아이들의 성장을 지원하는 통찰력과 일관성이 1권을 다스리는 철학이 됩니다.

첫째 마당 ● 학급운영 터잡기

새 학년 첫만남
약이 되는 이야기 설레는 첫만남 그러나 과대포장하지는 마십시오
첫만남을 다스리는 지혜
첫날 첫만남을 위한 체크리스트
사례 ● 나의 첫만남 첫만남 땐 명함을 나누어준다 외

정·부반장 선거
약이 되는 이야기 반장은 무엇으로 사는가
정·부반장 바로 뽑기
반장을 키우는 지혜

둘째 마당 ● 학급 조직 꾸리기

모둠활동
약이 되는 이야기 우리들의 빛나는 왕국
모둠 편성, 어떻게 하나
일상 모둠활동의 실제
사례 ● 나의 모둠 운영 교사가 미리 구성해주는 저학년 모둠활동 외

학급회의
약이 되는 이야기 학급회의를 하지 못하는 두려움
학급회의 활성화를 위한 전략
학급회의의 실제

셋째 마당 ● 일상활동 이끌기

일상생활 지도
약이 되는 이야기 해바라기를 뛰어넘지 못한 까닭
자치와 감동을 만나는 조회·종례
삶을 키우는 아침 시간 운영
즐거운 청소 시간 만들기

학급 책읽기 지도
약이 되는 이야기 스스로 맛을 알아야 가르칠 수 있습니다
한 권을 읽히더라도 꼼꼼하게 읽히기
교실 안 작은 도서관 운영하기
교사가 학생에게 권하는 책

빛깔이 있는 학급운영 ● 3권 주요 차례

학급 행사 이끌기

첫째 마당 ● 학급 문화 가꾸기

교실 꾸미기
약이 되는 이야기 교실, 너무 '잘' 꾸미지 맙시다
살아 있는 교실 설계
교실 꾸미기의 실제

**학급 행사
문화 활동**
약이 되는 이야기 손길 하나가 다 교육입니다
몸과 마음을 살찌우는 우리 반 행사
학급활동 전시회 8선 / 자연과 나눔을 배우는 알뜰장터
부대껴야 사랑한다, 학급 체육대회 / 정까지 나누어 먹는 음식잔치
사례 ● 우리 반 학급 행사 쉿! 비밀친구가 보고 있어요 외

둘째 마당 ● 야외 활동 꾸리기

소풍과 야영
약이 되는 이야기 부드러운 깃털로 부비는 접촉감으로
테마 소풍 길트기 — 대도시 · 농어촌
신나는 소풍 놀이
사례 ● 우리 반 소풍 도심 체험 오리엔티어링 소풍 외
학급 야영의 몇 가지
사례 ● 우리 반 학급 야영 공포 만끽, 학급 밤샘 야영 외

셋째 마당 ● 마무리 활동

**학급문집 ·
신문 만들기**
약이 되는 이야기 학급문집, 단순한 타임캡슐이 아닙니다
학급문집 제작, 하나에서 열까지
우리 반 학급신문 만들기
사례 ● 나의 학급문집 만들기 일년에 한 번 쓰는 연애편지 외

**학기말 ·
학년말 마무리**
약이 되는 이야기 '멋진 끝내기'를 위하여
학기말 · 학년말 학급활동 평가의 지혜
사례 ● 우리 반 학기말 평가 2학기 도약을 꿈꾸며 1학기를 평가한다
학교생활기록부를 정리하는 지혜
'마무리잔치'로 마무리하기
사례 ● 우리 반 마무리 활동 마무리잔치, A부터 Z까지 외

● 3권은 학급의 각종 문화 활동과 행사, 마무리에 대한 실제 방법을 모아 묶었습니다.
사실, 구태여 애써 하지 않아도 되는 '선택'의 개념들로 비칠 수도 있습니다. 그러나, 이런 '비주류'들이 제대로 설 때, 비로소 교실은 넘치는 생명력으로 거듭나게 됩니다. 교실 꾸미기가 그러하며 소풍과 야영을 포함한 다양한 학급활동이 그러하며, 학급문집이 그러합니다. 평가와 마무리 또한 빼놓을 수 없는 키워드입니다. 교육의 잠재력과 매력이 다 이 안에 숨어 있습니다.

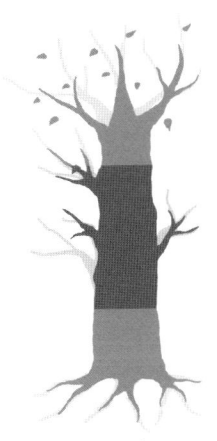

첫째 마당

상담

개인상담

약이 되는 이야기
개인상담의 이해와 준비
같이 읽기 ● 아이들의 마음을 읽어라
사람을 움직이는 여덟 가지 지혜
사례 ● 나의 개인상담
개인상담을 위한 정보쌈지

집단상담

약이 되는 이야기
집단상담의 준비
학년초 또래 관계 개선 집단상담
부적응아를 위한 집단상담
집단상담을 위한 정보쌈지
친구 관계를 돕는 이야기 네 마당

약이 되는 이야기

귀와 입의 철학

선생님이라면 누구나 설레는 마음으로 3월 새 학기를 맞습니다. 그 점에서는 학생들도 마찬가지입니다. 3월은 서로에게 소중한 만남의 시기입니다. 다소 지쳤던 지난해 기억을 잊고, 뭔가 새로운 다짐으로 충만해 있습니다. 그러나 가만히 켯속을 들여다보면 교사는 교사대로, 학생은 학생대로 서로 어떻게 만나야 좋을지 몰라 허둥대기 일쑤입니다.

만남과 상담은 서두르지 않는 데서 출발합니다.

우리 반에 배정된 아이들을 어떻게 '볼' 것인가 먼저 생각해보고, 그 다음 서로 열린 마음으로 만날 수 있도록 배려하는 것이 상담의 준비이며 시작입니다.

상담은 특정한 시간을 정해서 하는 것이 아닙니다. 교사의 일상생활이 곧 상담입니다. 학년초가 되면 담임 교사들은 아이들을 하나씩 번호순으로 불러 이것저것을 물어보는, 이른바 '개인상담'이란 것을 시작합니다. 일년을 같이 보낼 아이들이니 교사는 당연히 궁금한 것이 많습니다. 그리고 이렇게라도 아이들을 만나는 것이 예의라고 생각합니다. 그런데 돌아서는 아이들은 상담했다고 하지 않고 '호구조사' 당했다고 말합니다.

"아버지, 어머니는 계시고?" "뭐 하시는데?" 하는 식의 질문은 결코 아이들의 마음을 열지 못합니다. 등·하교 시간에, 점심 시간에, 청소 시간에 그 아이가 보여주는 모습 그대로 받아들이고 이해하며 나누는 자연스러운 이야기가 오히려 아이들을 움직입니다.

여기서 상담이란 과연 무엇인가 그 뜻을 짚어볼 필요가 있습니다. 상담이란 전문적 훈련을 받은 상담자(교사)가 문제를 지닌 내담자(학생)를 직접 만나 일상생활에서 생겨나는 고민이나 과제의 해결을 도모하는 과정입니다. 현재의 생각이나 행동, 감정을 조절하고 변화시켜 서로 인간적 성장을 촉진하는 학습 과정입니다.

그러나 학교에서 이루어지는 학년초 상담을 살펴보면 인간적 성장을 촉진시키는 과정으로 발전되기보다는 아이들을 '파악'하는 차원이거나, 문제의 싹을 '제거'하는 차원에서 그칩니다. 이런 상담은 당연히 교사 중심일 수밖에 없습니다. 아이들은 뭔가 파악해야 할 정보의 대상일 뿐입니다. 그러니 아이들이 '심문당했다.'는 표현을 서슴없이 씁니다.

그러면 과연 어떤 상담이, 진정 아이들의 고민을 해결하고, 건강한 삶을 살 수 있도록 도와주는지 생각해봅시다.

우선, 상담은 인격과 인격의 만남입니다. 그러므로 서로 동등한 위치에서 만나야 합니다.

인간은 누구든 자신의 문제에 대해 가장 많은 고민을 합니다. 그렇기 때문에 자신의 처지에서 실천할 수 있는 현명한 해결책이 마음속에 잠재되어 있는 경우가 대부분입니다. 그것을 일깨우는 과정이 상담입니다. 이런 상담이 가능하기 위해서는 서로 동등한 위치에서 만날 수 있어야 합니다. 또한 이런 상담은 상담자와 내담자를 서로 변화시키기도 합니다.

둘째, 상담 과정에서 이야기된 문제를 교사가 떠맡지 말아야 합니다.

상담자는 해결사가 아닙니다. 한두 명을 상대로 상담하는 것도 아닙니다. 힘든 문제를 다 해결하려 한다면 교사는 문젯더미에서 한 발자국도 나아갈 수 없을 뿐 아니라, 아무것도 할 수 없습니다.

상담할 때 자신이 가지고 있는 지혜와 생각을 서로 교환하는 것으로 마무리해야 합니다. 문제 해결의 주체는 아이 자신이며, 교사는 그가 책임 있는 선택을 하도록 도와주는 역할을 하면 됩니다.

셋째, 아이들을 있는 그대로 볼 수 있어야 합니다.

지난해 보여주었던 모습에 집착하지 말고 현재 모습 그대로를 이해하고 수용해야 합니다. 그리고 그런 자세로 만나고 있다는 사실을 아이들이 깨닫게 해야

약이 되는 이야기

합니다. 아이들은, 자신이 담임에게 혹은 교과 담임에게 어떻게 비춰지고 있나 하는 문제에 몹시 예민합니다. 때로는 교사들이 지나가며 던진 말조차 가슴에 상처로 간직하고 있기도 합니다. "너는 여전히 지각대장이구나." "너는 도대체 하나도 나아지는 게 없어." "매사에 비협조적이군." 하는, 옛날의 모습에 잇대어 하는 말은 때로 아이들을 절망의 구렁텅이로 빠져들게 합니다. 교사의 가치관이나 인생관으로 아이들을 보면 너그러워질 수 없습니다.

넷째, 아이들은 교사가 자기편이기를 간절히 바라고 있습니다.

아이들은 자기를 이해해주는 사람을 간절히 찾고 있습니다. 상담에서 교사가 일방적으로 말을 많이 하면, 아이들은 '좋은 이야기는 많이 하는데 나를 이해하는 것 같지는 않아. 그 선생님은 역시 내 편이 아니야.' 하는 절망감으로 교사와 멀어지게 됩니다. 상담할 때 교사는 자신의 이야기 횟수와 시간을 최대한 줄여야 합니다. 학생과 교사의 이야기 시간은 4:1의 비율이 가장 좋다고 합니다. 우리의 귀는 둘이지만 입은 하나라는 사실은 그런 점에서 매우 상징적입니다.

다섯째, 아이들이 이야기하는 것은 극히 표면적인 사건입니다.

"전 요즘 공부가 잘 안돼요." 혹은 "전 친구를 사귈 수가 없어요."라는 이야기를 할 때 성급하게 접근하면 공부 문제, 친구 문제에만 매몰되기 쉽습니다. 아이들은 자기의 속이야기를 양파처럼 수십 겹으로 포장하고 교사 앞에 앉습니다. 쉽게 할 수 있는 이야기, 허락되는 이야기로 말문을 열지만 그 속에는 전혀 다른 고민이 숨어 있기 때문에 미리 판단하지 말아야 합니다. 그래서 상담자는 학생들이 호소하는 고통과 그 속에 감추어진 고통을 구분해 들을 수 있어야 합니다.

여섯째, 아이들이 지니고 있는 개인적인 문제는 결코 개인적인 것이 아닙니다.

개인의 문제는 대부분 정치적이며 사회적인 문제의 결과물입니다. 예를 들어 대학 진학을 못하는 아이의 문제는 개인적인 접근보다 교육의 구조적인 문제로 풀 때 더 폭넓은 접근이 가능하다는 것입니다. 아무리 열심히 해도 네 명 가운데 한 명만이 대학에 진학할 수 있다는 현실을 이해한다면, 심한 열등감에서 깨어나 '내게도 쓸모 있는 구석이 있다.'고 느끼며 긍정적인 삶의 자세를 갖게 될 것입니다. 부모의 실직 문제 역시 부모의 무능이나 자신의 복 없음을 탓하기보다는 정치적인 문제나 사회적인 문제로 접근하도록 해야 합니다.

일곱째, 모든 상담 과정에서는 비밀이 유지되어야 합니다.

다른 교사가 상담한 것을 알려고 할 필요도 없고, 자신이 상담하는 내용을 밝힐 필요도 없습니다. 교사가 별로 중요하지 않다고 판단하는 사소한 문제도 아이에게는 아주 소중한 경우가 많습니다.

교사들은 일반적으로 자기 반 아이들이 다른 교사와 상담하는 것을 쉽게 허용하지 못합니다. 자기 반 아이들이 작년 담임이나 다른 교과 담임과 상담하는 것을 보면, 자신이 무시당한 것 같은 기분이 든다는 교사도 있습니다. 하지만 내담자는 상담자를 고를 권리가 있습니다. 우리 반 아이들이 다른 선생님을 좋아하고 그와 대화하고 싶어한다면 오히려 적극적으로 만남을 주선해주십시오.

마지막으로, 건강할 때 상담하십시오.

아이들은 교사들의 비언어적 표현까지 기억합니다. 교사도 사람입니다. 피곤한 상태에서 인내심을 갖고 긍정적이며 편한 상담을 이끌기란 여간 힘든 일이 아닙니다. 아이들을 불러서 하는 호출상담은 교사가 시간대를 조절할 수 있습니다. 힘들고 어려운 시간은 피하면서 자신의 조건을 고려하여 상담 계획을 세우는 것이 좋습니다.

1회 상담은 30~40분 정도로 마무리하십시오. 교사나 아이들이 지친 상태에서 만나면 상담의 효과는 현저하게 떨어집니다. 상담을 지속적으로 계획할 필요가 있는 아이의 경우에는 함께 의논해서 상담 목표를 잡고 주 1회 정도 정기적으로 상담하는 방법을 고려할 수 있습니다. ■

상담
개인상담

개인상담의 이해와 준비

> 상담이란 도움이 필요한 사람(내담자)이, 전문적인 훈련을 받은 사람(상담자)과의 관계에서 자신의 생활 과정상의 문제를 해결하고 생각, 감정, 행동 측면의 인간적 성장을 위해 노력하는 학습 과정이다.

개인상담의 목표

교사들은, 그 형태가 어떠하든 무수히 많은 시간 상담을 하며 보낸다. 그러나 이렇게 많은 시간을 상담에 들이면서도 스스로에게 끊임없이 질문을 던진다.

'상담이라는 활동이 모든 학생들에게 꼭 필요한 것인가? 특별한 문제가 있는 학생들에게 부분적으로 적용할 수 있는 것 아닌가?' '그렇지 않아도 바쁜데, 상담을 반드시 해야 하는 것인가? 상담한다고 특별히 달라지는 것도 없지 않은가?' '전문적인 교육을 받지도 않았는데 내가 상담이란 걸 제대로 하고 있는 것인가?'

두서없이 덤벼드는 이러한 의문에 명쾌하게 해답을 내리기란 쉬운 일이 아니다. 왜 상담을 하는가에 대한 근본적인 질문으로부터 고민을 풀어보기로 하자.

첫째 | 상담은 학생의 행동 변화를 목표로 해야 한다

상담은 아이(내담자)들이 나름대로의 사회적 범위 안에서 더 생산적이고 만족스럽게 살도록 행동 변화를 유도하는 것이다. 상담을 진행했다고 해서 그의 행동이 바로 고쳐지는 것은 아니므로, 행동 하나하나에 대해 조바심을 낼 필요는 없다. 하지만 교사는 세부적인 상담 목표를 세워야 한다.

상습적으로 지각하는 학생을 상대로 하는 상담의 목표는 그 아이의 지각행동을 고치는 것이다. 그러나 한두 차례 상담을 진행했다고 그 아이의 행동이 당장 고쳐지는 것은 아니다. 교사는 그 아이가 지각을 함으로써 어떤 스트레스를 받는지, 왜 지각을 하는지, 지각하는 습관을 고치기 위해 먼저 어떤 행동의 변화가 필요한지 등을 상담 과정에서 탐색하고, 각 단계에 따라 아이와 함께 적절한 목표를 세워야 한다. 그 아이가 밤늦게 잠자리에 드는 버릇이 있다면 당장 지각을 하지 않는다는 목표를 세울 것이 아니라 지금보다 일찍 잠자리에 들도록 하는 게 먼저이다. 당연히 이 목표는 관찰 가능한 것이어야 한다. 즉 매일의 취침일지 등을 통해 학생 스스로 자기 목표를 점검하고, 교사도 언제 잠자리에 들었는지 확인할 수 있어야 한다.

둘째 학생 자신이 올바른 의사결정을 할 수 있게 도움을 주어야 한다

상담을 통해 아이들은 갖가지 결심이나 약속을 하게 된다. 그러나 그 결정은 교사로부터 강요되는 것이 아니라 아이들 스스로 하는 것이다. 교사는 아이들이 선택 가능한 여러 결정사항과 관련해서 그 선택에는 노력, 시간, 돈과 같은 것이 필요함을 일러주고, 그 선택이 가져올 상황과 위험 부담에 대해 고려할 수 있도록 도와야 한다.

지각을 하는 아이가 그 행동을 고치기 위해서는 일찍 잠자리에 드는 것, 아침에 눈을 뜨면 곧바로 일어나는 것, 늦으면 머리를 감지 않거나 밥을 먹지 않고 등교하는 것 등 여러 가지 행동 가운데 하나 혹은 여럿을 선택할 수 있다. 교사는 이 가운데 그 아이의 가정 환경이나 의지력 등을 감안하여 선택할 수 있는 대처 방식은 무엇인지, 그 방식을 선택했을 때 예상할 수 있는 어려움은 무엇인지 등에 대해 충분히 고려한 상태에서 학생 스스로 자신의 행동 방식을 결정하도록 유도해야 한다.

셋째 다른 사람과의 의사소통 능력이 향상될 수 있도록 도와주어야 한다

일상생활의 대부분은 다른 사람과의 상호 작용으로 이루어지는데, 아이들이 안고 있는 문제는 바로 거기에서 비롯되는 경우가 많다.

사실 지각은 겉으로 드러나는 행동 양태이다. 하지만 이 행동은 아이가 안고 있는 여러 가지 어려움(인간 관계에서의 어려움, 학업에 대한 부담, 어려운 가정 환경 등)의 외적인 표현일 수 있다. 이때 교사가 지각이라는 문제행동에만 집착하여 성급하게 교정하려고 하면 더 이상 상담은 진행되지 않는다. 교사는 가족 간의 문제, 또래집단과의 상호 작용, 교사와의 관계 등 학생이 일상적으로 관계 맺는 타인과의 의사소통 방식을 점검하고, 올바른 의사소통 능력을 키울 수 있도록 도와주어야 한다.

앞에 이야기한 모든 목표 — 행동 변화, 의사결정 능력 제고, 의사소통 능력 향상 — 는 한 인간으로서 사회에서 살아가기 위한 기본적인 능력을 향상시키는 과정이며, 그 기본은 자기 자신을 사랑하고 긍정적으로 보게 하는 것이다. 그 결과 상담은 궁극적으로 학생의 잠재력을 발견하고 그 잠재력의 발전을 촉진할 수 있다.

그렇다면 교육현장에서 상담과 생활지도는 어떻게 갈라낼 수 있는가? 생활지도는 (학생 전체를 대상으로 한) 교육 장면에 대한 교도 활동이고, 상담은 개별적인 학생들의 구체적인 생활 과제와 적응 문제에 대처하도록 돕는 활동이다. 따라서 학교현장에서 상담은 생활지도 영역의 일부로 포함되는 것이 보통이며, 상담자(교사)는 개인이나 집단과의 상담을 통해 생활지도 계획을 입안, 실천, 평가할 수 있다.

다만, 생활지도는 공개적이고 교도적이며 단체적인 데 비해, 상담은 은밀하고 개별적이며 시간이 걸리는 '인간에 대한 이해와 신뢰의 과정'이라는 차이가 있다. 어떠한 아이라도 성장 과정에서 자신의 삶에 결정적인 영향을 미치는 중요한 사건을 겪게 마련이다. 위기 상황을 어떻게 해결해나가느냐에 따라 그들의 인생관이 다르게 형성된다. 따라서 상담은 아이들의 인생을 좌우할 수도 있는 중요한 활동인 것이다.

상담을 하는 '나' 자신에 대한 이해

> 요즘은 학생들의 문제를 해결하는 데에 다양한 방법으로 여러 사람이 협력하는 '팀별 접근 방법'이 활용되는 추세다. 학생 자신뿐만 아니라 또래집단, 나아가 교사와 부모, 지역사회 등이 협력하여 학생의 문제를 해결하는 것이다. 따라서 교사는 학생과 학교, 사회를 이해하고 연결해주면서 학생의 문제를 해결해나가는 주체가 되어야 한다.

교사들이 상담을 하는 데에는 몇 가지 한계가 있다.

그 첫 번째는 아이들이 고민하는 대부분의 문제가 이미 그들의 노력으로 해결할 수 있는 수준이 아니라는 것이다. 그들이 고민하는 심리적인 문제나 사회·환경적인 문제 혹은 가정·경제적인 문제는, 그것을 성인이 경험한다 하더라도 쉽게 풀어내지 못할 정도의 무게를 가진 것이다.

이들에게 이야기를 들어주는 정도의 상담은 실질적인 도움을 주지 못한다. 아이들은 아이들대로, 교사들은 교사들대로 '상담'이 무슨 소용이 있겠느냐고 포기하게 만드는 것이다. 그러한 아이들은 전문적인 개인이나 기관의 도움을 받게 해야 한다.

두 번째는 상담 기술의 문제다. 교사들 중에는 인간에 대한 이해력이 남달리 깊은 사람이 있다. 이런 교사에게 아이들은 편안함을 느끼고 자연스럽게 다가갈 수 있다. 그러나 이러한 교사가 해결(이해)할 수 있는 문제의 깊이는 제한적이다.

상담은 전문적인 기술이다. 물론 기술 이전에 인간에 대한 폭넓은 이해를 갖는 것은 당연한 전제이지만, 이러한 이해만으로 아이들을 대한다면 교사 자신이 쉽게 지쳐버리게 된다. 상담은 단순히 화풀이나 스트레스 해소를 위한 이야기 들어주기에 그쳐서는 안 되며, 눈앞에 닥친 문제를 해결하는 데만 급급해서 될 일도 아니다. 상담은 인간의 '성장' — 문제 상황에 대처하는 내적인 능력을 돕는 활동이다. 따라서 좀 더 기술적으로 세련되고 폭넓게 접근해야 할 필요가 있다. 상담 방식에는 사람마다 차이

개인상담
개인상담의 준비

가 있으며 각각 장·단점을 가지고 있다. 그러나 '개성' 혹은 '스타일'을 고집하기 이전에 '기본'을 갖추어야 하는 이유가 바로 그것이며, 그 기본의 하나가 바로 '상담을 하는 나 자신에 대한 이해'이다.

아이들이 잘 따르고, 아이들을 잘 이해하는 교사들에게는 공통점이 있다. 그것은 학생들뿐 아니라 어느 누구하고도 대화를 잘 나눌 수 있는 기본적 자세가 되어 있다는 것이다. 이런 사람들은 자신을 잘 이해하는 사람일 경우가 많다. 아이들은 자신이 이야기하는 것에 관심을 기울이는 교사에게 마음의 문을 연다. 자신에 대한 이해가 미숙한 교사와 상담하는 아이들은 흔히 이런 반응을 보인다.

"제 이야기는 도대체 들으려고 하질 않아요. 선생님 말씀만 많이 하시고요, 무조건 저한테만 잘못했다고 하세요."

자신의 생각을 강요하거나 주입하는 과정은 엄밀한 의미에서 상담이라고 볼 수 없다. 자신에 대해 이해하고 있는 교사의 상담은 학생 중심으로 진행된다. 또한 상담 방법도 좀 더 객관적이고 학생들의 가능성과 자발적 결정을 도와주는 쪽으로 진행된다.

그렇다면 어떻게 자신을 이해할 것인가? 객관적인 심리검사 도구를 활용한 상담을 통해 자신에 대해서 알아보는 경우가 있고, 상담가에게 지속적으로 자신에 대한 분석을 받는 경우도 있다. 요즘은 각종 교사연수 과정에 간단한 심리검사와 그에 따른 자기 이해 프로그램이 들어 있는 경우가 많으므로 그것을 활용하는 것도 좋은 방법이다

자기 이해 심리검사가 필요한 이유는, 자기 성격에 대해 객관적이고 정확한 정보를 얻겠다는 것보다는, 그것을 통해 인간에 대한 이해의 폭을 넓힐 수 있기 때문이다.

예를 들어 어떤 것에 대해 이성적인 접근을 하도록 훈련된 사람은 감성적인 방식으로 이야기하는 사람과 이해를 주고받는 것이 어렵다. 이야기를 나누는 것이 짜증스럽고, 마음속으로는 '그러니까 네가 이 모양이지.' 하는 생각이 든다. 한편 사람에 따라 자신의 성격(단점)과 비슷한 사람을 만나는 것이 짜증스러운 사람도 있고, 자신의 성격(장점)과 정반대의 사람을 만나는 것이 피곤한 사람도 있다.

인간의 성격에는 많은 유형이 있고, 그 유형에 따라 의사소통 방식이나, 삶을 대하는 태도, 감정 표현 등이 매우 다를 수 있다는 사실을 심리검사를 통해 알 수 있다. 이러한 사실을 알고 학생과 상담하는 교사는, 학생에 대한 짜증이나 자기 자신에 대한 실망을 극복할 수 있다. 다른 방식으로 학생을 이해하려고 노력하고, 상담이 잘 이루어지지 않는 것에 대해 학생이나 자신을 탓하며 지쳐가기보다는 다른 교사나 전문가와 맺어주는 것이 효과적일 수 있음을 알고 노력한다.

> 일반적인 대인 관계나 의사소통 과정에서 오해와 곡해가 생겨나는 것은, 사람마다 자신의 의사소통 필터를 통해 상대방이 전한 정보를 걸러내기 때문이다. 따라서 객관적으로 자신의 의사를 전달하고, 또 오해 없이 정보를 수집하기 위해서는 우선 자신의 필터를 이해하는 것이 필요하다.

교사의 상담 유형 — 나는 어떤 유형인가

상담에 대한 이해나 목적에 따라 교사의 상담 방식은 여러 유형으로 나누어진다. 일반적인 교사들의 상담 유형을 살펴보면 다음과 같다.

유형 1 강의·훈계형 상담 (잔소리형 상담)

강의형 상담은 많은 교사들이 가장 쉽게 채택하는 상담의 형태이다. 이러한 상담은 문자 그대로 일방적인 강의로 이루어진다.

예를 들면, "거봐! 내가 뭐라고 했어? 너 지난번에도 나하고 약속했잖아! 사람이 그러면 어떻게 하니? 사람에게는 누구나 도덕과 신의라는 것이 있는 거야! 너 신의라는 것이 뭔지 알아? 신의란 말야……."라는 식이다.

누구나 알고 있는 상황을 기본 정의부터 시작하여 여러 책들을 인용해가면서 설명한다. 학생들은 당연히 지루해한다. 같은 강의형에서도 이렇게 추상적 이론뿐 아니라 지극히 상식적인 '효'와 '학생의 도리' 같은 것을 집요하게 강조하는 경우도 많이 있다. 이런 식의 상담은 대부분 학생의 생활 태도나 학습 등 전반적인 분야에서 주로 학생이 잘못하고 있다는 전제를 깔고 이루어지는 경우가 많다.

자신이 이러한 유형의 교사라고 생각되면, 먼저 상담을 하고 있는 시간이 누구를 위한 것인지를 생각해보는 태도가 필요하다. 자신이 하고 있는 상담이 아이에게 도움이 되는지를 확인하려면 그들이 어떻게 느끼고 있는지를 수시로 확인해야 한다.

물론 이러한 유형의 상담이 필요한 경우도 있다. 강의형 상담 방법은 자신에 대한 계획을 수립하기 어려운 아이들이나, 자신을 위해서 무엇을 어떻게 해야 하는지 모르는 학생들에게는 구체적 방향 제시가 될 수도 있다.

> 강의형 상담에서 아이들은 자신의 입장을 해명하기에 무척 힘든 상황을 맞이한다. 자신의 의견이나 느낌을 이야기할 분위기가 형성되지 않기 때문이다. 상담이 끝났을 때 교사로서는 자신이 상담을 잘했다는 만족감을 느낄 수도 있겠지만 학생의 입장에서는 결코 만족할 수가 없다.

유형 2 확인형 상담 (체크리스트 작성형 상담)

마치 체크리스트를 앞에 두고 열거하는 식의 확인형 상담도 교사들이 많이 활용하는 상담이다. 이 상담의 장점은 짧은 시간에 많은 아이들을 만날 수 있다는 것이고, 만나는 시간이 짧아도 중요한 사실들을 확인할 수 있어 최소한의 정보 수집을 할 수 있다는 것이다.

대부분 교사들이 학년초에 실시하는 상담의 형태가 바로 확인형 상담이다. 이렇게 되면 교사는 상담하는 동안 똑같은 질문을 반복하게 되며 매우 많은 것을 알게 되었다고 생각하기 쉽다. 하지만 막상 뒤돌아서면 실질적으로 학생 이해에 도움이 되는 정보도 많지 않거니와, 학생들의 비행(일탈행동)을 예방하거나 도움을 필요로 하는 학생이 있을 때 접근하는 것이 그렇게 쉽지 않다. 게다가 아이들에게 상담에 대해 나쁜 선입견까지 갖게 한다. 더 위험한 것은 이런 문제점이 있음에도 대부분의 상담이 이와 같은 확인 상담 한 번으로 그친다는 것이다.

유형 3 조사형 상담 (취조형 상담)

마치 형사가 수사를 벌이는 듯한 분위기에서 진행되는 상담이다. 주로 비행행동을 저지른 '범인'이나 '용의자'와 상담할 때 사용된다.

예를 들면, "이 부분이 좀 다르잖아? 어떻게 된 거야? 너는 왜 그렇게 생각하는데? 그런 행동에 대해서 네가 책임질 수 있다고 생각하니? 뭣 때문에 그러는데? 친구 때문이야, 가족 때문이야? 도대체 왜 그래? 이해를 할 수 없잖아."라는 식이다.

학생들은 어떻게 해서든 상황을 벗어나려고 순간적으로 거짓말을 하는 경우도 있기 때문에 이런 조사가 필요한 때도 있지만, 사건 정황 파악에 많은 힘을 쏟아붓는 이러한 유형은 엄밀한 의미에서 상담이라고 볼 수 없다. 이때 교사와 학생 사이에는 엄청난 실랑이가 벌어진다. 교사는 진상을 파악하고자 윽박지르기도 하고 구슬러보기도 하지만, 어떤 결과를 초래할지 알 수 없는 조사에 임하는 아이들은 자신도 모르게 몇 가지를 감추게 된다.

유형 4 솔로몬형 상담 (재판관형 상담)

조사형 상담의 뒤에 나타나거나, 조사 과정에서 조급하게 내담자의 잘잘못을 가리게 되면서 출현하는 상담 유형이다. 예를 들면 다음과 같은 상황이다.

"(이야기를 듣고 있다가) 음, 거기에서는 네가 잘못을 했구나! 그렇게 하지 말았어야지! …… 음, 그 부분에서는 ○○가 잘못을 했구나! 네가 화날 수도 있겠지. 그렇다고 해도 거기에서 화를 내고 무례하게 나간 것은 예의에 어긋나는 행동인데 네가 부주의했다. 그 부분에서는 나중에라도 ○○에게 사과를 하도록 해라, 알겠지?"

역시 이 방법에도 장·단점이 있다. 그러나 아이들의 입장에서 살펴보자. 아이들은 도대체 무엇을 목적으로 상담을 하게 될까? 잘잘못을 가려달라고 상담을 하는 것은 아니다. 상담을 하는 가장 큰 이유는 자신의 이야기를 하고 싶어서이다. 자신의 사정을 이야기하면서 동의받고, 지지받고, 위로받고 싶어한다. 이러한 기대감을 가지고 상담을 하는 아이들의 심리 상태는 아랑곳하지 않고 섣불리 교사의 의도만을 달성하고자 하는 상담은 아이들의 마음과 말문을 닫게 하는 결과를 가져온다.

유형 5　수용형 상담

이 유형은 일반적 상담 형태 가운데 가장 발달된 형태다. 관계지향적인 측면이 강하기 때문에 아이들에게 접근하기에 가장 쉽다.

"네 사정은 이해가 간다. 충분히 그렇게 행동할 수도 있다고 본다. 그러나 선생님이 걱정하는 것은 너의 상황을 충분히 이해하고 너의 행동을 판단할 만한 여유를 가진 사람들이 사회에는 그리 많지 않다는 점이란다. 네가 선생님을 이해시켰듯이 너의 행동을 사람들에게 어떻게 하면 이해시킬 수 있을까? 우리 같이 생각해보자."

이러한 수용형 상담을 하는 교사는 그리 많지 않다. 대부분 신임 교사 때는 위의 형태로 아이들을 만나게 되는데, 점차 시간이 갈수록 그 수가 적어진다. 수용형 상담 자체가 매우 힘들기 때문이기도 하고, 정신적, 시간적 투자에 비하여 눈에 띄게 드러나는 결과가 없기 때문이다. 어느 순간부터는 이렇게 수용하는 자신을 매번 이용하려 드는 아이들이 괘씸해져서, 그 순간부터 아이들을 엄하게 대하게 된다.

> 수용형 상담 방법은 분명 필요하고 중요한 방법이다. 그러나 여기에는 교사의 인내가 수반된다. 아이들의 변화를 기다리는 데 시간이 많이 걸릴 수도 있고, 교사가 먼저 지치기도 쉽기 때문이다.

유형 6　믿고 또 믿고형 상담

아이들에 대한 애정에 바탕한 수용형 상담의 다음 단계로, 혹은 그 상담과 더불어 이루어지는 것이 '믿고 또 믿고형' 상담이다. 아이들을 믿는다는 것은 상담 방법이라기보다는 상담의 기본 자세임에도, 아이들을 믿고 또 믿는다는 것은 참 어렵고 힘들다. 그러나 이러한 상담은 그 효과가 매우 높다. 아이가 학교를 졸업하기 전에 당장 그 효과가 나타나지 않더라도 언젠가 이루어질 변화의 가장 밑바탕이 되기 때문이다.

"철수야! 선생님은 네가 잘할 것을 믿는다. 비록 지금은 힘들고 괴롭더라도 언젠가 이 상황을 극복하리라 선생님은 믿는다. 넌 할 수 있단다."

"희정아! 선생님은 희정이 안에 있는 무한한 잠재력을 믿는다. 지금 현재 희정이도 선생님도 그 잠재력이 무엇인지 정확하게는 모르지만, 분명한 것은 5년 뒤 희정이의 모습은 지금보다는 훨씬 더 발전된 모습일 거라는 사실이야. 꾸준히 자신을 찾는 노력을 계속하기 바란다. 선생님은 희정이를 믿는다."

위와 같은 상담은 참으로 많은 노력과 시간, 그리고 꾸준한 신뢰감을 유지해야 하는 쉽지 않은 과정을 거치게 된다. 그러나 이 방식의 가장 큰 장점은 아이들과 가장 솔직하고 튼튼한 관계를 형성할 수 있다는 것이다. 이렇게 형성된 관계는 아이가 졸업한 뒤에도 지속되는, 가장 이상적인 효과를 가져온다. 이러한 상담 방법은 모든 아이들에게 구체적으로 구현하지는 못하더라도 몇몇 아이에게 선별적으로 실시할 수 있다. ■

전문가에게 도움을 청하는 것은 부끄러운 일이 아니다

아무리 노력을 하여도 학생 문제 해결에 역부족일 때가 있다.

이런 때는 주저하지 말고 전문가에게 도움을 청하는 것이 중요하다. 전문가를 찾는다는 것이 교사의 무능력을 의미하는 것은 절대 아니다. 오히려 교사 자신과 아이들을 보호할 수 있는 현명한 방법이다.

교사 중에는 누군가에게 배우지 않아도 인간에 대한 이해력이 남달리 깊은 교사들이 많다. 이러한 교사들 주변에는 학생들이 많이 있다. 그러나 이렇게 학생들에게 편안하고 자연스럽게 다가설 수 있는 교사일지라도 깊은 문제에서는 한계 상황에 봉착한다.

상담은 전문적인 기술이다. 물론 전문적 기술 이전에 인간에 대한 폭넓은 이해를 갖추는 것이 중요하지만, 본격적인 문제와 맞닥뜨리면 이해와 수렴만으로 해결되지 않는다. 인간에 대한 이해를 바탕으로 한 발짝 더 들어가 본격적인 상담 기법 수련이 필요한데, 현재 교단 상황으로는 교사 누구나가 그런 과정을 밟기가 쉽지 않다. 전문적인 지원 체계도 빈약하고, 상담 교사 양성 체계도 허술하다.

교도 교사나 상담 교사 양성 과정은 주로 방학 때 일시적, 집중적으로 구성되어 있다. 사실 상담의 질적 수준을 높이기 위해서는 일시적인 교육보다 지속적이며 끊임없는 슈퍼비전(지도, 감독)이 필요한데, 현재 실정에 비춰보면 참 요원한 문제다. 관련 교육기관에서도 지속적인 상담 기법에 대한 사후 관리와 지도가 전무한 상태이다. 결국, 현재의 여건상 교사 상담 수준을 높이기는 매우 어려운 문제일 수밖에 없다.

요즘 우리 아이들의 고민은 매우 복잡하고, 연원도 깊다. 단순히 이야기를 들어 주는 것만으로 해결되는 것이 아니라, 좀 더 기술적으로 개입하거나 섬세하고 폭넓게 접근해야 할 필요가 있다. 이런 장면을 교사가 섣불리 끌어안았다가는 자칫 패배감이나 자신에 대한 절망에 빠져 교직에 대해서나 교사로서 자기 정체성에 회의를 느낄 수 있다. 아이들은 아이들대로 상처를 입고 저 멀리 떨어져나간다.

현재 고민하는 학생들의 문제는 전문가들도 해결하기 어려운 경우가 많다. 단순히 이해심만으로 풀 수 있는 차원이 아닌 것이다. 문제와 맞닥뜨렸을 때, 전문가의 도움을 청해야 할 것인지를 판단하는 것도 교사 상담의 중요한 부분이다. 적절한 시기에 전문가들의 개입을 도와주는 역할을 하는 것은 학생을 위해서나 교사 자신을 위해서도 좋은 일이다. 그것이 아이들의 문제를 제대로 해결할 수 있는 방법이기도 하다.

같이 읽기

소통이 있는 만남을 위하여 아이들의 마음을 읽어라

어른이 어른답게 굴지 않았을 때 어떤 일이 벌어질까. 우리는 아이와 동등한 인간이지만, 조금 더 성숙한 사람이기도 하다. 맞대응하기에 앞서 한 번 더 생각해보자.

상원이는 기회만 되면 초등학교 때 자기는 왕날라리였다고, 담배에 술에 밤늦게 다녔다는 이야기를 자랑스럽게 한다. 얼핏 듣기엔 무용담쯤으로 들리지만, 사실은 '지금은 그때와 달라요. 난 변하고 싶어요.' 라는 이야기일 수 있다. 그렇게 읽으면, '골치 아픈 놈을 맡았네. 저런 말을 하는 이유가 뭐야. 건드리지 말라는 얘기야? 건방지군…….' 이라는 불쾌감보다 "대단하네. 남들은 그런 상황에서 빠져나오기 힘든데, 넌 심지가 아주 굳은 아이구나."라는 말이 자연스럽게 먼저 나간다. 아이들이 따르는 교사의 화법은 늘 상대편 중심이고, 자연스럽다.

키가 작은 은수는 전단지 돌리는 아르바이트를 한다고 자랑이다. 이럴 때 "그 시간에 공부해야지. 돈은 벌어 뭐 할래?"라는 식의 훈계조 잔소리를 하면 일순간에 관계가 틀어진다. 아르바이트하는 것을 자랑하고 싶은 아이에게 당장의 훈계는 그다지 효과가 없다. 관계만 멀어질 뿐이다. 혹시나 염려스런 마음이 든다면, "다 컸구나." 하면서 먼저 인정을 하고 나서 염려스런 마음을 슬쩍 끼워넣는 것이 효과적이다. 그래야 다음에 또 이야기할 기회가 만들어진다.

교사로서 시행착오의 대표적인 사례는 흔히 갈피를 못 잡는 아이들의 길잡이가 되어야 한다는 막중한 사명감에서 비롯되는 경우가 많다. 아이를 대신해 이리저리 방향을 잡아주려 하지만, 그것은 대부분 훈계조의 말로 표출되기 때문이다.

축구 선수인 대성이는 부모가 이혼한 후 학교 축구부 숙소에서 지낸다. 한 달에 한 번 아버지를 만나는 날을 빼고 나면, 토요일 외출에도 갈 데가 없는 무척 외로운 아이이다. 그런데 녀석은 늘 공격적이고 적대적이어서 모두가 힘들어한다. 녀석의 거친 말과 제멋대로인 행동을 꾸중하면 선생님과 친구들이 자기만 싫어한다고 따지거나 앞뒤가 안 맞는 변명을 큰 목소리로 늘어놓는다. 자, 이때 이 아이의 잘못된 점을 고치기 위해 계속 지적하는 것이 옳은 방법일까? 고장 난 곳을 손보기만 하면 곧바로 고쳐지는 기계라면 그 방법이 옳겠지만, 사람이기에, 나쁜 곳만 보면서 고치려고 하면 그럴수록 한층 더 비뚤어지거나, 아예 고개를 돌리게 된다.

조금만 더 생각해보면, 대성이는 성장 과정에서 애정과 승인이라는 기본적인 욕구가 충족되지 않았기에 여러 가지 왜곡된 형태로 그것을 충족시키려 한다는 것을 알 수 있다. 이런 경우의 공격적인 말과 행동은 절대 악(惡)이기보다는 자기가 살아온 가혹한 조건에서 살아가기 위한 나름대로의 '삶의 지혜'일 수도 있는 것이다. 말하자면 궁여지책의 방어 기제이거나, 도움을 청하는 절규인 셈이다. 따라서 그 마음속 깊은 곳에 숨어 있는 '너희들과 친하고 싶고 선생님들에게 사랑받고 싶다.'는 욕구를 읽지 못하고서는 '인간적인 상봉'을 하기 어려운 것이다.

교사는 겉으로 드러난 것의 이면을 읽을 수 있어야 한다. 교사에게 필요한 것은 나쁜 곳을 지적하거나 고쳐줘야 한다는 강박이 아니라, '2% 부족한' 마음을 채워줄 수 있는 사랑이다. 지켜봐줄 수 있는 느긋한 여유이다. (그런 마음으로 대성이를 대하고 스스로 자신의 이야기를 할 수 있게 도와주었더니, 그는 차츰 감정을 가라앉히고 혼자 정리를 했다. 후회도 하면서. 이후 같은 일이 반복되긴 했지만, 그 정도가 줄어들었다.) 교사에게는 인내가 필요하다. 꼭 지금이 아니어도 이것이 불씨가 되리라는 믿음, 사람을 믿을 때 변화는 가능해진다.

일반적으로 교사가 부모의 입장을 앞세우며, 아이들은 눈앞에서 사라진다. 아이들은 신체나 감정, 마음, 지성, 영혼의 세계를 갖고 있는 하나의 인격체이다. 그리고 그들은 지난 과거 경험을 통해 지금 말하고 행동하며, 인정받고 싶어하는 존재라는 사실을 인식할 필요가 있다. 요즘 아이들은 옛날 아이들보다 깊고 날카롭다. 참된 자기를 살리고 싶어하며, 자신의 존재와 정신이 부정되는 것에 대해서 민감하게 반응한다.

그래서 교사에게는 공부가 필요하다. 직관으로 아이들을 읽기에는 한계가 있다. 평범하고 일상적인 사건이 아니라 심리학적 해석이 요구되는 일도 많다. 심리학이나 상담과 관련된 학습은 아이들의 말과 행동을 한층 더 합리적이고 진실되게 이해할 수 있는 눈을 틔워준다. 이것은 아이들뿐만 아니라 자신을 위한 길이기도 하다.

"어제 오후 차창 밖으로 보았던 나비가 생각났다. 악착같이 바람을 거슬러서 위태로운 비행을 하던 작은 나비. 그때 난 왜 그것이 방향을 거슬러가려 한다고 생각했을까, 가고자 하는 방향이 있으리라고는 생각하지 않았던 걸까."

이명남 / 서울 문래중 교사

상담
개인상담

사람을 움직이는 여덟 가지 지혜

1 바로 그 아이에게 맞는 방법으로 이야기하라 — 개별화의 원칙

교사가 '상담'이라는 이름을 가지고 아이들을 만날 때 그 아이는 학생 일반, 우리 반 아이들 중 하나가 아니다. 고유의 역사와 능력과 성격을 가진 개인을 만나는 것이다. 아이의 문제 양태가 아무리 학생 일반, 청소년 문제 전반에 포함되는 것이라 하더라도 그런 행동을 하는 데는 그 아이만의 이유와 그에 얽힌 역사가 있다. 교사는 이에 주목해야 한다. 이를 위해 가장 먼저 필요한 것은 그 아이에 대한 정보이다. 교사에게 필요한 정보에는 그 아이의 성적, 가정 환경, 다른 사람의 평판 등 겉으로 드러나는 것도 당연히 포함된다. 그러나 상담을 하기 위해서 무엇보다 필요한 것은 정서적으로 그 아이가 정말 온전한 가정의 울타리에서 보호를 받느냐, 또 그 아이에 대한 평판이 어떤 사람들로부터 받은 것이냐 등이 종합적으로 고려된 이면의 정보이다.

이를 위해 교사는 우선 아이에 대한 전방위적인 정보를 파악하는 데 주력해야 한다. 그리고 그 정보는 '개별 상담 카드' 등에 기록, 보전되어야 한다. 아이의 문제를 해결하는 데도 일반적인 규칙이나 방법이 아니라 그 아이에게 맞는 원리와 방법을 찾아야 한다. 아이의 문제행동(상담의 원인이 된)에 맞추어, 아이의 적응 능력과 과제 수행 능력을 고려한 해결 방법을 찾아야 한다. 이를 위해서는 개별 계획표를 만들어 활용할 수 있다.

〈예시 1〉 확인표

○○의 4월 확인표

"그림자를 보며 하늘에 떠 있는 태양이 있음을 발견하는 우리가 되자."

일	월	화	수	목	금	토
				1	2	3
4	5	6	7	8	9	10
11	12	13	14	15	16	17
18	19	20	21	22	23	24
25	26	27	28	29	30	

● ○○가 어떻게 표시하나면요? 약속을 잘 지켰으면 ♥ 잘 지키지 못했으면? ☹
● ○○가 약속을 잘 지켰으면?
  → ○○에게 선생님이 _____ 을 해준다.
● ○○가 약속을 ( )회 어겼으면?
  → ○○가 선생님께 _____ 을 해준다.

약속자 ○○○ 학생 _____
××× 선생님 _____
증 인 △△△ 학생 _____

※ 이 자료는 흡연, 학습 등에 활용된다. 학업의 경우, 본인이 직접 작성한 계획표를 이 확인표와 함께 첨부하여 보관하며 수시로 확인할 수 있도록 한다. 계획표는 상담(담임) 교사와 함께 논의하며 2~3차례 수정을 통해 자신에게 가장 잘 맞게 작성하게 한다. 계획표를 확인표와 병행하여 상담한다. 일주일 혹은 한 달마다 한 번씩 주기적으로 평가회를 갖는다. 문제 상황에 따라 바꾸어 써도 좋다.

개인상담
개인상담의 원칙

최대한 자기 감정을 표출하게 하라 — 의도적인 감정 표현의 원칙   2

상담을 신청한 아이 혹은 억지로라도 상담에 임하는 아이는 상담에서 무엇을 기대할까? 바로 자기 감정, 특히 부정적 감정을 자유로이 표현하는 것이다. 상담자(교사)는 이러한 내담자의 욕구에 응할 의무가 있다. 그러나 학교 상담에서 교사가 이러한 자세를 갖는 것은 매우 어려운 일이다. 무엇인가를 가르치고 바로잡아 주어야 한다는, '교사'라는 위치에서 오는 의무감이나 강박관념 때문이다.

어떤 아이가 평소 관계가 좋지 않던 교사에게 야단을 맞고 반항적인 행동을 했다고 담임에게 불려갔다. 이때 이 아이에게 필요한 것은 먼저 자신의 감정(화)을 충분히 표출하는 것이고, 자신의 행동에 대해 객관적으로 되돌아볼 수 있는 여유와 시간을 가지는 것이다. 아이가 흥분 상태에서 자신을 야단친 교사에 대해 부정적인 감정 표현을 한다고 해서 상담자(담임)가 "너는 학생인데 그렇게 버릇없이 얘기를 해도 되겠냐?"고 혼을 내면, 아이는 담임을 신뢰할 수가 없고, 그때부터 담임과의 대화는 더 이상 상담이 아니라 훈계를 듣거나 야단을 맞는 자리가 된다. 일단 담임은 아이가 하는 이야기를 다 들어주어야 한다. 그동안 아이는 마음속으로는 멈칫멈칫 '이런 이야기까지 해도 될까? 이런 표현을 해도 야단을 맞지 않을까?' 눈치를 볼 것이다. 그러면서 자신의 억울함을 속 시원히 풀었다는 안도감을 가질 것이고, 그제야 자신의 행동을 객관적으로 되돌아보며 반성하는 등의 여유를 갖게 된다.

위의 상황과 반대로, 소극적인 성격에다 상황에 위축되어 마음껏 감정 표현을 하지 못하는 아이와의 상담에서는 교사가 의도적으로 감정을 표현하도록 부추길 필요가 있다. 부모의 과도한 기대 때문에 자신에 대한 실망감이 심한 아이라면(가정교육을 철저하게 받은 아이일수록 부모 때문에 자신이 위축되고 괴롭다는 것을 인정하지 않는다. 때문에 이야기를 진전시키기 어렵다.) 교사는 "어머님이 욕심이 많으시구나!" "아버지 말씀에 화가 났겠구나!" 등의 말로 아이가 마음속으로 숨기고 있는 부모에 대한 감정을 먼저 발산하도록 해주어야 한다.

모든 것에는 순서가 있다. 한참 화가 나 있는 사람에게('화'의 표현이 어떠하든) 먼저 화를 마음껏 발산할 기회를 주지 않으면 다음 순서로 넘어가지 못한다. 순서를 기다려주지 못하고 교사 자신의 도덕률로 아이의 감정 발산을 막거나 비난하면 안 된다. 아이에게 '내가 무슨 말을 해도 이 상황에서는 괜찮다.'는 안도감과 신뢰감을 먼저 심어주어야 상담을 진행할 수 있다.

> 교사는 그 아이의 감정 표현, 특히 부정적이고 거슬리는 감정 표현에 대해서도 의도적으로 경청해야 하고, 필요한 경우에는 감정 표현을 할 수 있도록 자극 — 부추김이나 격려 — 을 줄 필요가 있다. 먼저 '화'를 마음껏 발산할 기회를 주지 않으면 다음 순서로 넘어가지 못한다.

3 '공감'의 한계를 분명히 하라 — 통제된 정서적 관여의 원칙

> 아이들의 하소연을 들으며 함께 울거나 흥분하면 안 된다. 충분히 들어주되 자신이 상담자일 뿐이라는 입장에 대해서는 명확히 선을 긋고 있어야 한다. 정서적으로 너무 많이 개입되어 자신이 아이들의 대변자나 문제 해결자가 되어서는 안 된다.

상담에서 가장 중요한 것은 상담자와 내담자의 '공감'이다.

상담자는 내담자의 감정에 호응하기 위해 정서적인 관여를 하게 된다. '네가 맞닥뜨린 상황에 대해서 화를 내거나 낙담하거나 좌절하는 것을 충분히 이해한다.'는 공감을 드러내야 하는 것이다. 그러나 이러한 정서적 관여는 상담자에 의해 그 정도와 방향이 통제될 수 있어야 한다.

상담자가 통제할 수 없는 정서적 관여는, 상담자나 내담자 모두에게 상담의 합리성과 객관성을 확보하기보다는 서로의 입장만을 나열하여 자신의 처지와 상황을 더욱 비참하게 할 뿐이다.

부모의 무능력과 경제적인 어려움 때문에 힘들어하는 학생과의 상담 장면을 살펴보자. 아이는 여태까지 살아온 이야기를 하면서 서럽게 운다. 이야기를 들어주던 교사도 아이가 딱하고 안쓰러워 함께 운다. 함께 울면서 아이의 부모를 원망하게 되고 자신이 나서서 그 아이를 도와줄 수 있는 방법을 생각하게 된다. 상담이 끝난 후에도 계속 그 아이를 도와줄 수 있는 이러저러한 생각으로 머릿속은 가득 차고 자신이 부모 역할을 대신 맡아주어야겠다고 다짐하게 된다. 상황이 이쯤되면 이들은 이미 교사와 학생 관계도, 상담자와 내담자의 관계도 아니다. 교사는 부모의 대리자가 된다.

직접적으로 도움을 주는 것 외에 상담 장면에서 학생의 상황을 자신과 동일시하는 일이 있어서도 안 된다.

대체로 학생과의 정서적 공감을 이끌어내기 위해서 "나도 너 같은 일을 겪었어."라든가 "나라도 너처럼 했겠다."는 말을 하게 된다. 그러나 교사의 이러한 태도를 받아들이는 학생들은 입장이 다르다. 모든 학생들이 그러한 것은 아니지만, 정에 굶주린 학생들, 다른 사람들과의 관계 형성이 튼튼하지 못한 학생들은 교사와의 관계를 통해 모든 것을 보상받으려 하고 '엉겨붙게' 된다. 교사는 처음에는 자신의 상담이 효과적이어서 학생의 신뢰를 얻었다고 안심하지만, 나중엔 아이의 일방적인 애정을 감당하지 못해 아이를 귀찮아하고 미워하게 된다.

물에 빠져 있는 사람을 구하기 위해서는 같이 물에 뛰어들면 안 된다. 수영 실력이 뛰어나지 못한 사람이라면 더욱 그렇다. 함께 물에 뛰어들어 허우적거리면 두 사람 모두 물에 빠질 수밖에 없다. 물 밖에서 물에 빠진 사람의 상태를 보아가며 장대나 밧줄을 내밀 것인지, 뛰어가서 다른 사람의 도움을 요청할 것인지 판단해야 한다.

있는 그대로를 받아들이라 — 수용의 원칙　4

　'수용'이란 학생의 약점과 장점, 바람직한 성격과 그렇지 못한 성격, 긍정적인 감정과 부정적인 감정, 건설적 행동과 파괴적 행동을 포함해, 학생들의 모습을 있는 그대로 이해하고 다루어나가는 행동상의 원칙이다.

　이것은 그 학생의 존엄성과 인격에 대한 가치를 존중한다는 말이다. 이때 존중하고 받아들여야 하는 것은 선한 것(the good)이 아니라, 있는 그대로의 참된 것(the real)이다. 즉 상담자가 내담자의 모습을 받아들이는 것은 그 학생의 착하거나 좋은 어떤 부분을 찾아서 선택적으로 받아들이는 것이 아니라 현재의 모습 — 나쁜 것, 실수, 한계까지를 포함해서 — 을 총체적으로 받아들이는 것이다.

　"비록 공부를 못하지만 열심히 노력은 하고 있다."는 장점을 발견할 수 있기 때문에 그 학생을 인정하는 것이 아니라, "공부를 잘해야 한다는 강박관념은 있지만, 그를 실행할 의지력은 없는" 현재의 모습을 그대로 인정하는 데서 상담자와 내담자의 관계가 형성된다.

　그러나 있는 그대로를 인정한다는 것은 사실 쉽지 않은 일이다. 학생에 대해 가지고 있는 정보는 때로 선입견과 고정관념으로 작용할 가능성이 크기 때문이다.

　지각을 한 학생은 지각을 한 학생으로, 교사에게 거친 말을 한 학생은 말투가 거친 학생으로 받아들여야 한다. 거기에 '공부도 못하는 놈, 가정교육도 제대로 못 받은 놈, 수업 태도도 안 좋은 놈' 등 다른 것을 끌어들이면 안 된다. 즉 지금 현재의 모습과 상황을 그대로 받아들이고 과거의 잘못이나 실패와 관련시키지 말라는 것이다.

　교사가 현재의 문제 상황이나 학생의 실수만을 문제 삼지 않고 과거의 경력이나 배경을 떠올리면, 그 아이는 실수를 할 수도 있는 인간이 아니라 엄청난 문제아가 되고 예비 범죄자가 되어버린다.

　상담의 결과로, 문제행동을 고치겠다는 학생의 결심에 대해서 흔쾌히 인정하지 않는 것도 이 원칙에 어긋난 것이다. 수용이란 과거가 어찌되었든 현재의 결심, 현재의 태도, 현재의 노력 등을 있는 그대로 받아들여 과거의 잘못된 행동과 실패를 연관시키지 않는 것이기도 하다.

　그러나 '있는 그대로를 받아들이라.'는 것이 학생이 가진 비정상적이거나 부정적인 측면에 대해서 용서하거나 인정하라는 것은 아니다. 어떤 점을 고쳐야 한다는 사실을 분명히 하되, 그것 때문에 학생에 대한 편견을 가져서는 안 된다는 말이다.

5 잘잘못을 가려 판결을 말하지 마라 — 비심판의 원칙

"야, 임마! 결국 네가 잘못한 거잖아. 그러면서 왜 그렇게 징징거려?"
학교현장의 상담에서 흔히 목격할 수 있는 장면이다.
아이들이 갖고 있는 문제는 대체로 학교생활과 관련된 것이다.
따라서 아이들의 교육을 책임지고 있으며 그들(내담자)뿐 아니라 다른 아이들에게 미칠 파장까지 고려해야 하는 교사로서는, 일의 잘잘못을 명쾌하게 따져 아이로 하여금 반성할 것은 반성하게 해야 한다는 생각이 강할 수 있다. 게다가 상담에 들어간 아이들은 문제의 원인에 대해 다른 사람을 탓하는 경향이 있다. 자신의 실수나 인간 관계의 미성숙 때문에 자기 자신은 물론 다른 사람을 어렵게 하는 아이와 이야기를 하는 교사는 답답할 수밖에 없다.

그러나 상담을 잘하는 교사와 그렇지 못한 교사의 차이는 상담 과정에서 자신의 그러한 판단을 아이에게 이야기하지 않느냐, 아니면 참지 못하고 '네가 잘못한 것이고, 네 책임은 어느 정도다.' 하고 판결을 내려주느냐에 있다.

'비심판의 원칙'이란, 상담 과정에서 학생이 이야기하는 문제의 발생 원인에 대해 학생의 잘못이 있는가 없는가, 혹은 그에게 어느 정도의 책임이 있는가를 따져 말하지 말라는 것이다. 상담자와 내담자의 관계 형성을 방해하기 때문이다.

앞의 예를 계속 사용하여, 평소에 관계가 좋지 않던 교사에게 야단을 맞고 반항적인 행동을 한 아이와의 상담 과정에서 담임이 이렇게 이야기를 했다고 가정하자. "물론 그 선생님이 너의 상황을 제대로 파악하지 않고 야단을 먼저 친 것에 대해 네가 화가 난 것은 알겠다. 하지만 그 선생님이 그런 오해를 할 만한 행동을 네가 평소에 한 것이 문제가 되지 않았니? 또 문제가 생겼을 때 차근차근 선생님의 오해를 풀어드리지 않고 벌컥 화부터 낸 것은 학생다운 행동이 아니야. 이성적인 행동도 아니고."

이 담임은 학생의 상황이나 문제에 대해 정확하게 판단하고 평가하고 있다고 볼 수 있다. 하지만 상담 과정에서 학생에게 이런 이야기를 하는 것이 문제를 해결하는 데 도움이 되지는 않는다. 학생은 올바른 판단력이 생길 수는 있겠으나 스스로 한 생각이 아니기 때문에 자기 잘못에 대해 인정하기가 더욱 어려워질지도 모른다.

그렇다고 문제 상황의 원인이나 학생의 잘못에 대한 판단을 아예 하지 말라는 것은 아니다. 교사의 판단은 학생의 문제 파악과 해결 모색에 활용이 되어야 한다. 다만 그것을 상담 과정에서 직접적으로 나타내고 강요하지 말라는 것이다.

개인상담
개인상담의 원칙

모든 결정은 아이가 하도록 하라 — 자기 결정의 원칙　6

상담에 있어서 문제 상황을 해결하거나 앞으로의 행동을 결정하는 것은 아이들 자신이다. 상담자(교사)의 역할은 학생들이 제반 자원을 발견하여 활용할 수 있도록 도와주고, 학생의 결정을 존중하고 그 잠재력을 자극해서 키워주는 것이다.

문제의 원인이나 책임 소재에 대해 섣불리 상담자가 판단하지 말라는 것도 결국은 반성이나 문제 해결이 내담자의 몫이기 때문이다. 물론 상담자는 내담자가 현명한 결정을 내릴 수 있도록 도와주기 위해 내담자에 대해 많은 정보를 가지고 있어야 하고 나름대로의 판단도 하고 있어야 한다. 하지만 상담자의 결정사항이나 해결 방법을 내담자에게 요구하거나 강요해서는 안 된다.

학생들이 문제 상황을 회피하거나 덮어두게 하기보다는 맞닥뜨려 해결하도록 적절한 조언을 해주는 것, 학생의 이야기를 잘 들어주고 부정적 감정 표출을 도와주는 것, 문제의 원인이나 책임에 대해 스스로 반성할 수 있도록 도와주는 것, 이 모든 것은 참으로 시간도 오래 걸리고 쉽지 않은 과정이다.

마찬가지로 학생 자신에게 도움이 되는 결정을 스스로 내리게 하는 것 역시 시간과 노력이 많이 필요한 과정이다. 이때 교사는 학생이 선택할 수 있는 결정의 여러 가지 가능성과 한계에 대해 고민할 수 있도록 도와주고, 그 결정에 따르는 시간과 노력, 희생에 대해서도 충분히 고려할 수 있도록 조언해주어야 한다. 또한 상담자(교사)를 포함하여 학생에게 도움을 줄 수 있는 개인과 집단에 대한 정보를 주며, "내가 어떻게 너를 돕는 것이 좋겠냐?"고 물어볼 수 있다. 그러나 그 도움의 종류나 방법에 대해서 결정하는 것은 학생 자신이다.

학생 스스로 결정을 내리게 하는 이유는 그 결정 과정에서 스스로의 상황과 능력, 가능성에 대해 충분히 고려하고 자신감을 갖도록 하기 위해서이다. 만약 학생 자신이 내린 결정이 아니라 상담자(교사)가 이러저러한 행동을 하라고 결정을 내려준 것이라면, 그 약속을 지키지 못했을 때에 학생에게 책임감을 부여할 수가 없다.

학생은 자신의 의지나 노력이 부족했기 때문이라고 생각하기보다는 선생님이 잘못된 처방을 내렸기 때문이라고 생각하고, 결정한 대로 행동하지 않은 것에 대해 책임지려 하지 않는다. 이런 핑곗거리를 차단하고 결정된 대로 행동하게 하기 위해서라도 결정은 학생 자신이 하도록 해야 한다.

> 상담했던 내용을 반드시 기억하자.
> 상담자가 지난번에 상담했던 내용을 기억하지 못한다면 이는 상담자 자격이 없는 것이나 마찬가지이다. 인간의 기억력은 한계가 있으므로 모든 것을 기억할 수는 없다. 따라서 상담 내용을 기록해 두고, 개별적으로 파일을 관리하여 언제든지 파일을 가지고 상담할 수 있도록 해야 한다. 기록이 없으면 학생과의 상담이 진행되지 않을 때도 있다.

7 바닥치기(Hit the bottom) 시기를 감지하라 — 내담자 중심의 원칙

상담을 하면서 아이들의 문제를 해결하는 데에는 '언제 개입하느냐?'가 결정적인 요소가 된다.

아이들의 문제는 떨어지는 공과 같다.

바닥을 향해 떨어지고 있는 공은 아무리 손으로 쳐보았자 다시 튀어오르지 않는다. 공이 바닥에 부딪쳐서 다시 튕겨져 위로 올라가는 순간이야말로 바로 '개입'이 필요한 순간이다.

교사가 아무리 "방황을 그만두어야 한다." "행동을 고쳐야 한다."고 말을 해도, 아이 스스로가 그렇게 생각하지 않으면 소용이 없다.

아이들이 이제는 방황을 그만두고 싶다고 생각하는 순간, 바로 그 순간에 구체적인 방법을 조언해야 효과가 있다.

그러나 그때가 언제인지를 알기는 어렵다. 따라서 교사는 상담을 계속하면서 아이들의 변화 동기가 생기는 순간을 놓치지 말아야 하며, 그 변화 과정을 면밀히 관찰해야 한다. 그러면서 한마디를 하더라도 더 효과적인 순간, 신뢰의 눈빛을 보내야 하는 순간, 기다리고 보듬어주어야 하는 순간을 포착해야 한다.

아이들이 말하려는 때가 있다. 준비된 시기가 있다. 교사가 그러한 것을 알고 아이들이 준비해온 이야기 꾸러미나 감정의 보자기를 잘 열 수 있도록 도와주는 것, 이 모든 것은 교사의 관점과 교사의 시간표에 따른 것이 아니라, 아이들의 입장과 시간표에 의해 이루어져야 하는 것이다. 교사가 볼 때 늦었다고 생각되지만 아이의 입장에서는 빠를 수도 있기 때문이다.

그리고 아이들은 교사들과 무수히 많은 약속을 하더라도, 혹은 처벌을 받더라도 가출이나 결석 등 재행(再行)을 반복한다. 재행을 한다고 해서 변화가 없는 것은 아니다. 변화하는 과정에서 재행이 수반되는 것이다.

그러므로 재행이 거듭된다 해도 그 과정을 지속적으로 도와준다면 점차로 많은 변화가 나타날 것이다. 그 변화의 적기를 포착하여 교사가 개입하면 긍정적인 쪽으로의 변화 속도는 빨라진다. 그러므로 학생이 변화할 순간을 기다려주는 것이 상담 현장에서는 매우 필요하다.

요컨대 상담은 학생이 얼마나 준비되었는가를 지켜보다가 학생이 준비되었다고 판단될 때에 맞추어 진행되어야 한다.

개인상담
개인상담의 원칙

비밀 없이 상담도 없다 — 비밀 보장의 원칙 8

비밀 보장은 상담에 임하는 내담자의 가장 기본적인 요구이다. 따라서 상담하는 모든 사람은 이에 응할 책임이 있다. 이것이 지켜지지 않는다면 상담자와 내담자의 신뢰 관계는 성립될 수가 없다.

민감한 사춘기에 있는 학생들을 대상으로 하는 학교 상담에서 특히 절실한 것이 바로 비밀 보장의 원칙이다. 상담하면서 학생들이 가장 민감하게 신경 쓰는 것은 담임이나 상담 교사에게 자신이 한 이야기를 다른 교사나 학생들이 알게 되지 않을까 하는 점이다. 그런데 문제는 학교 상담에서 가장 안 지켜지는 사항이 바로 비밀 보장의 원칙이라는 점이다. 교사가 듣기에는 하찮고 별로 심각하지 않은 이야기도 아이에게는 매우 중대한 것일 수 있다.

> 어떤 아이의 문제에 대해서 다른 교사와 협의하거나 대책을 세워야 할 때에는 그 논의에 필요한 만큼만 이야기해야 한다. 이때는 도움을 주는 교사에게도 비밀 보장의 의무가 확대 적용된다.

이 비밀 보장의 원칙은 말로 이루어진 상담에서뿐 아니라 쪽지상담, 신상조사 등에서 아이가 담임에게만 알려진다고 생각하고 제공한 정보를 소홀히 취급하지 않는 데서부터 출발한다. '선생님께만 들려주는 이야기'라며 자신의 성장 과정, 가정 문제 등을 신상명세서에 미주알고주알 늘어놓고 도움을 청했는데, "저 애, 부모가 이혼했대요."라는 이야기를 등 뒤로 듣는다면, 아이는 실망을 넘어서 교사에게 분노를 느끼게 된다.

교사가 학생의 문제를 해결하기 위해 개입이 필요하다고 생각할 때에도 그 접근은 매우 조심스러워야 한다. 학급 안에서 친구와 갈등이 생겨 힘들어하는 아이와 상담을 한 뒤, 문제의 또 다른 당사자에게 "○○하고 이런 일이 있었다면서? ○○는 그것 때문에 매우 힘들어하고 있으니 네가 먼저 다가가서 말을 붙여보지 않겠니?" 하고 권할 수도 있다. 하지만 그것은 상담 과정에서 미리 허락을 구한 뒤에 해야 할 일이다.

사실, 아이들이 교사와의 상담을 꺼리며 별 기대를 하지 않는 것은 그 아이들이 가진 문제가 아주 심각해서 교사가 도움을 주지 못할 거라 생각하기 때문이 아니다. 교사가 이러한 사소한 원칙을 소홀히 하기 때문이다. 아이가 가진 문제를 아이만큼 심각하게 생각하는 '공감'이 형성된다면, 또 아이의 인격과 자존심을 존중한다면 당연히 아이와의 상담 내용에 대해 비밀을 지킬 수 있을 것이다.

모든 교육이 그러하듯이 상담의 기본도 학생을 인간으로 존중하는 데 있다.

물론 비밀 보장의 원칙에도 예외는 있다. 자살이나 방화 등 극단적인 상황 속에서는 비밀 보장보다는 학생의 보호가 더 중요하고 시급한 일이다. ■

사례 1
나의 개인상담

편지와 녹음 테이프를 이용한 상담

> 상담에서 교사를 곤혹스럽게 하는 것은, 아이들과 어떤 내용으로 상담을 진행하고 어떤 구체적인 도움을 주느냐 이전에, 어떤 방식으로 아이들을 만나느냐이다. 편지나 녹음 테이프 등 대면 접촉을 하지 않고도 가능한 상담 방법을 찾는 것은 아이들이 말문을 트는 데 도움을 준다.

대부분 담임 교사들은 교재 연구, 수업, 잡무 처리 등으로 바쁘게 생활하고 있다. 게다가 담임을 맡고 있는 학급의 수업 시수가 많지 않은 경우에는 더욱 아이들을 만날 기회가 적어진다. 아이들 역시 특별한 경우를 제외하고는 자발적으로 담임을 찾아와 직접 대면하며 이야기하는 경우는 매우 드물다.

아이들과 어떤 내용을 이야기하느냐도 중요하지만 그전에 아이들과 어떤 방식으로 만나는가가 더욱 중요한 문제임을 절감하게 된다. 다행히 우리 학교에는 상담 교사가 따로 있어서 담임이 아이들을 만날 수 있는 방법을 미리 고민해주었다.

상담에도 여러 방법이 있지만 그 선생님께서 제안한 방법은 '편지를 통한 상담'이었다. 대체로 중간 고사나 기말 고사가 끝난 후에 편지상담을 실시한다. 어느 정도 마음의 여유가 있는 상태에서 자신을 돌아볼 수 있는 시기이며, 담임으로서도 아이들 파악이 어느 정도 되어 있는 시기이기 때문이다.

먼저 담임인 내가 상담 용지를 나누어주고 거기에 고민을 쓰게 한 뒤, 이를 회수하여 답장을 해주는 방식이다. 1차로 상담 용지를 걷어 답장을 써 돌려준 뒤, 일주일쯤 후에 비슷한 방법으로 다시 시행한다. 이때는 처음처럼 일괄적으로 수합해도 되고, 내고 싶은 학생만 내게 해도 좋다. 후자의 경우에는 20~30명 정도의 아이들이 2차 상담에 응했다.

이런 방법으로 쪽지 한 장에 모두 3회 가량의 상담이 이어지고, 한 학기에 한 번 정도 편지상담이 진행되었다.

한꺼번에 많은 아이들의 사연을 대하다보면, 일일이 답장해주기가 힘들다. 그래서 한 번은 내가 먼저 항목을 정해주었고, 또 한 번은 자유롭게 아이들이 쓸 수 있게 하였다. 비슷한 사항이 많은 경우나 진로에 대한 고민 같은 것은 시간을 내, 아이들이 모인 자리에서 답변을 해주거나 교실 뒷게시판에 답장을 게시하였다.

시간이 없어 글로 써주기가 여의치 않을 경우에는 녹음 테이프를 이용했는데, 아이들의 호응이 대단했다. 고민거리가 많은 아이들의 경우, 서신 대신 테이프에 자신의 목소리를 담아서 나에게 전해주기도 했다.

이장우 / 인천 박문여고 교사

사례 2
나의 개인상담

귓속말 공책으로 마음 나누기

학년초가 되면 아이들에게 공책을 한 권씩 마련하도록 한다. 이른바 '귓속말 공책'이다. 이 공책에는 교사나 친구들이 공책 주인에게 하고 싶은 말을 쓸 수 있다. 물론 '담임 귓속말 공책'도 있다. 모든 학급원(아이들과 담임)의 귓속말 공책은 교실 한쪽 벽에 못을 박아 매달아놓는다. '귓속말' 공책이니만큼 비밀 유지가 중요하지만, 그렇다고 공책 주인이 개별적으로 관리하면 다른 아이들이 활용하기 불편하고, 누가 누구에게 귓속말을 하는지 드러나기 때문에 차라리 매달아놓고 쓰는 방법을 택했다.

내놓고 쓰기 때문에 무엇보다 관리가 중요하다. 책임자(관리부장)를 두는데, 그의 역할은 아이들이 다른 아이의 귓속말 공책에 실린 내용에 덧칠을 하거나 낙서를 하는 것을 감시·보호하는 것이다. 담임의 귓속말 공책도 잘 관리해야 한다. 담임 귓속말 공책은 일종의 신문고 역할을 하기 때문에, 혹 자신에게 불리한 내용이 쓰여진 것을 보고 검은 매직펜으로 그어놓거나 공책을 찢어버리는 경우가 생길 수도 있다.

그렇게 교실에 매달아놓은 공책에는, 누구나 틈나는 대로 하고 싶은 말을 쓸 수 있다. 또 누가 쓴 귓속말인지 밝힐 수도 있고 밝히지 않을 수도 있다. 이것은 전적으로 쓰는 사람 마음이다. 하지만 담임 귓속말 공책에 쓰여진 질문이나 요청에 대해서는 바로 해결해주거나 답장을 해주어야 한다. '적어보았자 달라지는 것이 없더라.' '담임이 읽지도 않더라.'는 소문이 퍼지면 아무도 귓속말 공책을 이용하지 않을 것이기 때문이다.

물론 귓속말 공책으로 본격적인 상담이 이루어지는 것은 아니다. 그러나 귓속말 공책은 학급에서 일어나는 여러 가지 문제들을 당사자의 목소리를 통해 파악하거나, 아이들끼리의 사소한 오해나 갈등을 해결하는 데 아주 중요한 노릇을 한다. 따라서 공책에 쓰여진 귓속말이 다른 사람의 흉을 보거나, 일러바치는 것이라고 해도 조급해하지 않는 것이 중요하다. 아이들 사이의 내용도 '상담'과 관련된 내용이라기보다는 일종의 핸드폰 문자 메시지에 가까운 내용이 훨씬 많다. 이것도 답답해하지 말아야 한다. 아무리 사소한 내용이라도 담임이 읽고 나름대로 반응을 보이려고 노력하는 모습을 보이면 아이들은 이런 말도 쓴다. '선생님, 조금은 다른 모습으로 보아주세요.'

이견근 / 서울 한가람고 교사

> 보통 지면상담이 담임과 아이들 사이에서 이루어지는 것인 데 비해, 귓속말 공책은 문제 당사자인 아이들끼리 서로 의견을 주고받을 수 있는, 일종의 '끼리끼리' 공책이다.

사례 3
나의 개인상담

'나의 발자국 공책' 활용하기

툭하면 숙제나 준비물을 잊는 아이들 때문에 고민을 하던 참에, 초등학교 다니는 딸아이가 쓰는 알림장이 생각났다. 공책 하나를 정해두고 여기에 알림사항이나 숙제, 준비물 같은 것을 써놓으면 아이들의 '깜빡증'을 줄일 수 있겠다 싶었다. 게다가 그 공책을 잘만 활용하면 모둠일기 대신 아이들과 의사소통 통로로 삼을 수도 있겠다는 데 생각이 미쳤다.

나는 중학교 1학년 아이들을 맡고 있다. 1학년은 아무래도 모든 것을 혼자 챙겨야 하는 중학교 생활을 낯설어한다. 종례 시간에 아무리 준비물이나 주의사항을 일러주어도 딴청 부리느라 듣지 않기 일쑤고, 메모를 해둔다고 해도 아무 데나 끼적여놓고 어디에 메모했는지를 또 잊어버린다.

그래서 겸사겸사 만든 알림장이 '나의 발자국 공책'이다. 여기에는 말 그대로 일년 학급살이의 모든 것을 기록한다. 공책은 아이들을 만난 기념으로 내가 준비해서 한 권씩 나누어주었다. 공책을 주면서, 학교 도서관에서 만든 도서 대출일지와 모둠 역할표 등을 복사해 함께 나누어주고 공책 첫장에 붙이게 했다.

다음 장부터 본격적인 '발자국 남기기'가 시작되는데, 여기에는 그날의 모둠이 전달하는 알림사항, 교과별 과제와 준비물, 담임이 내주는 학급 숙제(저녁 9시부터 잠자리에 들기, 부모님한테 사랑한다는 말 하기, 엄마 손 그려오기 같은 담임 숙제) 등을 기록한다. 숙제 완수 여부나 그에 대한 느낌도 이 공책에 덧붙여 쓰게 한다.

다음은 담임인 나에게 하고 싶은 이야기로 채워진다. 학급생활을 하며 느낀 점, 친구에 대한 느낌, 선생님이 해결해주었으면 하는 문제, 책을 읽은 느낌 등 쓰고 싶은 모든 것을 쓴다. 아이들이 쓴 것을 보면 아이들 성격이 다 보인다. 꼼꼼한 유림이는 편지를 쓰듯, 일기를 쓰듯 자신의 모든 생각과 바람을 적는다. 덜렁대는 성호는 "계해 씨 사랑해요."라는 맹랑한 말 한마디로 그치기도 한다.

나도 꼬박꼬박 읽고 한마디라도 적어둔다. 매일 아침조회가 끝나면 모둠별로 걷어서 가져오게 한 다음, 오전에 비는 시간에 답장을 한다. 한 시간이면 35명 모두의 공책을 읽을 수 있다. 밀리지 않고 매일 읽으니 가능하다. 한 아이마다 서너 줄에서 길게는 열 줄 남짓이기 때문에 답장 쓰는 것까지 해서 채 1분도 안 걸린다. 토요일은 4교시 수업이 꽉 차 있기 때문에 일일이 답장을 쓰는 대신, 내가 반 전체에게 쓰는 편지를 복사해 나눠주고 공책에 붙이게 한다.

많은 말을 하지는 않지만 아이들 상황에 알맞은 얘기를 해주려고 노력한다. 반장인 경훈이에게는 학급회의 진행 요령을 복사해 붙여주고, 덜렁대지만 우리 반의 활력

소인 성호에게는 장점을 잘 살리라는 얘기를 해준다. 내성적인 소연이는 수업 시간에 잘 모르고 넘어간 내용을 직접 교과 선생님한테 묻지는 못하고 발자국 공책에 썼다. "선생님, 음악 선생님한테 ~에 대해서 좀 물어봐주세요." 하고. 나는 음악 선생님한테 대신 물어보고, 그 설명을 소연이의 공책에 써준다.

아이에 따라서 이 공책이 쪽지상담의 역할을 대신할 때도 있다. 성아라는 아이가 있다. 이 아이는 어려서 이혼한 부모 밑에서 자라 정에 굶주린 탓인지 '오빠'에 대한 집착이 강하다. "선생님, 저는 2학년 ○○오빠가 너무 좋아요." 하더니, 며칠 안 가 "선생님, 저랑 펜팔하는 ××라는 오빠가 있는데요, 그 오빠랑 이번 주 토요일에 만나기로 했어요."라고 쓴다. 이 아이에게 "네가 나이가 몇인데 벌써 이성 교제니?"라고 윽박지를 수는 없지만 그대로 방치할 수도 없었다. 이성 교제의 범위나 대상이 별로 성아에게 도움이 되지 않으리라는 판단 때문이다. 나는 그 애가 남자 친구의 얘기를 발자국 공책에 쓸 때마다 답장을 쓴다. "그 오빠가 어떤 사람인지 선생님도 궁금하구나. 하지만 성아야, 사람이란 편지 몇 번 왔다 갔다고 알 수 있는 건 아니야. 그 사람에 대해 좀 더 알아야겠다고 생각하지 않니?"

물론 공책 대화를 나누었다고 성아가 많이 바뀌지는 않는다. 성아는 그 펜팔 친구인 오빠와는 더 이상 만나지 않지만 여전히 '남자 친구'에 대해 많이 집착한다. 하지만 조급하게 생각하지는 않는다. 어차피 제가 살면서 깨달아야 할 몫이 있는 것이고, 내가 될 수 있는 것은 성아의 시행착오를 최대한 줄여주는 것 아니겠는가.

'나의 발자국 공책'의 뜻밖의 성과는 학부모와 자연스러운 상담이 가능하다는 것이다. 과제나 준비물 내용이 적혀 있기 때문에, 아이들이 집에 가서 제일 먼저 하는 일은 이 공책을 펴는 일이다. 부모님들도 자연히 이 공책에 관심을 갖게 되고, 어쩌다 공책을 읽게 되는 일도 있다. 그러면 모둠일기를 학부모와 함께 쓰는 것 같은 효과 ─ 부모님이 담임에게 바라는 것이나 당부의 말을 적는 것 ─ 를 볼 수 있다. 또 나는 이 공책에 되도록 학급살이의 모든 것을 담으려고 하기 때문에 아이들 주소록 같은 것도 복사해서 붙이게 한다. 이따금 학부모들에게는 이런 것이 요긴하게 쓰이기도 한다.

학급 생활지도에서 가장 소외되는 아이들은 말도 없고 말썽도 없는 중간 아이들일 것이다. 발자국 공책은 그렇게 숫기가 없어 먼저 담임을 찾지도, 말썽을 피워 담임을 불러들이지도 않는 중간 아이들과 대화할 수 있는 기회를 제공한다. 또 담임이나 부모가 미처 발견하지 못하는 아이의 깊은 속내를 알 수 있게도 한다. 문제는 얼마나 담임이 성의를 보이고 열심히 반응하느냐일 것이다.

박계해 / 전 경남 개운중 교사

사례 4
나의 개인상담

상담 신청서 받기

담임들은 개인상담을 해야 한다는 강박관념에 시달리며 다른 업무에 치여 일정을 잡지 못하는 것을 속상해하곤 한다. 그러다가 야간자습 시간이나 아침자습 시간에 잠깐씩 면담을 강행하는데, 사실 이런 식의 개인상담은 엄밀한 의미에서의 상담이라기보다는 기초적인 정보 수집에 해당된다고 볼 수 있다.

또한 이런 방식을 통해 얻게 되는 정보는 대부분 아이들이 자기 소개서의 내용을 보강하여 스스로 자신의 삶을 정리하여 쓰도록 하거나 조종례 때나 자투리 수업 시간을 이용해도 충분히 들을 수 있는 것들이다.

서로에 대한 신뢰나 이해의 단계에 이르지 못한 상태에서 진행하는 개인상담으로는 아이들을 올바르게 파악하고 그들이 살아온 과정을 이해하기가 쉽지 않다. 사전에 다양한 방식으로 아이들에 대한 정보를 수집한 상태에서 상담 신청서를 받아 상담을 진행하는 것이 교사에게도, 아이들에게도 효율적이다.

나는 짬이 나는 시간에 '내 친구' '나의 고민' '미리 그려보는 나의 미래 모습' '우리 가족 이야기' 등을 쓰게 하여 나에게 필요한 정보를 미리 수집한다. 또한 학교생활기록부를 꼼꼼히 읽고 가족사항에서의 특이한 점이나 출결 상황, 성적 등을 참고 사항으로 기록해두거나 교사 나름대로의 학생 관찰 내용을 교무수첩이나 별도의 관찰 기록장에 기록해둔다.

출결 상태나 행동발달사항에 문제가 있는 것으로 파악되는 아이들은 따로 목록을 뽑아두었다가 전해 담임 선생님이나 교과 담임 선생님에게 정보를 얻는다. 이런 식으로 미리 준비가 되어 있다면 모르고 있었던 부분까지도 아는 기회가 된다.

반 아이들에 대한 좀 더 구체적인 정보는 학부모 통신을 이용해 최대한 확보하는 것이 좋다. 내 경험으로는 학부모들이 보내주는 아이에 대한 이야기, 즉 아이들이 쉽게 털어놓지 못하는 가정 불화나, 성장 과정에서의 특이한 사항 등은 아이들을 이해하는 데 큰 도움이 되었다. 나는 4년째 학부모 통신을 하면서 아이들 이해에 필요한 대부분의 실제적인 정보를 얻고 있다.

부모들의 편지나 전화, 상담을 통해 아이들이 내게 털어놓지 못했던 중요한 가정

〈예시 2〉 개인상담 신청서

학번, 이름 (별명)	20933 이지수 (깐돌이)
상담하고자 하는 내용 (구체적으로)	사귀던 여자 친구와 헤어졌는데, 마음의 정리가 안되고 온통 그 아이 생각 때문에 공부가 잘 안돼요.
상담을 원하는 날짜와 시간	월요일 저녁(11일) 자율 학습 1교시요.
상담을 원하는 장소	교무실이 아니면 어디든 좋아요.
같이 상담을 하고 싶은 사람	그냥 혼자 할래요. 아니면 두레원 상철이요. 걔는 제 고민 다 알거든요.

〈예시 3〉 학급원 전체를 대상으로 받는 상담 신청서

번호	이름	상담하고자 하는 내용 (구체적으로)	상담 날짜와 시간	상담 장소	같이 하고 싶은 사람
1	강찬돌	성적(모의 고사 점수가 너무 안 나왔어요.)	4일(월) 자율 학습 시간	교무실	석준이, 민웅이, 강표
2	박진해	진로(제 성적으로는 대학 가기가 어려울 것 같아서)	9일(토) 아침자습 시간	상담실	혼자
3	이문구	학교생활이 너무 힘들어요.	8일(금) 야자 시간	학교 밖이면 어디든	저 혼자요
4	이사랑	제 성격, 너무 맘에 안 들어요.	11일(월) 자율 학습 시간	학교 밖이요.	혼자
5	김민주	대학 진학의 모든 것	11일(월) 자율 학습 시간	상담실	두레원과 같이
6	오민식	우리 반에 적응이 안돼요. 친한 친구는 모두 뿔뿔이 흩어졌어요.	13일(수) 학원 가기 전	교무실이 아니면 다 좋아요.	혼자
7	한민중	집안 문제(자세한 건 상담하면서)	14일(목) 아무 때나	조용한 곳 (찻집도 되나요?)	혼자
8	이강산	공부를 잘하고 싶은데, 너무 놀아서 어떻게 해야 할지…….	아무 때나 좋아요.	아무 데나	성민이요
9	민중기	사는 게 힘들어서, 공부가 안돼서	가능하면 빨리	밖에서	저 혼자
10	김진수	어제 수학 선생님께 혼났는데, 그 문제로 상의할 게 있어요.	저두요	교무실만 아니면 다 좋아요.	혼자

사나 성격상의 문제들을 알게 되었고, 이렇게 수집된 정보는 아이들을 파악하는 데 큰 도움이 되었다. 학기초뿐만 아니라 학기 중에도 필요할 때마다 학부모 통신을 이용해 부모님들과 서신을 계속 주고받으면 학부모들과의 공감대를 형성할 수 있을 뿐만 아니라 아이들에 대한 이야기를 폭넓게 나눌 수 있다.

중간 고사가 끝나는 학기 중간쯤 되면 교사도 아이들도 어느 정도 학급생활에 적응이 되고 서로에 대한 이해와 신뢰가 생긴다. 그러면서 아이들에게는 친구 관계나 성적, 진로 문제 등 자신만의 문제가 구체화되어간다. 그러나 아이들이 먼저 담임을 찾아와서 상담을 청하기란 쉬운 일이 아니다. 담임으로서는 학기초의 빡빡한 업무도 어느 정도 정리가 된 상태라 개인상담을 위한 시간적, 심리적 여유가 생긴다.

이러한 시기(대략 5~6월)에 아이들에게 개인상담 신청서를 나눠주고, 자신이 상담하고자 하는 문제와 상담 시간 등을 적어내게 한 뒤, 상담 계획을 짜서 진행하면 훨씬 효과적이고 능률적인 상담을 할 수 있다. 상담 전에 미리 준비해둔 개인상담 신청서를 나눠주거나 학급 전체를 대상으로 상담 신청서를 돌리면 된다.

이렇게 학생들에게 신청을 받아서 상담을 할 경우, 교사는 아이들이 고민하고 있는 문제가 무엇인지 미리 파악하고, 상담에 필요한 자료를 준비하여 상담에 성실하게 임할 수 있다는 장점이 있고, 아이들 입장에서도 상담에 임하기 전 자신의 고민을 정리해볼 수 있기 때문에 좀 더 효율적인 상담이 이루어질 수 있다. 또 개인상담 과정에서 비슷한 고민을 하는 아이들끼리 상담을 위한 모둠을 따로 구성하여 집단상담을 병행하면 효과를 더 높일 수 있다. 이때 상담 집단은 고정적으로 운영(모둠별)하기보다 그때그때 고민이 같은 아이들끼리 새로 집단을 구성하여 진행하는 것이 좋다. 특히 진로 상담의 경우, 고민이나 필요한 정보가 비슷할 때가 많으므로 새로 집단을 구성하여 진행하면 시간 운영이나 정보 교환이 효율적이다.

교사는 상담 신청서를 받은 후 아이들의 상담 내용을 분류하여 가능한 시간과 장소를 확인해 알려주는 과정을 통해 아이들에게 상담의 의미를 환기시켜준다.

하지만 생활 태도에 변화가 생기고 고민이 있어 보이는데도 좀처럼 자기 이야기를 하지 않으려는 아이도 있다. 그냥 불러서 "너 요즘 무슨 고민 있니?" 하고 물으면 아이 입장에서는 준비가 안된 상태라 선뜻 내색을 하지 않을 수도 있다. 이런 경우 내가 먼저 상담 신청을 하기도 한다. 작은 쪽지에 편지를 써서 아이에게 전하면 아이는 담임이 자신에게 깊은 관심을 가지고 있다고 생각하고 신뢰를 갖고 찾아와 자신의 고민을 이야기할 수도 있다. 특히 평소 내성적이고 말이 없는 아이들에게 이런 방법을 적용해보면 의외로 쉽게 상담이 이루어진다.

상담을 끝맺을 때에는 아이들에게 이 상담이 마지막 상담이라는 인상을 주지 않는 것이 좋다. 심리치료에서는 상담의 끝맺음을 '종료'라고 할 만큼 상담자와 내담자가 다시 만나지 않을 것이라는 의미를 가지고 있지만, 학교에서의 상담은 언제라도 다시 할 수 있는 것이어야 한다. 따라서 상담을 마칠 때에는 상투적일 수도 있지만 "또 상의할 것이 있으면 다시 대화를 나누도록 하자."라는 말을 함으로써 언제, 어디서나 다시 할 수 있다는 인상을 심어준다.

정현숙 / 경기 동구중 교사

전문 상담기관의 도움을 받으세요

전문 상담기관의 도움이 필요할 때, 문화관광부 산하 청소년 상담 전문기관인 '한국청소년상담원'을 이용해보자. 국내외에서 전문적인 상담 훈련과 교육을 받은 상담 전문가들이 전문적인 서비스를 제공하는 청소년 상담기관이다.

방문이나 전화상담은 물론 인터넷을 통해 공개상담, 비밀상담, 채팅상담, 웹 심리검사와 다양한 상담 자료 서비스를 이용할 수 있다. 또한 전국의 지역별·분야별 상담기관이 네트워크 되어 있어서 전국 상담실에 대한 안내와 전문가 상담을 받을 수 있다. 대인관계, 진로, 가출, 중도탈락 등 아이들의 문제 상황에 맞는 전문 상담기관을 소개받을 수도 있다. 교사와 부모를 위한 청소년 상담 교재 발간과 교육 프로그램을 운영하고 있으며, 자문과 집단 지도를 받을 수 있다.

- 홈페이지 : www.kyci.or.kr   www.youconet.or.kr
- 전화상담 : 02) 730-2000, 2231-2000
- 개인상담 : 전화로 접수 → 접수 면접 → 상담
- 집단상담 : 분기별로 일년에 4번 개최 (2월, 6월, 8월, 10월에 안내가 홈페이지에 게재됨)
- 이용 시간 : 평일 09:00~21:00 토요일 09:00~17:00 (일요일과 공휴일은 휴무)

가출청소년 상담 1588-0924, 아이들에게 이 전화번호를 알려주세요

2000년 5월 15일, 문화관광부와 한국청소년상담원이 가출청소년 종합지원대책의 일환으로 시작한 원스톱(One-Stop) 상담 서비스이다. 한국청소년상담원, 전국 시도 및 시군구 상담실, 전국 청소년 쉼터, 한국청소년선도회의 가출청소년 찾아주기 본부가 연계하여 가출청소년에게 상담 서비스와 함께 휴식처를 제공하고 있다.

청소년들이 전화를 걸면, 전화를 건 장소에서 가장 가까운 곳에 위치한 상담기관으로 연결되어, 상담과 휴식처를 안내받을 수 있다.

개인상담을 위한 정보쌈지 **1** 학생이 상담을 필요로 하는 여섯 장면

이럴 때 상담이 필요해요

이 통계는 전국의 중·고생 200명(중 70%, 고 30%)을 대상으로 실시한 학급운영 설문 가운데 '이럴 때 선생님의 도움이 필요했어요.'라는 문항에 대한 서술식 응답을 유형별로 갈라 순위를 가린 것이다. 정확도보다 유형의 내용 분석에 중심을 두었다.

1 진로 문제

남녀 학생을 가리지 않고 고르게 응답한 진로 상담에 대한 요구는 25%에 이르렀다. 특히 중학생들이 높은 수치를 기록하여, 고등학교에 비해 상대적으로 빈약한 진로교육 상황을 짐작하게 했다.
내용은 실업계와 인문계 진학 여부에 대한 상담 요청이 많았고, 고등학생은 계열 선택에 관한 고민이 많았다.

- 성적이 중간쯤 되는데 어디를 갈지 고민이다. 어떤 친구는 인문계를 갈 수 있다고 하고, 어떤 친구는 인문계 가야 꼴찌하니까 차라리 실업계 가라고 충고를 한다. 선생님께서 이런 것에 대한 상담을 자주 해주셨으면 좋겠다.
- 예체능계를 가고 싶은데 내 성적에 맞는 곳이 있는지 궁금하다. 학기초에 이런 자료를 나누어주면 선택하는 데 도움이 되겠다.
- 부모님은 인문계 아니면 학교도 아니라고 하신다. 그런데 내 성적으로는 인문계 가봤자 바닥을 기다 끝난다. 누구 얘기를 들으면 차라리 실업계 가서 취직한 다음에 전문대학에 가는 게 대학 갈 확률이 더 높다는데, 선생님이 그런 얘기를 부모님께 해주시면서 설득해주셨으면 좋겠다.
- 인문계를 가야 할지 자연계를 가야 할지 모르겠다. 적성검사를 했지만 평소에 내가 생각하던 내 적성하고는 영 반대로 나왔다. 적성검사 결과를 얼마나 믿어야 하는 건지도 모르겠고, 수학 성적이 별로 안 좋아도 자연계에서 버틸 수 있을지 자신이 없다.

2 친구 관계

뜻밖에 친구에 대한 고민이 많아서 진로 상담 요청과 맞먹는 수치를 기록했다.(22%) 여학생들의 응답이 많은 점이 특히 주목할 만하다.
주로 다툼으로 인한 갈등 문제가 많았는데, '왕따'와 관련된 걱정도 눈에 띄었다.

- 친구와 싸웠는데 화해하고 싶어도 자존심 때문에 잘되지 않는다. 이런 때는 선생님께서 알아서 중간 역할을 해주셨으면 좋겠다.
- 짝과 말다툼을 했다. 그런데 그후로 짝과 친한 애들이 나에게 아는 체도 안 한다. 혹시 왕따당할 것 같아 겁난다. 화해를 하고 싶어도 너무 늦은 것 같다. 학교생활이 힘들다.
- 싫어하는 친구가 친해지려고 자꾸 접근한다. 친한 척하지만 정이 잘 안 간다. 이럴 때 어떻게 의사를 표현해야 할지 잘 모르겠다. 선생님께서 좀 도와주셨으면 좋겠다.
- 우리 모둠이 싫다. 수업 시간에는 괜찮지만 반에서 무슨 행사를 할 때마다 미칠 것 같다. 선생님이 모둠을 바꿔주시든지 모둠 같은 걸 없애버리셨으면 좋겠다.

3 성적 문제

중·고등학생 모두에게서 고루 높게 나타났는데, 일반적으로 진학, 진로 문제와 관련지어 나타났다.
공부한 것만큼 성적이 오르지 않는 것에 대한 하소연이 많았다.(15%)

- 열심히 한다고 했는데 성적이 안 나오면 며칠간은 미칠 것 같다. 선생님께서 상담하실 때, 공부 방법 같은 것을 자세히 알려주셨으면 좋겠다.
- 시험 결과가 엉망일 때, 힘이 되고 용기가 되고 희망이 되는 선생님의 말씀이 정말 필요하다.
- 공부를 잘하고 싶어도 의자에 앉아 있는 게 싫다. 부모님한테 잔소리 듣는 것도 지겹다. 선생님께서도 공부하라는 말만 하실 게 아니라 공부를 열심히 할 수 있게 마음을 좀 잡아주셨으면 좋겠다.

4 힘센 친구들이 괴롭힐 때

중학교 남학생들 사이에서 높은 수치가 나왔다. 구체적인 내용을 보면 교사가 보지 않는 곳에서 이루어지는 은밀한 괴롭힘에 대한 하소연이 많았다.

일부는 선배에 의해 이루어진다는 응답도 있었지만, 동학년이나 동학급 친구들에 의한 괴롭힘이 훨씬 많은 것으로 나타났다.

응답 학생들의 대부분은 교사들의 '강력한 대처'를 원했다.(12%)

- 자꾸 오고 가며 툭툭 친다. 그 애 패거리가 많아 겁나기도 하지만 쳐다보면 쳐다본다고 한 번 더 때리고 가기 때문에 그냥 아무렇지도 않은 척해야 한다. 기분이 무척 나쁘다. 상담하고 싶지만, 들통 나면 더 괴롭힐까 봐 그냥 있는다.
- 선배들이 혼내면 어쩔 수 없이 당해야 한다. 대들고 싶지만 후환이 더 무섭다. 선생님께서 교실 순찰을 해서 우리가 괴롭힘을 당하지 않도록 분위기를 잡아주셨으면 좋겠다.
- 작은 아이들을 장난감처럼 괴롭히다가 선생님 앞에서는 능청을 떠는 아이가 있다.

5 왕따가 무섭다

11% 정도의 수치를 기록한 '왕따' 문제는 중학교 여학생들 사이에서 높은 반응을 보였다. '왕따'는 그 문제만 단독으로 거론되기보다는 친구 문제나 폭력 문제와 연관 지어 나타나는 경우가 많았는데, 왕따를 당할지도 모른다는 우려에 대한 응답 수치가 높았다.

- 서로 친하던 친구 사이에서 따돌림 같은 것을 당할 때는 뭐라 말하기 어려울 정도로 힘들다. 안 당해본 사람은 모른다. 당사자는 정말 괴롭고 힘이 든다.
- 문제아(일명 날라리)들이 떠들고, 때리고, 장난삼아 왕따시키는 일이 많다. 그런데 선생님께서는 그러려니 하면서 그냥 넘어가신다. 선생님이 신경 써서 그런 아이들에게 엄격하게 대하고, 왕따당하는 아이들은 따로 불러 격려를 해주셨으면 좋겠다.
- 우리 반의 몇 명이 영수를 자꾸 괴롭힌다. 영수를 도와주고 싶어도 분위기 때문에 그러기가 어렵다. 이런 나 자신이 싫다.

6 기타

위의 경우 외에 많은 수치로 나타난 상담 주제는 이성 문제와 가정 문제였다. 이성 문제는 흔히 그 또래들이 겪게 마련인 유형을 크게 벗어나지 않았고, 집안 문제는 부모님들과의 갈등 양상이 두드러졌다. 간섭, 진로 방향에 대한 차이, 공부 강요 등이 주된 주제로 나타났다. 그 밖의 내용은 다음과 같다.

- 이성 친구와 사이가 좋지 않을 때
- 사고 쳤을 때
- 다른 과목 선생님과의 관계가 좋지 않을 때
- 학급에 도난 사고가 자꾸 생길 때
- 신입생 학교 적응을 도와주는 상담
- 부모의 불화

개인상담을 위한 정보쌈지 **2** 개인상담의 대화법

상담 장면으로 보는 대화의 기술

철순 : 선생님, 안녕하세요?
교사 : 응, 철순이 안녕?
● 아이들 이름을 불러주는 것은 친밀감과 안정감 형성에 매우 중요하다.

철순 : 저, 선생님, 드릴 말씀이 있는데요, 음 ─ 어떡하나? 말을 해야 하나? 음 ─.
교사 : 무엇인가 할 말이 있나 본데, 말하기가 좀 곤란한 내용인가 보구나. 선생님이 뭐 좀 도와줄까?
● 아이의 마음을 정리해서 드러내주면 쉽게 말문을 트는 데 도움이 된다.

철순 : 글쎄요. 선생님은 비밀을 잘 지키시나요? 선생님께 말씀드리면 혹시 다른 아이들이……. 비밀을 지켜주실 수 있나요?
교사 : 으음, 비밀이 안 지켜질까 봐 그러는구나. 좋아, 그럼 이야기하기 전에 약속을 정하자. 세 가지 약속이야. 첫째, 우리 서로 진실해지기. 서로에게 솔직해지지 않는다면 귀중한 시간을 낭비하는 것이겠지? 둘째, 우리 서로 비밀 지켜주기. 선생님은 너의 비밀을 지켜줄 의무가 있고 또한 너는 선생님의 비밀을 지켜줄 의무가 있단다. 셋째, 우리가 서로에게 의미 있는 사람이 되도록 노력하기. 만나는 사람은 많지만 서로에게 의미 있는 사람은 많지 않단다. 우리는 서로 뭔가 통하는 사이가 될 수 있도록 노력해보자. 어때, 약속할 수 있겠니?
● 비밀 보장의 원칙을 부담 없는 약속으로 실행하는 것이 필요하다. 위와 같은 약속을 하게 되면 아이들은 안심하고 이야기를 할 수 있다.

철순 : 네, 그럼 우리 약속해요!
(약속 후)
교사 : 지금 기분은 어떠니? 좀 편해졌어?

철순 : 네 아까보단 많이 편해졌어요. 사실은요, 오늘요, 영어 시간에 앞에 나가서 뭔가를 했는데, 어떤 여자 애가 비웃었어요. 그래서 지금까지 기분이 영 아니에요.
교사 : 그래? 무슨 일이 어떻게 일어났는지, 좀 더 자세히 이야기해줄 수 있겠니?

철순 : 앞에 나가서 영어 독해 내용을 그림으로 그려보는 걸 하는데, 그 애가 "쟤 또 나왔어?" 그랬어요. 근데 그 애는 저와 잘 아는 사이도 아니고, 예전부터 왠지 나를 안 좋은 시선으로 보았어요. 확 뒤로 돌아서 "어떤 ×× 같은 ×이?"라고 할까 생각해봤는데, 당연히 그런 짓은 못하죠. 제가 친구들한테 이 얘길 했더니, 친구들은 차라리 그렇게 하지 그랬냐고 하더라고요. 치, 그건 자기네 사정

이 아니니까 그렇지. 하긴, 저도 아이들에게 이야기할 때 아무렇지도 않게 이야기를 했는데……. 사실 많이 속상해요.
교사 : 그래? 많이 속상했겠구나. 음 — 자신을 아끼는 사람일수록 그런 상황은 견디기 힘들지, 속도 상하고. 그런데 그 상황에서 무엇이 너를 제일 속상하고 힘들게 하니?

● 적절하지 않은 지지이다. 철순이가 자신을 아끼는지 아끼지 않는지를 알 수 없는 상황에서 이러한 표현은 적절하지 않다.

철순 : 사실 이런 일이 한두 번 있었던 것도 아니고, 그러니까 자꾸 움츠러들게 되는 것 같아요. 남 눈치도 보게 되고. 아마 아무리 적극적인 사람이라도 사람한테 그런 식으로 상처받으면 저처럼 소극적이 될 거예요.
교사 : 그래 그럴 수 있지. 자, 그러면 다른 사람 이야기보다 철순이 마음속 이야기 좀 들어보자. 오늘의 주인공은 바로 철순이잖아? 요즘 제일 힘든 게 뭐니?

● 일반적 이야기에서 철순이의 개별적 문제로 전환하는 적절한 표현이다.

철순 : 글쎄요, 잘 모르겠어요.
교사 : 많이 힘들면 무엇이 힘든지도 잘 모를 수 있단다. 생각하기 싫을 때도 있고. 억지로 하지 않아도 된다. 그래도 어떻게 하면 선생님이 도움이 될지 네가 가장 잘 알고 있을 거란 생각이 드는구나. 선생님이 뭘 도와줄까?

● 문제를 조사하려는 차원이 아니라 도움을 주려는 느낌이 들도록 상담을 진행하는 것이 매우 중요하다. 또한 잘 모르겠다는 모호한 대답에 대해서도 수용적인 태도로 응하는 것이 바람직하다.

철순 : 글쎄……, 친구 관계요. 저는 그 아이들이 싫어요. 왜 나만 가지고 그러는지 모르겠어요. 발표하라고 하면 하지도 못하면서……. 그냥 그 아이들을 보지 않았으면 좋겠어요.
교사 : 그 아이들과 관계가 불편해서 그렇구나. 그렇지? 사람 사이가 불편한 것만큼 힘든 것도 없지. 마음고생을 많이 했겠구나?

● 진짜 문제가 나왔을 때에는 다시 한 번 정리를 해주는 것이 큰 도움이 된다.

철순 : 네.
교사 : 선생님이 어떻게 도와주었으면 좋겠니?

● 상담 목표를 학생 스스로 정하게 하는 것이 핵심이다.

철순 : 걔들을 볼 때 마음이 좀 편했으면 좋겠어요. 그냥 막 무시하고 싶은데, 그게 쉽지 않네요. 그냥 그 아이들을 무시할 수 있으면 좋겠어요.

교사 : 아! 그럼 마음 편하게 지낼 수 있는 방법을 같이 찾아볼까?
철순 : 네.
교사 : 이번 말고 또 어떤 때 그 아이들과 불편하니?

● 차라리 그들과 불편하지 않았던 상황은 언제인가를 질문하여 긍정적 요인을 발견하게 하는 것이 바람직하다.

철순 : 발표 시간에 아무도 발표하지 않아서 제가 발표를 하면 뒤에서 막 뭐라고 해요. 그리고 모둠별 과제를 내주면 자기들은 하나도 안 해오면서 제 것을 베끼려고 해요. 그럴 때는 정말 화가 나요.
교사 : 그래? 화날 만도 하다. 그럴 때 네가 얼마나 화가 날지 짐작이 된다. 많이 힘들었지?

● 의도적 감정 표현이 적절히 사용되었다.

철순 : 네, 많이 힘들어요.
교사 : 그럼, 그 애들이 그런 행동을 할 때 너는 자신을 보호하기 위해서 어떻게 행동을 했니?

철순 : 네? 아무것도 할 수 없어요, 저는.
교사 : 그렇다고 생각하니? 누가 너를 보호해줄 수 있는 분위기는 아니니?

철순 : 아니오. 분위기 자체가 아무것도 할 수 없게 만들어요. 그 애들은 숫적으로 많잖아요. 어떻게 제가 그 애들과 싸워요?
교사 : 선생님은 그 상황이 너에게는 매우 힘든 상황이라는 것을 충분히 안다. 그 상황에서 무엇인가를 이야기한다는 것은 결코 쉽지 않지. 그렇다고 해서 선생님은 그 아이들과 싸우라는 것이 아니야. 너를 보호하기 위해 무엇을 할 수 있느냐를 물어본 거야.

철순 : 그게 그거 아니에요?
교사 : 좀 다르지. 꼭 그 자리에서 그 아이들에게 뭔가 따끔한 말을 해서 그 애들을 꼼짝 못하게 하는 방법만이 너를 보호하는 것은 아닐 거야. 그 당시 너는 많이 힘들었을 텐데, 그런 너 자신을 위해서 무엇을 할 수 있을까 생각해보면 여러 가지가 있을 것 같구나. 지금 우리 한번 생각해보자.

● 교사가 너무 서두른다. 문제 해결의 방법이나 시기는 상담자가 제시하거나 정하는 것이 아니라 내담자, 즉 아이의 준비 상황에 따라 정해져야 한다.

철순 : 글쎄요. 모르겠어요. 생각이 안 나요.
교사 : 좋아! 그러면 지금 억지로 하지 않아도 돼. 선생님 생각에도 쉽지 않은 문제야. 우리 모두에게 아주 중요한 문제라는 생각도 들고. 그래서 오늘 여러 가지를 한꺼번에 해결하기보다는 시간을 두고 생각하며 하나씩 풀어보고 싶은데, 어떠니? 우리 시간을 정해놓고 만나서 함께 궁리해볼까?

● 학생이 미처 준비되어 있지 않으면, 진행 시기를 탄력적으로 조정할 수 있도록 해야 한다. 또한 새로운 제안을 통해 상담 장면이 다음에도 이어지게 할 수도 있다.

철순 : 근데 선생님. 그 아이들을 만날 때 어떻게 해야 하나요? 수업 시간에 또 그럴 텐데.
교사 : 그럴 수도 있겠지. 그러나 우리 서두르지 말고 차근차근 이야기해나가자. 선생님이 숙제를 낼게. 그 친구들을 만날 때 어떠한 상황에서 만났고, 그때 네 느낌은 어떠했는지를 적어두었다가 다음에 가지고 올래? 다음에 그것을 가지고 이야기하자.

● 자신이 생각하면서 객관적으로 관찰할 수 있는 과제를 부여하는 것이 매우 필요하다. 스스로 자신의 행동에 대하여 체크하고, 그것을 가지고 상담의 목표를 수정하며 자신에 대하여 객관적으로 바라보는 시각을 키울 수 있다.

철순 : 네! 저도 한번에 해결될 것 같지는 않아요. 그런데 꼭 적어와야 되는 거예요?
교사 : 아냐, 부담스러우면 꼭 적지 않아도 좋아. 그래도 당시 상황을 적어오면 적지 않은 것보다는 우리가 이야기할 때 많은 도움이 될 것 같은데. 그럴 것 같지 않니?

● 학생에게 강요하지 말고, 할 수 있는 것을 선택하도록 과제를 부여하라.

철순 : 노력해볼게요.
교사 : 그래! 그러면 우리 다음 시간에 볼 수 있도록 하자. 많이 힘들면 언제든지 찾아오렴. 알았지? 선생님은 네게 도움이 되고 싶구나.

● 다음 상담 시간에 대한 약속과 확인을 해야 하며, 약속 전날 확인 전화를 하겠다는 등의 내용을 상의해야 한다.(예 — 학생이 전화를 한다든지, 교사가 전날 핸드폰에 문자 메시지를 남긴다든지)

철순 : 감사합니다.
교사 : 그래! 다음에 또 보자. 안녕!

약이 되는 이야기

지혜로운 교사의 조건

　어느 연수 자리에서 사람의 성장에 관한 진지한 이야기를 들을 기회가 있었습니다. 가족치료상담소를 오랫동안 운영했다는 그 교수의 강론을 요약하면 이렇습니다.

　사람의 성장기에서 모태 이후 가장 중요한 시기는 생후 60개월 전후입니다. 이때를 앞뒤로 해서 정신 구조의 골격, 말하자면 평생을 통해서 연기해야 할 프로그램이 담긴 '자화상'이 결정되기 때문입니다. 이때까지 양육자 ― 주로 어머니가 될 것입니다. ― 로부터 받은 메시지에 따라 그 자화상은 건설적일 수도 있고, 파괴적일 수도 있습니다. 말하자면 신경증적인 부모로부터 끊임없는 불안과 공격적인 메시지를 타전받은 아이의 경우, 그 치명적인 메시지가 무의식적으로 청소년기를 지배하면서 아주 자연스럽게 왜곡되거나 일탈의 길로 접어들 수 있습니다.

　그분은 이 기간의 '사건'이 얼마나 중요하고 치명적인지 여러 예를 보여주었습니다. 미국의 외과의사 버니 시걸의 임상통계에 따르면, 암환자의 85% 이상이 어머니 모태에서 저주받은 사람이며, 자살하는 청소년들의 경우 이미 자살이 예상된 가정에서 비극적인 부모의 암시를 받고 자란 경우가 많다는 것입니다.
　60개월을 전후해서 윤곽이 잡힌 자화상이 완성되는 단계가 초등학교 때입니다. 양육자로부터 받은 비정상적이거나 왜곡된 메시지는 초등학교 교사와의 조화로운 관계 ― 초등학교에 갓 입학한 자녀가 얼마나 선생님을 신봉하는지를 떠올리면 이해가 될 것입니다. ― 를 통해 상당 부분 치료된다는 것입니다. 교수는 이 대목에서 교육당국의 몰상식을 맹렬하게 비난했습니다. 그 중요성에 비추어 적극적으로 지원해야 할 초등교육과 초등교사를 방치하고 있는 탓에 상처받은 영혼이 치료받을 기회를 잃고 일그러진 채 어른이 되어가고 있다는 것입니다.

초등학교를 거쳐 중등학교에 이르면서 그 병든 자화상은 마지막 치료 기회를 갖게 됩니다. 교수는 여기서 잠깐 설명을 그치고 수강 교사들(모두 중등교사였습니다.)에게 질문을 던졌습니다. — "그 치료자가 누군 줄 아십니까?" 아무도 대답이 없자 다시 질문을 던졌습니다. — "아직 교사에 의한 치료 가능성은 남아 있는 것일까요?"

스스로의 질문에 그는 고개를 저었습니다.

"교사가 아닙니다. 그것은 친구입니다. 중·고등학교에서 학교와 교사의 교섭 프로그램으로 아이들을 교화할 수 있다는 믿음은 착각입니다. 어른에 대한 부정적인 이미지가 견고해져 그들은 더 이상 교사를 치료자로 받아들이지 않습니다. 이때 해줄 수 있는 최상의 교육은 아이들끼리의 관계를 잘 맺어주는 것입니다. 사랑받지 못해 억눌렸던 잠재력과 특유의 감성은 조화로운 친구 관계를 통해서 회복되고 개발될 수 있습니다. 그 힘은 부모와 형제 관계까지 회복시키는 놀라운 생성 에너지를 갖습니다."

그러면서 그는 강의 말미에 다시 한 번 강조했습니다.

"지혜로운 교사는 아이들의 조직 활동을 잘 돕는 교사입니다."

물론 이제 교사들이 아이들에 대한 영향력을 포기해야 한다는 말은 아닐 것입니다. 그러나 아이들 개개인에 대한 직접적인 교화보다는 아이들의 관계를 돕는 데 중점을 두어야 한다는 지적은 가슴에 새겨둘 만합니다.

집단상담을 생각해봅니다. 아이들을 통해 아이들을 돕는 심성 회복 통로로서 집단상담은 아주 매력 있는 장치입니다. 특히 부적응 집단상담은 자기 극복을 통해서 주변 관계에 대한 자신감을 심어줄 수 있다는 점에서 교실 활용가치가 높습니다. 교사가 상담을 지원할 수 있는 여유만 회복한다면 우리는 쓸 만한 교육용 에너지원을 하나 얻는 셈입니다. ■

이상대 / 서울 신월중 교사

상담
집단상담

집단상담의 준비

집단상담, 왜 필요한가

집단상담은 다른 말로 인간 관계 개선 프로그램, 심성 계발 프로그램, 감수성 훈련 등으로도 불린다. 개인이 가지고 있는 문제를 집단 안에서 대화를 통해 해결하고, 동시에 개인이 가지고 있는 발전 가능성을 발견하게 함으로써 좀 더 자신감을 갖고 적극적으로 생활할 수 있도록 돕는 프로그램이다.

학년초에 집단상담을 실시하면 아이들이 새로운 환경에 잘 적응하고 서로 친밀해지도록 도울 수 있다. 학급에서 아이들은 자연스럽게 자신을 드러내면서 친구와 나의 차이를 인정하고 수용하는 과정을 통해, 단순히 얼굴을 익히고 이름만 나누는 것보다는 좀 더 역동적인 관계를 맺을 수 있다. 또한 집단상담은 학급 친구 전체에 대한 이해를 높여줄 뿐 아니라 애정과 신뢰를 갖도록 이끌어준다.

집단상담은 상담자(교사) 한 사람이 많은 아이들을 접촉할 수 있으므로 여러 가지 면에서 효율적이다. 즉 개인상담에서 갖는 부담감을 줄이고 더 쉽게 접근할 수 있으며, 집단 구성원 서로를 통해 배우기 때문에 상담자를 통해서 일 대 일의 도움을 받는 것에 비해 상호 소통 능력이 증대된다. 또한 아이들은 자기 또래의 집단 의견을 교사 개인의 의견보다 훨씬 설득력 있게 받아들이므로, 상담 효과도 크다.

그러나 집단상담에서는 특정 구성원의 개인적인 문제가 충분히 다뤄지지 않을 수 있으므로, 집단상담을 통해 개인상담이 필요한 아이를 알아내고 이를 개인상담으로 유도하는 노력을 병행해야 한다.

학년초 집단상담, 어떻게 시작하나

학년초는 아이들이나 담임 모두 막연한 설렘과 함께 그만큼의 불안을 느끼는 시기이다. 아이들이 맞닥뜨리는 가장 큰 문제는 새 교실, 새 선생님, 새 친구들, 새 교과 학습 등 새로운 환경에 적응하는 것이다. 따라서 아이들은 자기를 드러내기보다는 다른 아이들을 관찰하는 위축된 자세를 가질 수밖에 없다. 이럴 때 아이들이 좀 더 긍정적인 또래 관계를 맺고 익숙해지도록 돕는 것은 매우 중요한 일이다.

집단상담의 구성원을 선정할 때에는 성별, 과거 배경 등을 고려해야 한다. 그러나 학교에서는 모둠을 단위로 학급활동이 이루어지므로, 처음 시작할 때 참여했던 아이들로 끝까지 밀고나가는 폐쇄 집단으로 상담을 진행하는 것이 일반적이다. 2학기 때 모둠이 바뀌면 자연스럽게 집단상담의 구성원도 바뀔 수 있다.

집단상담에서 집단의 크기가 너무 작으면 아이들 상호 관계와 행동의 범위가 좁아져 각 개인이 받는 압력이 너무 커진다. 반면 집단의 크기가 너무 커지면 각 개인에게 적절한 주의를 기울이지 못하게 되어 혼란스러울 수가 있다. 따라서 집단상담에 적당한 인원은 10명 안팎인데, 한 모둠의 수가 이보다 적을 때는 두 모둠씩 묶어서 진행하는 융통성을 발휘할 필요가 있다. (물론 모둠별로 진행할 수도 있다. 학급 학생 수가 45명일 때 6~7명을 하나의 모둠으로 묶을 수 있다.) 집단 구성원의 수에 따라 집단상담에 걸리는 시간도 달라지지만, 한 프로그램당 60~90분 정도 걸리도록 짜는 것이 좋다.

집단상담을 하는 장소는 너무 크지 않으며, 외부로부터 방해를 받지 않는 곳이어야 한다. 교실 이외에 사용할 수 있는 공간이 있다면 소음이 적은 윗층이 좋고, 창문을 닫고 실시하는 것이 좋다. 효과적인 상담을 위해서는 모든 집단원이 서로 잘 볼 수 있고 서로의 이야기를 잘 들을 수 있어야 한다. 가능하면 책상이 없는 바닥에 둥글게 앉아 진행하는 것이 좋고, 의자에 앉는다면 책상을 모두 치우고 의자를 끌어다 둥글게 앉는 것이 좋다. 책상을 가운데 놓으면 자유롭게 상호 작용하는 데 방해가 될 수도 있다.

집단상담을 진행하는 교사의 자세

집단상담을 할 때 교사도 집단의 한 사람으로서 솔직하게 자기를 공개하고 먼저 시범을 보이는 것이 좋다. 특히 아이들은 교사 앞에서 자신의 마음을 드러내기를 꺼리므로, 교사가 먼저 자신의 내면을 열고 분위기를 만들어나가는 것이 중요하다. 이때 말로만 하면 지루해지기 쉬우므로 그림, 동작, 음악을 적절히 사용하고, 이야기를 나눌 때 아이들의 얼굴을 마주 보고 눈을 맞추면서 대화를 나누도록 한다.

이야기를 나눌 때는 가능하면 한 사람도 빠뜨리지 않고 고루 기회를 주어야 하는데, 아이들이 스스로 참여하도록 하고 강요하지 않아야 한다. 그러기 위해서 먼저 아이들이 자유롭게 이야기를 나눌 수 있도록 편안한 분위기를 만들어주는 것이 중요하다. 이야기가 이어지지 않을 때는 무리하게 강요하거나 질문을 던지지 말고 기다려주어야 한다. 그러고도 이야기가 나오지 않으면 다음 학생으로 건너뛰도록 한다. 모든 아이들이 이야기를 끝낸 뒤 다시 한 번 이야기할 기회를 주거나 다음 순서를 바로 진행한다.

한 프로그램이 끝날 때마다 '느낌 나누기(피드백)'를 한다. 피드백을 할 때는 상대방으로부터 받은 구체적인 자료에 근거하여 느낌을 이야기해야 한다. 이는 집단원들이 프로그램의 의미를 깨닫는 동시에, 자기 모습과 태도를 돌아보는 계기를 제공하기 때문이다.

끝으로, 집단 안에서 나눈 이야기를 상담실(교실) 밖에서는 옮기지 않도록 하고, 다른 아이들에게 재미 삼아 이야기를 하거나 놀리는 일이 없도록 주의를 준다.

집단상담은 교사와 학생 사이의 상호 관계뿐 아니라 학생과 학생 사이의 상호 관계가 활발해져야 효과가 있다. 상담자(교사)는 집단을 지배하지는 않지만 집단의 움직임을 파악하여 과감하게 이끌어가야 한다. 그래야 아이들 사이의 상호 관계가 활발해지기 때문이다. 따라서 교사는 정보를 제공하고 진행되는 과정을 구체적으로 관찰하여 이끌어야 한다. 그러나 처음부터 상호 작용이 활발한 집단상담으로 이끌기는 쉽지 않은 일이다. 보통 집단상담의 초기 단계에서는 교사가 학생 한 명 한 명과 상호 작용을 하는 식의 집단역동(A 방식)이 이루어지지만, 점차 집단상담을 거듭할수록 학생 상호 간의 집단역동(B 방식)이 활발해지게 된다.

> 이야기를 할 때는 지식이나 선호에 대한 것이 아니라 지금 여기에서 떠오르는 느낌을 말한다. 예를 들어 "나는 ~라고 생각한다." "나는 ~이 좋다."가 아니라, "나는 ~라고 느낀다. 기쁘다. 어색하다. 두렵다." 등을 이야기하는 것이다.

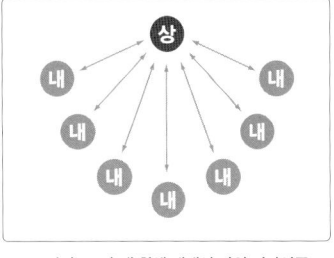

(A 방식) 교사 대 학생 개개인 간의 집단역동

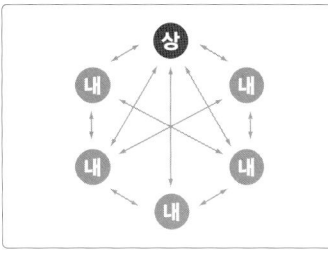

(B 방식) 학생 상호 간의 집단역동

상 : 상담자 (교사)
내 : 내담자 (학생)

아이들은 기대감과 불안감을 가지고 집단상담에 임한다. 아이들이 가지고 있는 불안감은 자신이 어떤 이야기를 할 때 교사나 친구들이 수용하는지, 거부 또는 무시하는지에 대한 걱정이다. 그래서 자신의 이야기가 얼마나 받아들여질지, 어느 정도 솔직해도 되는지 알아보기 위해 교사와 친구들을 관찰하고 시험한다. 이때 가장 중요한 모델은 교사이다. 아이들은 교사가 하는 이야기의 내용과 솔직함의 수준에 맞추어 자신의 이야기를 꺼낸다. 교사는 현재 아이들이 가진 불안감이나 어색함이 자연스러운 것이라는 사실을 알려주고, 먼저 각자가 무엇을 걱정하고 지금 기분이 어떤지를 이야기하며 집단상담을 이끌도록 한다. ■

학년초 또래 관계 개선 집단상담

상담 / 집단상담

※ 이 계획표는 전체 모둠을 대상으로 일주일에 한 차시씩 진행하는 것을 가정하여 짠 것이다. 예를 들어 제1모둠은 월요일, 제2모둠은 화요일…… 식으로 매주 한 차시씩 다섯 주 동안 진행하는 것이다.
만일 1개 모둠(6~7명)을 데리고 집단상담을 하는 경우, 이 프로그램의 내용 가운데 일부를 선별해서 활용한다. 어떤 주제를 어떤 순서로 구성할 것인지, 전체 시간은 어떻게 잡을 것인지는 교사가 아이들의 전체적인 상황을 고려하여 판단한다.

〈예시 4〉 또래 관계 개선 집단상담 프로그램

차시	프로그램 단계	내용	방법과 활동
1차시 (첫째 주)	마음을 여는 단계	별명 짓기	각자 별명을 선택하여 명찰에 써서 달고, 별명의 의미를 발표한 뒤 자신의 느낌을 말한다.
		나는 누구인가	집단원 상호 간의 이해를 돕고 친밀해질 수 있도록 도와주며, 자신의 특징이 무엇인가를 확인할 수 있다.
2차시 (둘째 주)	관계 개선 단계	관절 돌리기	서먹서먹하고 어색한 분위기를 풀기 위해서 집단 프로그램 초기에 신체의 움직임을 통해서 자신을 표현하고 신뢰감을 갖도록 한다.
		얼음장 깨기	
		움직이면서 자기 소개	
		천국 여행	
		혹성 탈출	
3차시 (셋째 주)	자기 이해 단계	장·단점 말하기	자신의 장점이 타인의 단점이 될 수 있고 자신의 단점이 타인의 장점이 될 수 있음을 발견한다.
		인생 곡선 그리기	자신의 과거를 되돌아보고 자기 반성의 기회를 가짐으로써 앞으로의 생활에 대한 구체적인 전망을 세우고 더욱 힘차게 살겠다는 다짐을 한다.
4차시 (넷째 주)	타인 이해 단계	나에게 영향을 준 사람들	현재의 나는 여러 사람의 헌신적인 사랑과 도움으로 살아왔음을 알고 감사한다.
		의사소통 — 일방통행, 쌍방통행	인간 관계에서 차지하고 있는 대화의 중요성을 인식한다.
5차시 (다섯째 주)	공동체 형성 단계	쪼개진 사각형	집단 문제를 해결할 때 구성원이 협동해나가는 활동을 할 수 있다.
		희망과 사랑의 선물 주고받기	집단생활에서 구성원 상호 간의 친목을 돕고 신뢰를 높일 수 있다.

1차시   마음을 여는 단계

별명 짓기(1)

활동 효과

· 각자의 성격과 취향의 차이점을 발견한다.
· 별명의 의미를 이해함으로써 서로 호감과 존중하는 마음을 가지게 된다.
· 분위기가 부드러워지고 친근감이 들며 마음이 편해진다.
· 다음 프로그램에 대한 흥미가 유발된다.

활동 내용

● 도입 : 자유로운 분위기에서 프로그램의 목적과 방법을 설명한다. 이때 별명은 부정적인 의미로 붙이는 이름이 아님을 강조한다.

● 전개 :
① 이름표 종이를 각자에게 나누어주고 크레파스를 가운데 놓는다.
② 자신이 좋아하는 사물이나 자연의 이름을 별명으로 선택한다. 겉모습으로 짓는 별명이 아니라, 나의 감정과 느낌이 담긴 아름다운 나를 표현하는 별명을 짓는다. 예를 들어 얼굴이 네모났다고 '네모'라는 별명을 지을 것이 아니라 봄볕같이 따스한 사람이 되었으면 좋겠다고 생각하면 '봄볕'이라는 별명을 짓는 식이다. 그러나 이런 예를 들어주는 것이 '어떠어떠한 별명을 지어야 한다.'는 암시가 되어서는 안 된다.
③ 별명을 정했으면 좋아하는 색의 크레파스나 사인펜으로 크게 이름표에 써서 단다.
④ 별명을 짓게 된 이유와 동기, 의미를 설명하면서 자기 소개를 한다.
⑤ 희망자부터 자유롭게 발표한다. 다른 사람의 발표 도중 별명을 바꿀 기회를 준다.

● 정리 : 별명을 소개하고 듣는 과정에서의 느낌과 생각을 발표한다.

준비물   이름표, 명찰, 크레파스(사인펜)   **소요 시간**   60분

별명 짓기(2)

활동 내용

① 서로 얼굴이 잘 보이도록 원을 만들어 앉는다.
② 먼저 한 사람의 얼굴을 주목하고, 그 사람에게서 받은 인상, 성격, 외모, 행동 등의

> **집단상담**
> 또래 관계 집단상담

특징을 살려 별명을 짓는다. 별명을 지어줄 때는 그 이유도 함께 말하도록 한다.

예) "크렘린으로 짓겠어요. 한 달간 같이 생활했는데 어떤 성격인지 알 수가 없어요."

"따뜻하게 웃는 모습이 편안하고 포근하게 느껴져요. 느티나무가 어울리겠네요."

③ 다른 모둠원들이 지어준 별명 가운데 자신의 특징을 잘 나타내는 것으로 하나 선택한다. 가장 마음에 드는 것을 고를 수도 있다.

예) "여러분이 저에게 지어준 별명이 '크렘린' '느티나무' '호수' '보살' 인데, 저는 그 중에 '보살'을 저의 별명으로 하겠습니다."

④ 모둠원 모두 별명이 하나씩 정해지면, 돌아가면서 자신의 별명을 소개한다.

⑤ 별명을 익히기 위해 별명 이어부르기를 한다.

예) "저는 호수입니다." ⇨ "저는 호수 옆에 종달새입니다." ⇨ "저는 호수 옆에 종달새 옆에 보살입니다." ⇨ "저는 호수 옆에 종달새 옆에 보살 옆에 헬멧입니다."

⑥ 이름표에 별명을 적어서 가슴에 단다.

⑦ 느낀 점을 서로 나누고, 프로그램이 끝날 때까지 이름 대신 별명을 사용한다.

> **주의사항**

· 별명 짓기는 별명을 소개하는 것보다 시간이 많이 걸리므로 시간 여유가 없을 때는 별명 소개로 대신하는 것이 좋다.

· 집단이 너무 크면 지루해지기 쉽다. 또 장난스럽게 되지 않도록 해야 한다.

> 이것은 자신이 짓는 것이 아니라 남이 지어준 별명 가운데 하나를 골라서 진행하는 방법이다. 모둠 단위의 소규모 집단일 때 좋다. 준비물이나 기본 취지, 활동 효과는 '별명 짓기 (1)'과 같다.

나는 누구인가

> **활동 효과**

· 주관적인 기준으로 보아왔던 나를 재발견하고, 반성한다.

· 서로 다른 삶의 목표와 계획에 대한 정보를 교환함으로써 서로 깊이 이해한다.

> **활동 내용**

① 조용히 눈을 감고 자신의 성격과 습관, 태도 등에 관하여 구체적으로 생각하게 한다. 활동 자료 '나는 누구인가'를 한 장씩 나누어주고 자신을 다른 사람들에게 소개하는 기분으로 적게 한다.

② 다 적었으면 돌아가면서 발표한다.

③ 발표를 들으면서 더 알고 싶은 내용을 발표자에게 질문한다.

④ 느낌 나누기를 한 뒤, 다음 집단상담의 날짜와 시간을 확인한다.

> **준비물** 활동 자료('나는 누구인가'), 필기도구   **소요 시간** 40분

〈활동 자료〉 나는 누구인가

나는 누구인가

이름 :	별명 :	번호 :	모둠 이름 :
가보고 싶은 곳		좋아하는 색깔	취미
자신의 성격을 나타내는 형용사 세 가지 이상 (예 : 짓궂은, 수줍은, 우울한)		장래에 꼭 해보고 싶은 일	
내가 잘하는 일 세 가지 ① ② ③		잘해보려고 하지만 잘 안되는 것 세 가지 ① ② ③	
하기 싫지만 꼭 해야 하는 것 세 가지 ① ② ③		우리 반에서 서로 친해지기 위해 내가 해야 할 일 세 가지 ① ② ③	

집단상담
또래 관계 집단상담

관계 개선 단계   **2차시**

관절 돌리기

활동 효과

- 온몸의 긴장을 풀고 자신의 신체를 새롭게 인식하게 되며 자기 신체에 대한 주인의식도 강하게 느끼게 된다.

활동 내용

① 참가자 전원이 원형이나 각자 빈 공간에 자유롭게 선다.
② 손가락 마디마디를 움직여본다.
③ 손목, 팔꿈치, 어깨, 목, 허리, 골반, 무릎, 발목, 발가락 순서로 신체 관절을 세밀하게 움직여본다.
④ 모든 관절을 다 돌려보았으면 발목, 손목, 머리를 동시에 같은 방향으로 돌려서 움직인다.
⑤ 반대 방향으로도 움직인다.

> 여기 소개된 관절 돌리기, 얼음장 깨기, 움직이면서 자기소개하기, 천국 여행, 혹성 탈출 등은 그 자체로 관계 개선을 위한 집단상담 프로그램이 되기도 하지만, 집단상담을 시작하며 집단 구성원들의 긴장을 풀고, 서로 허심탄회한 이야기를 할 수 있게 유도하는 몸풀이 역할을 하기도 한다. 따라서 매번 집단상담을 시작할 때 이 가운데 한두 개 프로그램을 활용하면 좋다.

준비물   녹음기, 4박자의 밝은 음악

얼음장 깨기

활동 효과

· 어색한 분위기를 없애고 신체 접촉으로 마음의 문을 열게 한다. 집단원 사이에 일체감과 신뢰감을 체험한다.

활동 내용

① 원형을 만들어 서되, 두 사람씩 별로 친하지 않은 사람끼리 짝을 짓는다.
② 신문지를 한 장씩 나누어준다.
③ 신문지를 바닥에 펴놓고 그 위에 두 사람이 마주 보고 올라서서 서로 자기 소개와 가족 소개를 한다. 진행자가 "그만!"이라고 할 때까지 계속한다.
④ 신문지를 반으로 접은 다음, 같은 방법으로 신문지 위에 올라서서 자기와 가족 소개를 계속한다.
⑤ 신문지를 다시 반으로 접은 다음, 같은 방법으로 올라서서 상대에 대한 최선의 칭찬과 장점을 이야기한다.
⑥ 신문지를 절반으로 접어가며 계속한다. 이때 한 발로 서거나 상대에게 업히는 등 여러 가지 방법으로 접힌 신문지 위에 서 있는다.
⑦ 안전사고에 주의하고, 장난스러운 분위기가 되지 않도록 유도한다.
⑧ 얼음장 깨기를 경험한 후의 느낌을 발표한다.

'얼음장 깨기'와 '움직이면서 자기 소개하기'는 학년초 첫 집단상담에서 활용하기에 좋다. 아이들이 어느 정도 친해진 다음에는 굳이 진행할 필요가 없다.

준비물 신문지 2인 1장씩

집단상담
또래 관계 집단상담

움직이면서 자기 소개하기

> 활동 효과

· 서로에 대해 자연스럽게 알게 되며, 서먹한 분위기를 친숙하게 만든다.

> 활동 내용

① 참가자 전원이 원을 그리며 둘러선다.
② 교사부터 한 사람씩 자유롭게 재미있는 동작을 하면서 원 안으로 들어가 자기 이름을 소리 내어 말하고 제자리로 돌아온다.
③ 나머지 사람들도 똑같이 그 사람처럼 따라서 움직이고 소리를 낸다. 이때 억양이나 아주 작은 움직임까지도 똑같이 하도록 한다.
④ 이름 소개가 끝났으면 전체가 자유롭게 흩어져 선다.
⑤ 온몸을 이용해서 자기의 이름을 쓴다. 이때는 몸동작으로 자기 이름에 들어 있는 글자 하나하나를 표현하는데, 되도록 전신을 사용하여 직선, 곡선, 원 등을 크게 만들도록 한다.
⑥ 이름 쓰기가 끝난 사람은 마지막 동작에서 멈추어 정지 자세를 유지한다.
⑦ 세 명씩 앞으로 나와서 신체의 한 부분만 이용하여 다시 자기 이름을 표현해보도록 한다.

> 준비물   녹음기, 밝고 경쾌한 음악

천국 여행

> **활동 효과**

- 새로운 집단 활동을 시작할 때 어색한 분위기를 부드럽게 하고 모둠원 사이에 친밀감과 신뢰감을 높여 집단원이 긴장감 없이 활동에 참여하도록 돕는다.

> **활동 내용**

① 집단원 중 한 사람이 눈을 감거나 눈가리개를 하고 천장을 향해 반듯하게 눕는다.
② 눈을 살짝 감고 천국으로 가는 기분을 낸다.
③ 집단원 전체가 누워 있는 사람을 머리 위로 들어올린다. 이때 머리, 어깨, 몸통, 다리 등을 나누어 꽉 잡고 힘을 모아서 누운 사람의 몸이 수평이 되도록 들어올린다.
④ 되도록 높이 들어올린 후 제자리에서 세 바퀴 정도 돈다.
⑤ 천천히 바닥으로 내려놓는다.
⑥ 집단원 전체가 교대로 경험해본다.
⑦ 느낀 점을 나눈다.

   예) "천국 여행이 어떤 것일까? 하고 호기심도 생겼지만 나서기는 두려웠다." "나를 시키면 어떻게 하나, 하고 걱정을 많이 했다." "몸무게가 무거워서 창피했다." "남자가 내 머리를 잡은 것이 의식되어 불편했다."

천국 여행을 할 때 주의사항
집단이 혼성 집단이고 인원이 많은 경우에는 남자가 천국 여행을 갈 때 주로 여자들이 들어올리는 역할을 해보는 것도 좋다. 이때 이성을 지나치게 많이 의식하는 집단원의 경우에는 자신의 태도를 새롭게 느끼고 점검하는 기회가 될 수도 있다. 활동에 참여할 때 자신의 태도에 관한 느낌도 나누어서 집단에서의 자신의 모습을 깨달을 수 있도록 한다.

> **준비물** 눈가리개, 체육복

집단상담
또래 관계 집단상담

혹성 탈출 (원 안에 뛰어들기)

활동 효과
- 생각과 마음(의지)과 몸의 일체에 대해 체험한다.
- 잘 짜여진 집단의 행동에도 분명히 허점이 있다는 것을 안다.
- 사회의 어떤 구성 조직으로 뛰어들기도 어렵고, 그곳에서 뛰쳐나오기는 더 어렵다는 것을 안다.

활동 내용
① 서로 바깥쪽을 보며 팔짱을 끼고 원을 만든다.
② 술래는 원을 뚫고 들어갔다가 다시 그 원 밖으로 탈출해야 한다. 방어를 맡은 학생들은 술래가 뛰어들지도, 나오지도 못하게 힘껏 방어한다.
③ 술래가 성공했거나 실패했다고 판단되면, 다음 술래로 바꾸어 전원이 한 번씩 체험해본다.
④ 술래가 되었을 때의 느낌과 집단이 되었을 때의 느낌을 정리하여 발표한다.

> **혹성 탈출을 할 때 주의사항**
> 활동할 때 위험이 따르므로 사전에 위험요소를 없애고, 손과 발, 머리를 사용하지 않고 몸통으로만 저지하도록 한다.
> 신체 부자유자나 허약자는 참관하면서 활동이 끝난 뒤 느낌 나누기 시간에 관찰한 느낌을 발표한다.

준비물 체육복

3차시　자기 이해 단계

장·단점 말하기

활동 효과
- 자율적인 자기 반성의 기회가 된다.
- 자신의 장점이 타인의 단점이 될 수 있고, 자신의 단점이 타인의 장점이 될 수 있음을 발견한다.
- 자신이 가지고 있는 편견을 발견하고, 성격을 고치기 위해 노력한다.
- 남의 장점을 자기화한다.
- 단점을 찢어 버림으로써 편안함과 자유로움을 경험한다.

활동 내용

● **도입** : 눈을 감고 조용히 자신의 장점과 단점에 대해 생각해보게 한다. 이때 교사가 단점이나 장점의 예를 들지 않아야 각자 자신의 생각을 그대로 표현할 수 있다.

● **전개** :

① 16절지를 주고 8등분하여 접게 한다.(혹은 교사가 활동 자료를 미리 만들어 나누어준다.)

② 자신의 장점과 단점 중에서 장점은 네 가지, 단점은 세 가지를 선택해 종이에 기록하고 한 칸은 '받아들이는 장소'라고 쓰고 남겨둔다.

③ 다 되었으면 각자 자유롭게 자신의 장점과 단점을 발표한다. 이때 겸손이 지나쳐 단점만 발표하는 일이 없도록 한다.

④ 다른 사람이 발표한 장점 가운데 자신이 제일 갖고 싶은 것을 한 가지만 골라 '받아들이는 장소'에 쓴다.

⑤ 자신과 다른 사람의 장점과 단점을 비교해본 뒤, 느낌을 서로 나눈다.

⑥ 받아들인 장점을 발표하고 그 이유와 받아들인 후의 기분도 이야기한다.

⑦ 장점을 살리고 단점을 고치는 방법을 서로 이야기한다.

⑧ 단점을 찢어서 버린다.

⑨ 단점을 찢어 버린 후의 느낌을 이야기한다.

● **정리** : 전체적으로 느낌 나누기를 한다.

준비물　16절지 한 장씩(혹은 활동 자료 '나의 장점과 단점'), 필기도구

소요 시간　60분

집단상담
또래 관계 집단상담

〈활동 자료〉 나의 장점과 단점

나의 장점과 단점

학년 :   반 :   번호 :   이름 :

● 내가 가장 잘하고 흥미롭게 할 수 있는 일 (장점)

● 내가 할 수 있는 일 가운데 부족하고 서투른 일 (단점)

	받아들이는 장소

인생 곡선 그리기

[활동 효과]

· 자신의 과거를 되돌아보고 반성의 기회를 가짐으로써 앞으로의 생활에 대한 구체적인 전망을 세우고 더욱 힘차게 살겠다는 다짐을 한다. 또한 집단원 간의 인생 역정에 대한 이해를 높여서 내부 결속을 다진다.

[활동 내용]

① 각자 자신의 과거에 대해 10분간 생각한 후에 인생 곡선표를 그리도록 한다.
② 인생 곡선표의 마지막에 현재의 나이를 적고, 적당한 크기로 그래프를 나누어 숫자를 적어놓는다. (이때 나이를 모두 적으면 칸이 모자란다. 중요한 사건이 일어났을 때의 나이만 적되, 비율만 적당히 맞추도록 한다.) 그래프의 끝을 현재 나이로 하지 않고, 죽을 때까지로 정해 앞으로의 계획을 세워보게 해도 된다.
③ 표의 윗부분에는 즐거웠던 일이나 성공적인 경험을 적고, 아랫부분에는 괴롭고 슬펐던 일을 적은 다음, 선으로 연결한다.
④ 기록이 끝나면 돌아가면서 발표한다. 이때 한 사람이 발표하는 시간은 5분 안팎으로 정해둔다. 솔직한 이야기가 나오도록 차분한 분위기를 만든다.
⑤ 서로 느낌을 말하고, 앞으로의 생활에 대해서 새롭게 마음을 다진다.

[준비물] 16절지, 필기도구 [소요 시간] 60분

〈예시 5〉 인생 곡선표

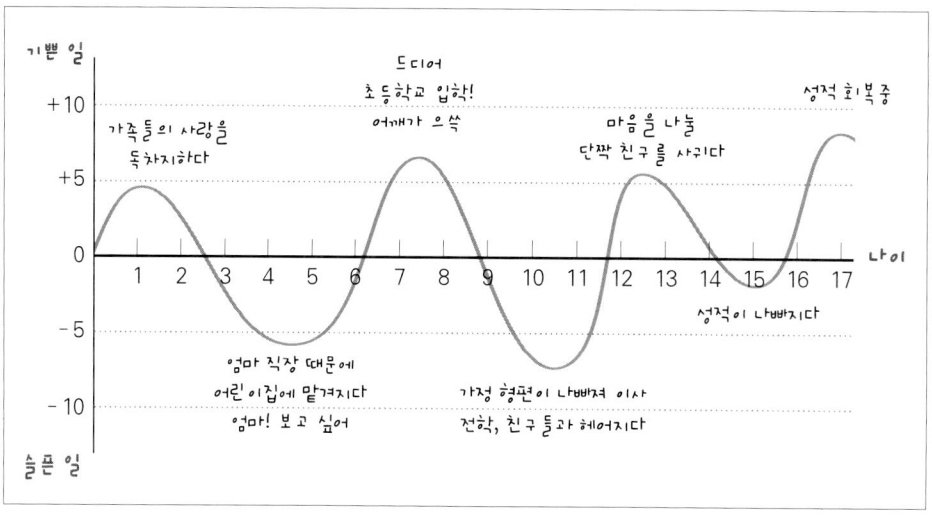

집단상담
또래 관계 집단상담

타인 이해 단계 **4차시**

나에게 영향을 준 사람들

활동 효과

- 지금까지 나를 사랑해주고 보살펴준 모든 사람들에게 감사하는 마음을 갖게 된다.
- 인간은 사회적 동물이므로 혼자서는 살 수 없음을 깨닫는다.
- 나도 다른 사람을 인정해주고 격려해주는 사람이 되도록 노력하게 된다.
- 모든 일에 감사하는 생활 태도를 갖게 된다.

활동 내용

① 집단원들에게 종이와 연필을 나누어준 다음, 그 종이 위에 현재의 자기가 존재하도록 영향을 준 사건이나 사람을 생각나는 대로 표현하게 한다. 광범위하게 탐색하도록 시간을 충분히 준다. 각자의 신앙에 대해서도 인정해준다.
② 자기 자신을 종이의 중앙에 표시한다.
③ 생각나는 사람이나 사건을 동그라미로 나타낸다. 영향을 많이 끼쳤으면 동그라미를 크게, 조금 끼쳤으면 작게, 자신과 가깝다고 생각하면 가깝게, 멀다고 생각하면 멀게 그린다.
④ 다 그리고 나면 그림을 집단원에게 보이면서 설명하게 한다.
⑤ 발표가 끝나면 서로 느낌을 나눈다.

준비물 16절지, 필기도구, 크레파스 **소요 시간** 40분

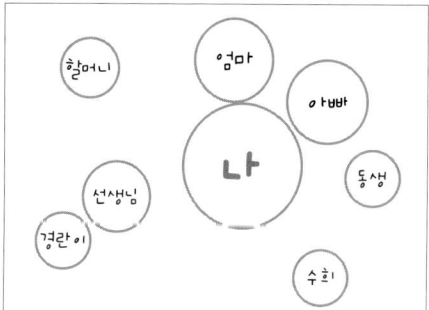

〈예시 6〉 나에게 영향을 준 사람들

의사소통 — 일방통행, 쌍방통행

활동 효과

- 효과적인 의사소통은 정확한 표현과 경청하는 태도에 달려 있음을 안다.
- 이해의 정도나 속도가 사람마다 다름을 경험한다.
- 똑같은 자료라도 말하는 사람의 성격, 표현 양상, 개성, 방법이 다름을 발견한다.
- 요점을 정리하여 객관적인 사실을 구체적으로 설명해야 함을 안다.
- 어느 한쪽에만 잘못이 있어도 원활한 의사소통이 이루어지지 않음을 안다.

활동 내용

① 그림을 보고 설명할 사람 두 명과 관찰자 한 명을 선정하고, 나머지 참가자들에게

는 16절지를 두 장씩 나누어준다.
② 첫 번째 설명할 사람이 나와서 일방통행 그림을 1분간 보게 한다. 그리고 다른 참가자들에게는 그림이 보이지 않게 조심하며(칸막이를 이용할 수 있으면 좋다.) 그림의 형태, 수, 위치 등을 설명한다. 그러나 도형 이름은 말하지 말아야 하며, 한 그림을 세 번 이상 설명하지 않는다. 참가자는 질문할 수 없다. 이때 설명은 말로만 해야 하고 손짓이나 표정을 사용하지 않도록 주의를 준다.
③ 관찰자는 설명하는 사람과 참가자들의 행동을 잘 관찰하여 기록한다.
④ 설명이 끝나면 박수로 격려해주고 두 번째 설명할 사람을 앞으로 나오게 한다.
⑤ 두 번째 사람은 쌍방통행 그림을 설명하되, 한 그림에서 두 번 정도 참가자들로부터 질문을 받을 수 있다. 이때에도 도형 이름은 말하지 말아야 한다.
⑥ 이때 관찰자는 설명하는 사람과 참가자의 행동을 관찰하고, 첫 번째와 비교하여 기록한다.
⑦ 설명이 다 끝나면 박수로 서로의 수고를 격려하고 실제 그림을 보여준다.
⑧ 느낌을 발표하게 한 뒤, 가장 비슷한 그림을 그린 사람은 격려해주고, 부족한 그림은 어느 부분을 잘못 설명하거나 잘못 들어서 변형되었는지 함께 확인하는 시간을 갖는다.

준비물 16절지 각 2장씩, 필기도구, 예시 그림   **소요 시간** 50분

〈활동 자료〉 일방통행

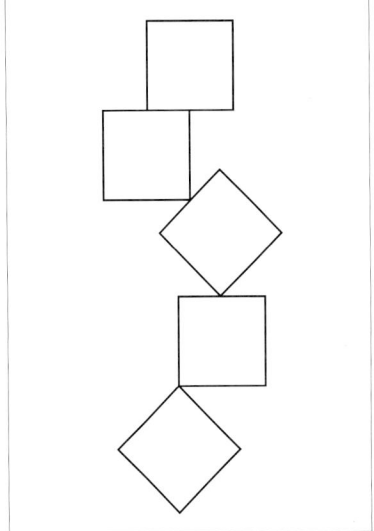

〈활동 자료〉 쌍방통행

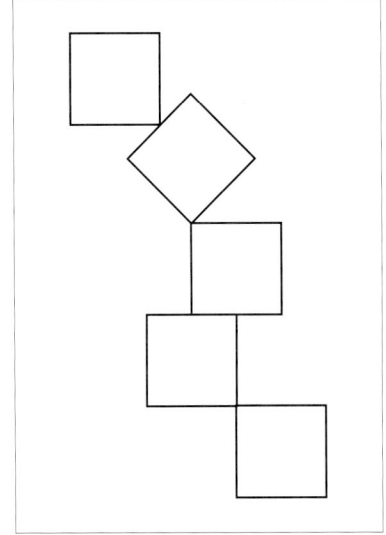

집단상담
또래 관계 집단상담

공동체 형성 단계 | 5차시

쪼개진 사각형

활동 효과
- 집단의 문제를 해결할 때 구성원이 협동하는 모습을 분석하고, 자신의 행동이 집단의 문제 해결에 어떤 영향을 미치는지 스스로 평가한다.

교사의 사전 준비

① 두꺼운 종이나 아크릴판으로 가로세로 15cm의 정사각형 5개를 만든다.
② 그 사각형들을 아래 그림과 같은 형태로 잘라놓는다. 이때 같은 문자가 표시된 조각은 같은 크기이므로 정확하게 잘라야 한다. (나중에 표시된 문자를 깨끗이 지워야 하므로 연필로 살짝 표시한다.)
③ 작은 봉투 5개를 준비하여 번호를 붙여놓는다. 1번 봉투에 E, H, J 조각 하나씩을, 2번 봉투에 A 조각 세 개와 C 조각 하나를, 3번 봉투에 A 조각 하나와 F 조각 하나, 4번 봉투에 D 조각 하나와 F 조각 하나를, 5번 봉투에 B, C, G, I 조각 하나씩을 넣어둔다.
④ 봉투에 조각을 넣기 전에 조각 위에 쓰여진 문자 표시들은 모두 깨끗하게 지운다.
⑤ 학생 수에 맞추어 작은 봉투 5개를 집어넣을 큰 봉투를 준비한다. (한 집단의 인원은 6명으로 맞추도록 한다.)

〈활동 자료〉 쪼개진 사각형의 원형

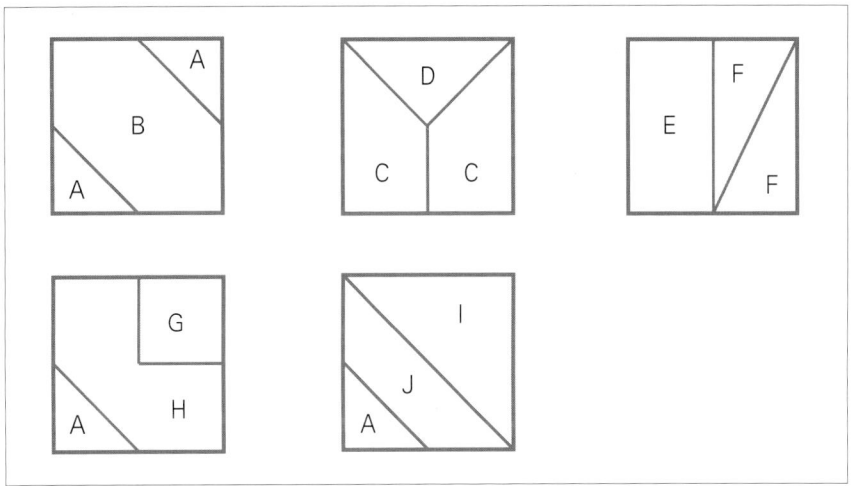

〈활동 자료〉 방법 설명서

쪼개진 조각을 맞추어 큰 사각형을 만들자

여러분에게 나눠준 작은 봉투 다섯 개 안에는 큰 사각형 다섯 개를 잘라 만든 작은 조각들이 들어 있습니다. 여러분은 서로가 가지고 있는 조각들을 바꾸어가면서 큰 사각형을 맞추어야 합니다. 조각을 맞추는 방법에 따라 한두 개의 사각형을 맞출 수는 있지만 원래 크기(가로세로 15cm)의 정사각형 다섯 개를 모두 맞추는 방법은 오직 하나밖에 없습니다.
여러분이 따라주어야 할 규칙은 다음과 같습니다.

① 여러분은 말이나 손가락질 등의 직접적인 의사표현을 하지 않고 조각들을 바꾸어야 합니다.
② 자신이 가지고 있는 조각을 남에게 줄 수는 있지만 자신이 필요한 조각을 남에게서 가져오지는 못합니다. 그러니까 내가 가진 조각을 누구에게 주면 정사각형을 맞출 수 있는지 관찰하는 것이 중요하겠지요? 내가 먼저 주어야 교환이 가능하니까요.
③ 여러분은 필요한 친구에게 자기가 가진 조각을 직접 줄 수는 있지만, 책상 위에 조각들을 펼쳐놓고 남들이 골라서 가져갈 수는 없습니다. 다른 친구를 관찰한 후 자기가 직접 주어야 합니다.
④ 이미 정사각형을 맞추었다고 하더라도, 자신이 가지고 있는 모든 조각을 다른 사람에게 줄 수도 있습니다.

※ 자, 이제 시작하세요. 다섯 개의 정사각형을 모두 맞추면 손을 들고 선생님한테 알려주세요.

관찰자는 다음과 같은 역할을 해야 합니다

관찰자의 역할은 '관찰'과 '판단'입니다. 그리고 각 참가자가 규칙을 잘 지키도록 할 책임이 있습니다. 또 관찰을 하면서 다음과 같은 사항들에 유의해야 합니다.

① 참가자 가운데 누가 자기의 조각을 기꺼이 남에게 주는가?
② 자기 사각형을 완성한 뒤 다른 사람들의 활동에 무관심한 사람은 누구인가?
③ 자기 것만 완성하려고 하고 남에게 주려고 하지 않는 사람은 누구인가?
④ 머리를 써서 사각형을 완성하려고 열심히 하는 사람은 누구인가?
⑤ 집단에서 협동이 시작되는 때는 언제이며, 그 중요한 동기가 일어나게 된 요소는 무엇인가?
⑥ 다른 친구를 도와주기 위하여 규칙을 위반하는 사람이 있었는가?

※ 하다가 좌절하거나 걱정하는 친구들의 모습을 잘 포착하십시오.

집단상담
또래 관계 집단상담

> **활동 내용**

● **도입** : 6인 1조로 집단을 구성한 뒤 프로그램을 설명한다. 그리고 다음과 같은 기본적인 태도를 안내한다. (교사는 설명이 너무 장황해지지 않도록 유의해야 한다.)
① 각 집단 구성원들은 집단 전체의 공동 문제를 이해해야 한다.
② 문제 해결 과정에서 관심을 쏟는 집단은 그렇지 않은 집단보다 훨씬 효과적이다.

● **전개** :
① 집단마다 봉투와 방법 설명서를 나누어주고 설명서에 쓰여진 방법에 따라 조각을 맞추도록 설명한다. 그 전에 각 집단의 관찰자를 한 사람씩 선정해야 한다.
② 집단별로 활동 느낌을 발표한다.
③ 관찰자의 관찰 결과를 발표한다.

● **정리** : 구성원 자신의 행동이 집단의 문제 해결에 어떤 영향을 미쳤는지 평가한 뒤 서로 느낌을 나눈다.

> **준비물** 집단별로 쪼개진 사각형 한 벌씩, 필기도구, 관찰자용 16절지, 집단별 방법 설명서

> **소요 시간** 50분

희망과 사랑이 선물 주고받기

> **활동 효과**

· 마음의 선물을 주고받음으로써 구성원 상호 간의 일체감을 높일 수 있다.

> **활동 내용**

● **도입** : 프로그램을 설명하고 원형으로 앉힌 뒤 도화지와 크레파스를 나눠준다.
● **전개** :
① 도화지 위에 자신의 별명을 쓰고 나서 오른쪽 사람에게 넘겨준다.
② 도화지를 받은 사람은 도화지의 주인에게 주고 싶은 선물을 그린다. 물질적인 선물보다는 자신의 사랑과 관심을 표현하는 상징적인 선물을 그린다.
③ 자신의 선물을 그린 뒤 다시 오른쪽 사람에게 넘기는 방법으로, 모든 사람이 모든 사람에게 주고 싶은 선물을 도화지에 그린다. 도화지의 뒷면을 이용할 수도 있다.
④ 선물을 그리는 과정이 끝나면 내용을 알 수 없는 선물에 대해 설명하게 한다.
● **정리** : 선물을 준 느낌, 받은 느낌을 발표한다.

> **준비물** 필기도구, 크레파스, 8절지 도화지   **소요 시간** 50분

상담
집단상담

부적응아를 위한 집단상담

집단상담이라는 것이 반드시 적절한 상담지(활동 자료)와 잘 짜여진 프로그램, 전문가의 지도가 있어야 가능한 것은 아니다. 집단원 모두의 공통 관심사에 대해 함께 이야기하고 서로의 생각을 나누는 과정에서 위안과 격려를 주고받는다면, 자신뿐만 아니라 친구들 모두 같은 고민을 하고 있다는 위안을 얻는다면, 그것만으로도 훌륭한 집단상담이 이루어졌다고 볼 수 있다. 따라서 집단상담은 비슷한 문제를 안고 있는 학생들, 비슷한 배경을 가지고 있는 학생들을 대상으로 할 때 안정적이며 내실 있는 효과를 거둘 수 있다. 이런 측면에서 부적응 학생들을 대상으로 하는 집단상담은 가장 구체적인 효과를 기대할 수 있다.

부적응 학생들과 집단상담을 할 때에는 다음과 같은 점에 유의해야 한다.

첫째, 처음부터 부적응 학생들만 공개적으로 모아서 집단을 구성하면 안 된다. 이런 행위는 아이들에게 또 다른 '낙인'으로 비추어져 개방적인 마음으로 상담에 참여할 수 없게 만든다. 이때는 일상적인 모둠별 집단상담을 해나가는 과정에서 집단 구성원을 이리저리 바꾸어본다. 그러다가 부적응 학생만으로 한 모둠을 만드는 것이다. 이것은 오랜 기간을 두고 서서히 진행해야 하는 것이므로 조급하게 집단 구성을 바꾸어 아이들이(특히 당사자들이) 눈치 채게 하면 안 된다. 또 하나의 방법은 방학을 이용하는 것이다. 방학 동안 일주일에 한 번, 혹은 두 번으로 정해놓고 상담을 진행하면 되겠다.

둘째, 집단상담을 시작하기 전에, 참여하는 아이들로부터 어느 정도 다짐과 약속을 받아야 한다. 평상시에 하든 방학 동안에 집중적으로 하든, 아이들이 상담 일정을 지키면서 꾸준히 참여하도록 하는 일은 쉽지 않기 때문이다. '나는 절대로 결석이나 지각을 하지 않겠다.'는 서약서를 쓰게 하거나, 집단 구성원 사이의 역할(예를 들어 리더, 노래 인도자, 상벌위원, 출석 연락자, 칭찬해주는 사람, 오락 담당 등)을 정해서 책임감을 느끼게 하는 방법을 활용할 수 있다.

다음에 제시하는 집단상담 프로그램은 부적응 학생을 위한 것이지만 일반 학생들에게도 적용할 수 있다. 학급 상황에 따라 한두 가지 프로그램을 활용해도 좋겠다.

집단상담
부적응아 집단상담

자기 존중감 증진을 위한 집단상담

나의 자존감 지키기

교사 이끌기

"우리 주변에 있는 사람들, 혹은 우리 자신은 스스로의 가치를 떨어뜨리고 스스로를 좌절시키는 말을 자주 합니다. 우리가 주변 사람들로부터 그런 말을 들을 때, 그리고 우리 스스로가 자존심을 떨어뜨리는 생각과 말을 할 때, 그것에 적절하게 대답할 수 있는 말들을 찾아봅시다. 예를 들어 '너는 문제아다.' 라는 말은 '나는 문제아가 아니라 방황하는 아이이고, 어려움을 겪고 있으니 당신의 도움이 필요합니다.' 라고 바꿀 수 있습니다. 또 '너는 아무짝에도 쓸모가 없는 녀석이다.' 라는 말은 '나는 아직까지는 하고 싶은 일을 찾지 못했지만 지금 열심히 찾고 있습니다.' 로 바꿀 수 있습니다.

이제 각자 타인으로부터 들었던 부정적인 말들, 스스로의 가치를 떨어뜨리고 좌절시켰던 말들을 찾아 적어보고, 그것을 자존심을 살리는 다른 말로 바꿔봅시다. 먼저 스스로를 부정적으로 생각했던 것부터 찾아봅시다."

> 자기 존중감이란, 자기 스스로를 좋아하고 자랑스러워하는 마음이다. 자기 존중감이 높은 사람은 스스로를 소중하게 생각하고 어떤 일이든 할 수 있는 능력이 있다고 생각하며, 실수를 했을 때 스스로를 용서할 수 있다. 비행청소년에게 가장 부족한 것이 바로 자기 존중감이다. 따라서 모든 비행상담은 자기 존중감을 높이는 것으로부터 시작된다.

〈활동 자료〉

스스로를 비판하거나 무시했던 말들	그것을 대신하여 자존심을 살리는 말들

"다른 사람(부모님, 선생님 혹은 친구들)에게 들었던 말을 바꾸어봅시다."

〈활동 자료〉

남이 자신을 비판하거나 무시했던 말들	그것에 대항하여 내가 할 수 있는 말들

> 진행 방법과 유의사항

교사도 집단의 한 사람으로 참여하고 위와 같은 활동을 한 뒤 발표한다. 모두 작성하고 나면 각자 자신이 쓴 것을 돌아가며 발표하게 하고, 마지막으로 이 활동에 대한 느낌 나누기를 하고 정리한다.

아이들이 활동 자료를 작성하거나 발표할 때 충분한 시간을 주고, 대신하는 말이 다소 부적절하더라도 교사가 고쳐 말하거나 잘못을 지적하지 않는다.

스스로 힘을 발휘하여 성공했던 경험 나누기

> 교사 이끌기

"자신감은 내가 어려운 일을 극복할 수 있는 능력이 있음을 깨달을 때 생겨납니다. 여러분도 지금까지 살아오면서 스스로 어려운 일을 극복해본 경험이 있을 겁니다. 각자 그런 경험을 회상하여 자랑해봅시다. 누구라도 그런 경험이 있습니다. 반드시 찾아내기 바랍니다."

〈활동 자료〉

종류	내 용
어떤 어려움이었나?	
언제, 어디서 발생한 일인가?	
처음 당했을 때 기분은?	
그것을 극복해야겠다는 생각은 어떻게 해서 들었나?	
그 과정에서 누구의 도움을 받았나?	
극복한 뒤 어떤 생각, 느낌이 들었나?	
이 과정을 회상하면서 어떤 깨달음을 얻었나?	

> **진행 방법과 유의사항**

교사가 활동 자료를 만들어와도 좋고, 백지(또는 상담 공책)에 쓰도록 활동 자료에 있는 내용을 순서대로 불러주어도 괜찮다. 다만 충분히 생각하고 쓸 수 있도록 시간을 여유 있게 주어야 한다.

각자 다 쓰면 자신의 내용을 발표하고 느낌 나누기를 한 뒤 정리한다.

내 안에 있는 자신감 발견하기

> **교사 이끌기**

"우리 모두는 스스로 찾아내지 못해서 그렇지 장점이나 자랑할 점이 참 많은 사람들입니다. 나만 해도 ~한 장점이 있습니다. 이제부터는 자신을 자랑하는 시간입니다. 먼저 자신의 몸에서 좋은 점 다섯 가지를 찾아내 써보세요."

예) 나는 손톱 색깔이 예쁘다. 나는 키가 작아 땅에 떨어진 동전을 잘 볼 수 있다.

"다 썼습니까? 그럼 이제는 자신의 가정 환경 가운데 좋은 점은 무엇인지 써봅시다. 그것도 다섯 가지를 써보세요."

예) 나는 부모님이 모두 계신다. 나는 남동생과 여동생이 모두 있다.

"지금부터는 각자의 성격에서 좋은 점, 자랑할 점을 다섯 가지씩 써보세요.

예) 나는 뻔뻔해서 남의 도시락을 내 것처럼 먹을 수 있다.

"이제부터는 자신의 대인 관계, 즉 친구나 부모님을 대하거나 선생님, 이웃 사람들과의 관계에서 좋은 점은 무엇인지 다섯 가지를 써보세요."

예) 나는 굉장히 솔직하기 때문에, 내가 하는 칭찬은 믿어도 된다.

"마지막입니다. 지금부터는 자신이 정말 잘할 수 있는 것, 이것만은 자신 있다 싶은 것을 다섯 가지씩 적어보세요."

예) 나는 오토바이 타는 것이나 고치는 것은 정말 잘할 수 있다.

다 쓰고 나면 각자가 쓴 것을 발표한 뒤 느낌 나누기를 하며 끝낸다. 다음 집단상담에 대한 약속을 확인한다.

학교 적응을 촉진하는 집단상담

학교생활에 대한 불만 털어놓기

교사 이끌기

"여러분은 아마 학교생활에 대해서 많은 불만이 있을 겁니다. 여러분이 다음의 경우에 해당된다면 어떻게 느끼고 어떻게 행동하겠습니까?"

※ 교사는 학교에 대한 부적응 사례를 들려주거나 보여준 뒤, 학생들이 말과 행동(추상적인 몸짓이나 구체적인 행동, 무엇이든 좋다.)으로 자신들의 느낌을 표현하게 한다.

> 부적응 학생들은 공통적으로 낙인으로 인한 차별대우, 재미없는 학교생활, 교사와의 관계 등으로 인해 어려움을 겪고 있다. 이런 어려움들을 찾아내고, 거기에 대해 자신이 어떻게 반응하고 있는지를 되돌아보게 하는 프로그램이다.

학교 부적응 사례 1 ● 낙인

"나는 학교에서 찍힌 놈이다. 가출 몇 번 했더니 학교 선생님들이 나만 보면 일단 흠부터 잡고 본다. 아침 교문에서부터 다른 애들은 그냥 보내주는데, 나만 잡아서 호주머니 검사하고 명찰 검사한다. 그럴 때면 아침부터 기분을 잡쳐서 아무것도 하기 싫고 수업이고 뭐고 다 때려치우고 싶다."

학교 부적응 사례 2 ● 공부 스트레스

"나는 학교생활이 너무 지겹다. 공부도 안된다. 가끔 공부해야 한다는 생각을 하지 않는 것은 아니지만, 책만 펴면 어떻게 할 수가 없다. 곧 책을 덮어버린다. 책을 덮고 나면 다른 놈들 모두 공부하느라고 정신이 없는 것같이 보인다. 기하학이 어떻고, 물리 문제가 어디서 나왔고 등 한참 떠든다. 그런 이야기를 듣다보면, 나는 정말 여기에 어울리지 않는 녀석 같다. 공부 말고 다른 것을 하는 학교는 없을까?"

"자, 이번에는 이런 상황이 어떻게 변했으면 좋겠는지 상상해봅시다. 만약 여러분이 신이라면 이 상황을 어떻게 바꾸겠습니까? '내 생각대로 될 리가 없어.' 라고 생각되더라도, 상관하지 말고 마음껏 상상해보기 바랍니다."

"이런 것 말고도 학교생활에 대한 많은 불만이 있을 겁니다. 여러분이 느끼는 불만과 어려움은 어떤 것들입니까?"

각자 의견을 발표한 뒤, 느낌 나누기를 하며 정리한다.

집단상담
부적응아 집단상담

학교에서의 인간 관계

> 교사 이끌기

"○○는 여러분과 똑같은 중(고등)학교 ×학년 학생입니다. 또 여러분처럼 선생님에 대한 불만도 많습니다. 자, 먼저 ○○의 글을 모두 읽어봅시다."

〈○○의 일기〉

나는 K 선생님만 생각하면 짜증이 난다. K 선생님은 아이들에 대해서 차별이 심하다. 공부를 잘하거나, 평소에 선생님 말씀을 잘 듣는 아이들에 대해서는 관대하다. 그러나 나처럼 학교에서 찍힌 아이들에 대해서는 편견을 가지고 있다. 그런데 어제 시골 중학교에서 국어 선생님을 하는 삼촌이 오셨다. 삼촌은 자상하고, 아이들 편에서 생각하는 선생님이라 나는 삼촌을 좋아한다. 나는 삼촌을 붙잡고 K 선생님에 대한 불평을 늘어놓았다. 차별한다, 몇몇 아이들만 좋아한다. …… 삼촌은 내 말을 전부 듣고 나서 한동안 말이 없으셨다. 그리고 나서 나에게 말씀하셨다. "네 말을 듣고 나니 삼촌도 좀 부끄러워지는구나. 네 말을 들으면서 생각하니 나도 간혹 아이들에 대해서 차별을 하는 것 같더구나. 그러나 다시 한 번 내가 왜 어떤 아이들에 대해서는 차별하고, 어떤 아이들에 대해서는 좀 더 좋아하는지를 생각해보았다. 변명 같지만, 내가 평범한 한 인간이기 때문이지 않은가 하고 생각했단다. 나도 평범한 한 사람이기 때문에 나를 편안하게 해주는 아이들, 내 말을 잘 듣는 아이들에게 좀 더 관대해진다. 하지만 나를 근심스럽게 만들고, 내가 어떻게 해야 할지 모르는 상황을 많이 만드는 아이들에 대해서는 좀 화가 나는 것 같다. 어쨌든 네 말을 듣고 보니 나도 아이들의 심정을 좀 더 잘 살펴야 할 것 같다."

삼촌의 말을 듣고 나서 나도 생각이 많아졌다. 나는 이제껏 선생님이 나와 같이 평범한 사람이라는 생각을 하지 못했던 것 같다. 나는 이제껏, 선생님은 아이들을 차별하지 않고 사랑해야 한다, 선생님은 화를 내서는 안 된다 등 선생님을 선생님으로만 생각해왔던 것 같다. 나 역시 나에게 잘해주는 사람들에게는 부드럽게 대하지만 나를 힘들게 하는 사람들은 미워하지 않는가? 이렇게 생각하니 선생님을 미워했던 마음이 조금 누그러진다.

"여러분과 특히 어려운 관계에 있는 선생님들과 좋은 관계를 만드는 방법에는 어떤 것이 있을까요? 지금부터 그 방법을 찾아보세요."

각자 자신이 쓴 것을 발표하고 느낌 나누기를 한 뒤 정리한다.

친구 관계 개선을 촉진하는 집단상담

친구 따라 강남 간다고 한다. 비행청소년의 부모는 대부분 '우리 아이는 착한데 친구를 잘못 사귀어서 문제가 생겼다.'고 생각한다. 때문에 친구 관계를 바꾸어놓으려고 갖은 노력을 한다. 그러나 아이들은 따르지 않는다. 자신에게 정말 필요한 것 — 위로와 자신감, 동질감 — 을 그 친구들 말고는 제공해주지 않기 때문이다. 이 프로그램은 아이들의 친구 관계를 살펴봄으로써 아이들이 진정으로 원하는 것이 무엇인지를 알고, 또 아이들 스스로 지금 사귀고 있는 친구들이 제공하는 위로의 '질'을 따져보게 한다는 데 의미가 있다.

나의 친구들

교사 이끌기

"지금 여러분이 사귀고 있는 친구들이 있지요? 사람들이 말하는 좋은 친구도 있고 나쁜 친구도 있겠지만, 어떤 사람을 사귀는 것은 그 사람이 나에게 필요한 무엇을 제공해주기 때문입니다. 그러니까 내가 어떤 친구를 왜 사귀는지를 살펴보면 나에게 필요한 것이 무엇인지, 그것을 나에게 줄 수 있는 사람이 그 친구뿐인지 또 다른 사람 중에도 있는지 알게 됩니다. 자, 지금부터 내가 사귀고 있는 친구 중에서 제일 친한 친구를 세 명만 생각해보세요. 그리고 그 친구들을 언제 어떻게 만났는지, 만나서 하는 일은 무엇인지 등을 찾아봅시다."

〈활동 자료〉

친구 이름	어떻게 만났나	만나서 하는 일	좋은 점	나의 방황에 미친 영향

각자 자신이 쓴 것을 발표하고, 느낌 나누기를 한 뒤 정리한다.

내 친구 도와주기

교사 이끌기

"비록 나도 어렵고 고단하게 살고 있지만 내 힘으로 도와주고 싶은 친구가 있습니다. 여러분한테도 뭔가 작은 것이나마 도와주었으면 하는 친구가 있지요? 지금부터 내가 무엇을, 어떻게 하면 도울 수 있는지 알아봅시다."

〈활동 자료〉

친구 이름	걱정되는 점	어떻게 하면 도와줄 수 있을까

각자 자신이 쓴 것을 발표하고 느낌 나누기를 한 뒤 정리한다.

새로운 친구 사귀기

교사 이끌기

"친구가 많다고 무조건 좋은 건 아니지만 어쨌든 새로운 친구를 사귀는 것은 즐거운 일입니다. 특히 나에게 좋은 영향을 줄 수 있는 친구라면 더욱 좋겠지요. 여러분이 호감을 갖고 있지만 잘 사귀지 못하는 친구들이 있을 텐데, 그게 누구인가요? 주변에서 새롭게 사귀고 싶은 친구 세 명을 찾아보고 어떻게 하면 그들을 사귈 수 있을지도 적어봅시다."

〈활동 자료〉

사귀고 싶은 친구	사귀고 싶은 이유	사귀기 위해서 어떻게 할 것인가

각자 자신이 쓴 것을 발표하고 느낌 나누기를 한 뒤 정리한다.

가족 스트레스 극복을 위한 집단상담

사실 모든 비행행동의 원인은 가정에서 비롯된다. 아이들이 학교나 교사를 핑계대면서 가출이나 폭력행동을 해도, 그 속내를 들여다보면 근본적인 원인은 가정이며, 사회적인 인간 관계를 맺는 학교 안에서 그간 억압돼온 감정을 표출하는 것일 뿐이라고 해도 과언이 아니다. 그러나 문제의 원인이 가정에 있다고 해서 교사의 무관심이 용납되어서는 안 된다.

가족 관계에서 아이들이 받는 스트레스가 무엇인지 알아내고 그에 대처할 수 있는 힘을 길러주는 것이 중요하다. 사실 가족이란 아이들이 저항하기에는 너무 커다랗고 해결하기 벅찬 문제이기 때문에, 이야기를 풀어헤쳐놓고 차근차근 다가가야 하는 중요한 문제이다.

가족 안에서 나의 스트레스

교사 이끌기

"가족은 누구보다 자신에게 편안한 사람이지만, 크든 작든 가족 간의 어려움과 갈등이 없는 경우는 없습니다. 여러분이 다음과 같은 경우를 겪고 있다면 어떻게 판단해서 대처하겠습니까?"

교사는 유형별 가족 스트레스의 예를 몇 가지 선별하여 들려주거나 자료를 만들어 보여준 뒤, 다음과 같은 것을 적어보게 한다.

- 첫째, 당신이 그 아이라면 어떻게 느끼겠습니까?
- 둘째, 당신이라면 그 상황에 어떻게 대처하겠습니까?

그리고 나서 아이들 각자가 가족 안에서 받는 스트레스는 무엇인지, 어떻게 대처하고 있는지 써보게 하고 서로 이야기를 나눈다.

유형별 사례

가족 스트레스 사례 1 ● 매를 맞는 아이

"나는 집안에서 매일 맞으면서 살고 있다. 우리 아버지는 엄마를 너무 의심한다. 엄마가 밤에 조금만 늦게 와도 난리를 친다. 어머니에게 화가 풀리지 않으면 그 다음에는 우리에게 화를 낸다. 그냥 화를 내는 정도가 아니다. 장롱을 부수고, 밥상을 집어던진다. 그러고도 화가 풀리지 않으면, 닥치는 대로 우리를 때리기 시작한다. 또 내가 9시까지 들어오지 않으면 어디서 무엇을 했느냐고 때린다. 그냥 때리는 것이 아니다. 몽둥이로 때리고 발로 찬다. 내 몸 여기저기는 상처투성이다."

가족 스트레스 사례 2 ● 결손가정의 아이

"나는 어릴 때부터 고아 아닌 고아였다. 어머니가 집을 나가신 후에 아버지는 어머니를 찾으러 다녔다. 그래서 우리 집은 항상 적막강산이었다. 학교에서 집으로 돌아오면 아무도 없고, 특히 겨울에는 더욱 쓸쓸했다. 불도 때지 않은 차가운 방바닥만 나를 기다리고 있었다. 어쩌다 아버지가 들어오시면 나는 친구 집으로 피신해야 한다. 술을 마시고 나에게 어머니를 찾아내라고 하신다. 그것도 성이 차지 않으면 나를 때리기 시작한다."

가족 스트레스 사례 3 ● 의지할 가족이 없는 아이

"나는 어릴 때부터 할머니의 사랑 속에서 자랐다. 할머니가 돌아가시자 아무도 나에게 관심을 쏟아주지 않았다. 단지 나에게 공부만을 강요했다. 나는 할머니가 돌아가신 집이 무섭고 싫었다. 공부만 강요하는 어머니와 아버지가 싫었다. 나는 더 이상 기댈 곳이 없었다. 너무 무서웠고, 할머니가 갑자기 돌아가신 것이 너무 화가 났다. 그래서 나는 집안 사람들이 나에게 조금만 잔소리를 해도 화를 내고 욕을 퍼붓기 시작했다."

가족 스트레스 사례 4 ● 공부만 강요하는 부모를 둔 아이

"우리 엄마 아빠는 늘 공부만 강조한다. 나만 보면 하루 종일 '공부 공부' 한다. 아무리 열심히 공부를 해도 더 공부하라고 한다. 나에게는 자유 시간이란 게 하나도 없다. 텔레비전도 마음대로 보지 못하고, 친구들도 마음대로 만나지 못한다. 내가 시험을 한 번이라도 잘못 보면 난리가 난다. 우리 어머니는 '내가 널 위해서 얼마나 애를 쓰는데 이 정도밖에 못해! 당장 집어치워.'라고 말한다."

가족 스트레스 사례 5 ● 부모의 인정을 못 받는 아이

"우리 집에서는 나만 못난이다. 우리 형은 공부도 잘하고 운동도 잘한다. 그러나 나는 뭐 하나 잘하는 것이 없다. 그래도 내가 잘하는 것이 한 가지 있다. 부모님 심부름이다. 나는 부모님이 무엇을 원하는지 금방 살펴서 심부름을 하겠다고 한다. 그러나 우리 집에서는 이것을 인정하지 않는다. 학교에서 인정하는 것만 인정한다. 공부나 운동 같은 것 말이다."

각자 자신이 쓴 것을 발표하고 느낌 나누기를 한 뒤 정리한다.

가족들의 스트레스

교사 이끌기

"가족들도 여러분과 똑같은 인간입니다. 그들도 여러분과 같이 다양한 스트레스를 겪고 있고, 그것 때문에 고통받고 있습니다. 만약 여러분의 가족들도 여러분과 똑같이 스트레스를 받고 고통스러워하는 사람들이라는 것을 가슴으로 느낄 수 있다면, 여러분과 가족들의 관계는 개선될 수 있을 것입니다. 지금부터는 우리 가족들이 어떤 스트레스를 겪고 있는지를 생각해봅시다."

다음의 예시를 보여주거나 들려주고 다음과 같은 질문을 던진다.

· 첫째, 지금 어떤 생각이 듭니까?
· 둘째, 당신이라면 이런 상황에서 어떻게 행동하겠습니까?

그리고 나서 각자 자신의 가족(부모, 형제)이 어떤 스트레스를 받고 있을지, 자신이 그 가족이라면 그 상황에서 어떤 심정이 들지 생각하고 적어보게 한다.

가족 스트레스의 사례

● 할아버지의 스트레스

"요즘은 계단을 오르기도 쉽지 않다. 조그마한 계단이라도 오르려면 몇 번이고 쉬어야 한다. 또한 소변 보기도 쉽지가 않다. 대변을 한 번 보려고 해도 한 시간이나 화장실에 앉아 있어야 한다. 아들 녀석 눈치도 보이고, 손자 녀석들은 자기들끼리만 지내려고 한다. 참 이제껏 살아온 세월이 허무하다."

● 아버지의 스트레스 1

"요즘 매사에 짜증만 난다. 자식들이 자꾸 커가니 들어갈 돈은 점점 많아진다. 생활비도 늘 빠듯하다. 그러나 월급은 좀처럼 오르지도 않고 일하기도 힘들다. 아이들이 메이커 청바지를 사달라고 조를 때, 기분 좋게 사주고 싶다. 그러나 아이들이 원하는 것들을 다 해주기에는 내 월급이 너무 적다."

● 아버지의 스트레스 2

"나는 일자무식이다. 그리고 아버지, 어머니에게 배운 것이라고는 화내고 짜증 내는 것밖에 없는 것 같다. 그래서인지 나는 아무것도 아닌 일에 화를 내게 된다. 아이들이 나만 보면 슬슬 피하는 것 같다. 나도 아이들에게 어떤 식으로 말을 해야 할지 몰라 아이들을 피하게 된다. 또 아이들을 만나면 쓸데없이 공부하라는 말만 하고, 괜히 짜증을 낸다. 그리고 나면 또 내가 못났다는 생각을 하게 된다. 이놈의 화를 어떻게 하면 조절할 수 있을까? 내 아들만이라도 원만한 성격으로 키우고 싶은데 어떻게 해야 할지 모르겠다."

● 아버지의 스트레스 3

"나는 직장이 지방이라 한 달에 한두 번 집에 들어간다. 그 사이에 아이들은 저희 엄마하고만 지내기 때문에 나를 보면 무척 어려워하고 말도 거의 나누지 않는다. 아이들과 허심탄회한 이야기를 하고 싶어도 말문이 막히고, 일 갔다온 이야기를 꺼내도 어색해서 나도 아이들도 함께 있는 시간을 피하게 된다. 그렇다고 직장을 옮길 수도 없다."

● 어머니의 스트레스 1

"요즘은 내가 그동안 무엇을 하며 살았나 하는 생각을 자주 한다. 집안일, 아이들의 뒷바라지 등을 열심히 하지만, 나 혼자 있을 때면 아이들은 각자 아이들의 일이 있고, 남편은 남편의 일이 있는데 나는 하찮은 부엌데기에 지나지 않는 것 같아 여간 불행하게 느껴지는 것이 아니다. 이런 날이면 더욱더 아이들에게 짜증을 내게 된다."

● 어머니의 스트레스 2

"아이들이 공부하기가 어렵고 싫다고 할 때, 어떻게 해야 할지 모르겠다. 저희들 나름대로는 매일매일 반복되는 학교생활이 싫기는 하겠지만, 그래도 공부를 못하면 나중에 사회에 나가 사람대접을 못 받는데, 아이들에게 아무리 이런 이야기를 해도 알아듣지 못하는 것 같다. 이럴 때는 참으로 난감하다."

● 어머니의 스트레스 3

"우리 아이들은 공부를 좀 못하는 편이다. 동네의 다른 어머니들을 만나거나, 동창회에 갔을 때 다른 사람들이 자식 자랑을 하면 고개를 못 들겠다. 그런 날이면 돌아오면서 아이들에게 화가 나기도 한다. 이 녀석들이 공부를 좀 잘하면 얼마나 좋을까 하는 생각이 든다. 그러나 다른 한편으로는 공부도 다 자기 팔자려니, 공부를 못하는 저희들 심정이야 오죽하겠느냐는 생각을 하고 집에 돌아오지만, 막상 집에 돌아왔을 때 아이들이 공부를 안 하고 있으면 참겠다는 다짐도 사라지고 화부터 난다."

각자 자신이 쓴 것을 발표하고 느낌 나누기를 한 뒤 정리한다.

변화 지속을 위한 집단상담

몇 차례 집단상담을 진행하면서 아이들은 점차 자기 존중감을 회복하고, 가족에 대한 이해도 넓어졌을 것이다.

그러나 아이들이 아무리 앞으로 어떻게 살겠다고 다짐을 해도 학교생활에 적응하고 가족의 신뢰를 이끌어내는 길은 험난하다. 지금까지의 행동이나 태도에서 빚어진 '낙인'을 극복하는 것이 쉽지는 않기 때문이다.

스스로를 추스르고 변화에 대한 기대와 다짐이 큰 아이일수록 자신의 변화를 인정하지 않고 과거의 모습으로만 평가하는 주변의 불신에 대한 실망은 더욱 크다.

따라서 어느 정도 효과를 보인 학생들을 대상으로, 자신의 작은 변화를 지속시켜 나갈 수 있는 '장치'를 마련해주는 것으로 마무리를 하자.

나에게 닥칠 어려움 극복하기

교사 이끌기

"우리는 그동안 집단상담을 통해서 여러 가지 경험을 해보았습니다. 나에 대해서 느낀 점도 있고, 나의 가족, 학교, 친구들에 대해서 느낀 점들도 많을 것입니다. 각자 느낀 점을 이야기해봅시다."

"우리는 그냥 느낌으로 끝내는 것이 아니라 크고 작은 많은 결심도 했습니다. 나는 ~한 결심을 했습니다. 여러분은 어떤 결심을 했습니까?"

"모두 장한 결심을 했군요. 그러나 우리가 결심한 대로 하는 데에는 크고 작은 어려움이 따를 것입니다. 자신의 성격적인 약점 때문에 생기는 어려움일 수도 있고, 환경이 따라주지 않아 생기는 어려움일 수도 있습니다. 어떤 어려움이 예상됩니까? 그런 어려움이 생겼을 때 어떻게 그것을 극복할 수 있을까요?

지금 나누어준 자료(혹은 상담 공책)에 여러분의 결심을 쓰고, 그것을 실천하는 데 예상되는 어려움과 그것을 극복하는 방법을 써봅시다. 예습을 하면 수업 시간에 이해하기도 한결 쉽습니다."

각자 자신이 쓴 것을 발표하고 느낌 나누기를 한 뒤 정리한다. ■

집단상담
부적응아 집단상담

〈활동 자료〉

영역	나의 다짐, 결심	결심을 실천에 옮기는 데 예상되는 어려운 점	극복하는 방법
내 자존심과 자신감을 유지하기 위해서			
가족 관계 개선을 위해서			
즐거운 학교생활을 위해서			
새로운 친구 문화를 만들기 위해서			

집단상담을 위한 정보쌈지 **1** 집단상담을 시작하며 할 수 있는 긴장 풀이 놀이

긴장 풀이 몸짓놀이

바위 밀기 (기 모으기)

손을 가슴 높이로 올리고, 손바닥을 앞을 향하여 편다. → 천천히 숨을 들이마시고 내쉬면서 기를 모은다. → 숨을 천천히 들이마신 다음, '힘'하면서 호흡을 일시 멈추고, 앞에 있는 바위를 밀듯이 손을 내뻗고 5초 정도 가만히 있는다. → 팔에 힘을 빼고 숨을 천천히 내쉬면서 제자리로 돌아온다.

기지개 켜기와 정수리 가볍게 쳐주기

두 손을 깍지 끼고 위, 아래, 왼쪽, 오른쪽, 앞, 뒤, 각 방향으로 몸을 최대한 늘여준다. 이때 그냥 손만 뻗지 말고 소리를 낸다. (위 : 위따따따, 아래 : 밑따따따, 앞 : 앞따따따 등) 그 다음, 손가락 다섯 개를 가운데로 모아 정수리를 가볍게 탁탁 쳐준다.

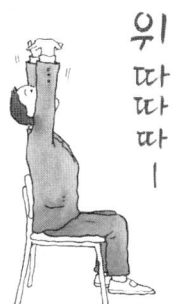

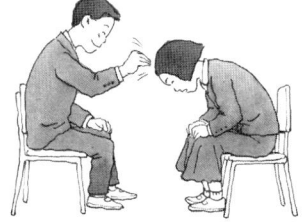

공간 밀기

숨을 크게 들이마신 후, 숨을 멈추고 손바닥을 바깥으로 향하게 하고 두 팔을 앞, 옆, 위로 벽을 밀듯이 천천히 쭈욱 뻗는다.

시간 재기

교사의 신호와 함께 눈을 감은 상태에서 주어진 시간(30~60초 정도)을 정확히 가늠해본다.

안마해주기

둥그렇게 모여 옆사람의 등을 바라보며 앉는다. 간단한 노래를 부르면서 진행자의 지시(오른쪽 주무르기, 왼쪽 주무르기, 양쪽 주무르기 등)에 따라 안마를 해준다. 진행자는 노래 초반에 가벼운 동작으로 시작하여 점점 세게, 끝날 즈음에는 다시 가벼운 동작으로 끝맺도록 유도한다. 중간에 옆구리 간지르기를 넣으면 긴장이 많이 풀린다.

체조

- 눈체조 : 손바닥을 비벼 열을 낸 다음, 눈에 갖다댄다.
- 목체조 : 목을 천천히 앞으로 숙이다 같은 방법으로 뒤로 젖히고 오른쪽, 왼쪽으로 돌린다.
- 팔체조 : 손가락을 깍지 껴서 손바닥이 위로 향하게 쭉 뻗은 다음, 아래를 향해서 쭉 뻗는다. 다시 위로 뻗어서 옆으로 기울인다. 깍지를 낀 상태에서 좌우로 어깨를 돌린다.
- 뒤에서 양손 잡기 : 손을 등 뒤로 하여 한 손은 어깨 위로, 다른 한 손은 어깨 아래로 뻗어 양손을 잡는다. 양손의 위치를 바꾸어서 다시 한다.

마음을 나누는 심성놀이

눈치코치 숫자 세기

모둠원들끼리 말하지 않고 서로의 마음을 읽으려고 노력하는 데 목적이 있다. 모둠 구성원 모두에게 관심을 기울여야 하며 집중력도 필요하다. 욕심을 버리고 전체를 생각할 수 있게 하는 놀이이다. 다른 사람들의 표정이나 움직임을 잘 관찰하고 남을 배려해야만 많은 숫자를 셀 수 있다. 억지로 순서를 정해서 숫자를 많이 세는 경우가 있는데 그렇게 하지 않도록 미리 일러두어야 한다.

① 한 모둠을 10명 정도로 해서 원을 만들어 앉는다.
② 아무나 한 사람이 "하나" 하고 소리치며 일어선다. 이때 번호를 부르며 일어선 사람은 다시 앉지 못하고 서 있어야 하며 다른 번호를 또 부를 수 없다.
③ 또 다른 사람이 "둘" 하고 일어서면 다른 사람이 "셋" 하며 일어선다.
④ 이와 같은 방법으로 마지막 한 사람까지 일어서면 끝난다.
⑤ 만일 숫자를 세는 도중 어느 한 번호에 두 명 이상 일어나거나 숫자 세기가 잠시 끊겨서 일정한 속도를 지키지 못하고 조금이라도 빨라지거나 느려지면 다시 시작한다.

변형 놀이 방법
① 앞의 방법은 한 사람이 한 번만 숫자를 셀 수 있는 데 반해 이 방법은 한 사람이 여러 번 숫자를 셀 수 있다.
② 앉은 상태에서 일어섰다 앉으면서 번호를 외친다. 이때 번호를 한 번 외친 사람도 연속해서 다시 번호를 외칠 수 있다.
③ 나머지는 앞의 방법과 같다.
④ 중간에 막히지 않고 숫자를 얼마까지 셀 수 있나 모둠별로 대항해도 재밌다.

손 냄새로 알아맞히기

사람마다 독특한 체취가 있다는 것을 느끼는 활동이다. 더 나아가 사람마다 다른 개성을 지니고 있다는 것을 알 수 있다. 손을 만지고 냄새를 맡는 과정에서 집중력과 친밀감을 높일 수 있다.

① 모둠원 가운데 한 사람을 정한다.
② 한 사람이 나머지 모둠원들의 손 냄새를 맡으며 누구의 손 냄새인지 확인한다.
③ 냄새를 다 확인했으면 그 사람은 눈을 감고, 다른 사람들은 조용히 자리를 바꾼다.
④ 눈을 감은 사람은 손 냄새를 맡아 누구의 손인지 알아맞힌다.
⑤ 중간에 이름이 틀려도 일단 그냥 넘어가고 끝까지 한다. 중간에 이름을 다시 바꿔도 좋다.
⑥ 역할을 바꿔서 해본다.

변형 놀이 ● 귀나 손 만져보고 알아맞히기
귀나 손의 생김도 사람마다 다르다. 느낌도 확연하게 구분된다. 친구의 귀나 손을 만지고 확인하는 과정에서 그런 독특한 차이점이나 특성을 발견할 수 있다.
신체 접촉 놀이의 매력은 이런 '접촉 교감'을 통해서 친밀감을 높일 수 있다는 것. 방법은 위와 같다.
손 냄새, 귀나 손 만져보기를 번갈아하며 맞혀도 재미있다. 끝나면 꼭 느낌 나누기를 한다. 친구의 일상과 느낌이 달라 보일 것이다.

친구 관계를 돕는 이야기 네 마당
작은 것이 주는 기쁨

방 안에 가득 차는 것

어느 나라의 왕자가 결혼할 나이가 되었다. 그래서 왕은 온 나라를 뒤져서 가장 아름답고 가장 훌륭한 처녀를 뽑아 왕자의 아내로 삼기로 했다.

심사를 받은 여러 아가씨들 가운데 세 명이 마지막으로 남게 되었다. 세 아가씨 모두 눈부시게 아름다워, 왕도 선뜻 그들 가운데 누구를 선택할 수가 없었다.

왕은 아가씨들의 지혜를 겨뤄보고 선택하기로 결심했다. 그는 아가씨들을 궁궐에 모아놓고, 아주 적은 액수의 돈을 나누어주면서 그 돈으로 하루 만에 각자의 방을 가득 채워놓으라고 분부했다.

다음 날 아침, 왕은 아가씨들의 방을 둘러보았다.

첫 번째 아가씨의 방에 들어서자 방 한가운데 화장품이 놓여 있었다. 그 아가씨는 말했다.

"전하, 전하가 주신 돈으로는 이만큼의 화장품밖에는 살 수 없었나이다."

왕은 다음 방으로 가보았다. 그 아가씨의 방 한쪽에는 옷감이 쌓여 있었다.

"전하, 전하가 주신 돈으로는 이만큼밖에 채울 수 없었나이다."

왕은 세 번째 아가씨의 방으로 가보았다. 그 아가씨의 방 한가운데엔 양초 몇 자루가 타고 있었다. 방 안은 불빛으로 구석구석 가득 차 있었다. 아가씨는 말했다.

"전하가 주신 돈으로 이 양초를 샀나이다."

왕은 기뻐서 흥겨운 목소리로 말했다.

"오오, 훌륭하도다. 방 안이 빛으로 가득하구나."

생각해봅시다

우리의 마음을 채워줄 수 있는 것은 의외로 사소하고 보잘것없는 것일 수 있다. 재물이나 아름다운 외모, 이런 것들보다는 따뜻하고 환하게 우리 마음을 비춰줄 수 있는 것이 바로 우리의 일상과 주변에 있을지도 모른다. 친구를 기쁘게 하는 것도 사실은 나의 '작은 배려'이다.

모두 한 팔을 묶고

친구 관계를 돕는 이야기 네 마당

이해하기 · 받아들이기

일곱 살 난 한 소녀가 불행하게도 자동차 사고로 왼쪽 팔을 잘라야 했다. 이 소녀가 학교에 들어가자 친구들은 그녀를 따돌렸다.

이 때문에 소녀는 점점 자기 안으로 움츠러들어 자기 마음에 상처를 내고 가족들, 친구들의 마음에도 상처를 주었다. 그럴수록 학교 친구들은 그를 더욱더 따돌렸고, 이제는 그 소녀조차 그것을 당연한 것으로 받아들이면서 갈수록 비뚤어졌다.

소녀가 2학년이 되었을 때 담임 선생님은 학생들에게 유별난 숙제를 내주었다. 학교에서는 모두 왼팔을 등 뒤로 묶은 후에 오른팔로만 일을 하도록 한 것이다.

그날 아침, 아이들은 오로지 한 팔만을 가진 사람들이 겪는 어려움을 알게 되었다. 말끔히 필기를 한다는 것은 말할 것도 없고, 책장을 넘기는 일조차 결코 쉬운 일이 아니었다.

이렇게 하길 며칠, 마침내 아이들은 그 소녀에게 이 어려운 일을 어떻게 해냈는지를 묻기 시작했고 소녀는 부끄러운 듯이 가르쳐주었다.

소녀의 말문이 열리자 그 학급의 모든 아이들의 마음의 문도 열리고 서로를 받아들이게 되었다.

생각해봅시다

어떤 사람의 처지가 되어보지 않고서는 그 사람을 이해하기가 쉽지 않다. 부자가 가난한 사람을 이해하기도 쉽지 않고, 정상인의 처지에서 장애인을 이해하는 것도 쉬운 일이 아니다. 서로를 이해하는 일이 쉽지 않다고 해서 모른 척하고 지낼 수 있을까? 남의 아픔이나 슬픔을 무시하고 나만 즐겁게 살아갈 수는 없는 일이다.

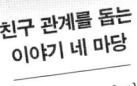

친구 관계를 돕는
이야기 네 마당

의심 깨뜨리기

족제비를 죽인 아기 엄마

어느 마을에 한 부부가 살고 있었다. 이들이 아기를 낳던 날 마침 기르고 있던 족제비도 새끼를 낳았다. 부부는 새끼족제비를 무척 귀여워하며 정성껏 길렀다.

어느 날 아기 어머니는 아기와 새끼족제비를 재운 다음, 남편에게 부탁을 했다.

"우물에 가서 물을 길어와야겠어요. 그 사이에 족제비가 아기에게 나쁜 짓을 하지 않나 잘 좀 보고 계세요."

남편은 무척 욕심이 많은 사람이었는데, 속으로 '아내는 곧 돌아올 테니 별일 없을 거야. 얼른 나가 돈벌이나 해야겠다.'라고 생각하면서 밖으로 나갔다.

얼마 있자 커다란 뱀 한 마리가 기어들어와 아기 이부자리 둘레를 꿈틀꿈틀 기어다녔다. 새끼족제비는 뱀이 아기를 해칠까 봐 뱀에게 덤벼들어 모든 힘을 다해 싸웠다. 마침내 족제비는 뱀을 갈기갈기 찢어버리고 말았다. 족제비는 기뻐서 뱀의 피를 입에 묻힌 채 아기 어머니를 마중하러 나갔다 물동이를 이고 돌아오는 어머니를 만났다. 어머니는 족제비의 입에 피가 묻은 것을 보고 깜짝 놀랐다.

"이놈의 족제비가 우리 아기를 잡아먹었구나!"

아기 어머니는 이고 있던 물동이로 족제비를 내리쳐 죽였다.

집으로 돌아와 곤히 자고 있는 아기와 죽은 뱀을 본 아기 어머니는, 그제서야 후회와 슬픔으로 통곡을 했다.

생각해봅시다

우리도 중요한 것보다 하찮은 것을 더 생각하다가 큰 손해를 입는다. 성적 1점 오르는 것보다 친구와의 진실한 우정이 소중하다는 것을 잊을 때가 많다. 경솔하게 판단하여 친구들을 곤경에 빠뜨릴 때도 많다. 쓸데없는 의심을 한다든가 오해를 하는 경우는 또 얼마나 많은가.

지나쳐간 사람들

친구 관계를 돕는 이야기 네 마당
서로 돕기

유난히 풍랑이 거칠던 어느 날, 물고기 한 마리가 파도에 밀려 바닷가 모래밭으로 나오게 되었다.

마침 한 남자가 지나가다가 도움을 구하는 물고기에게 말했다.

"도와주고 싶지만 지금은 바빠서 안되겠네. 난 지금 어부의 미망인들을 돕는 모임에 가는 길인데 늦었어."

물고기는 또 다음 사람이 나타날 때까지 기다렸다. 두 번째 사람은 무언가 곰곰 생각하면서 오고 있었다. 바다에 넣어달라는 물고기의 간청에 그는 고개를 갸우뚱거리며 말했다.

"글쎄, 어떻게 해야 좋을지 모르겠군."

'가만있자. 내가 이 물고기를 물 속으로 되던져준다 해도 또 다시 밀려나와서 허우적거리겠지. 그렇다고 당장 도와주지 않으면 이 물고기는 아마……. 젠장, 나도 모르겠다.'

그 남자는 생각만 하고 지나쳐가고 말았다.

물고기는 숨이 가빠왔다. 거의 죽을 것만 같았다. 그때 한 여자가 다가섰다.

"저 좀 살려주세요. 저는 꼼짝도 할 수 없어요. 빨리…… 서둘러주세요."

그녀는 말할 힘도 없는 물고기에게 사정을 이야기해보라고 다그쳤다. 있는 힘을 다해 자기의 사정을 이야기한 물고기에게 그 여자는 이렇게 말했다.

"자, 그러니 어떻게 하면 되죠? 돕는 것도 중요하지만 우선 몇 가지 생각해보기로 합시다. 이렇게 된 것은 신의 탓이니 스스로 이겨내도록 하세요."

물고기는 숨이 차서 그만 죽어버리고 말았다.

생각해봅시다

우리는 무엇인가를 판단하고 결정할 때, 우리 자신의 시각에 얽매여서 상대방에게 진짜로 필요한 것이 무엇인가는 생각해보지 않고 무시해버린다. 그러나 그 사람이 원하는 것은 아주 사소한 것일 경우가 많다. 남의 말에 귀를 기울여야 하겠다.

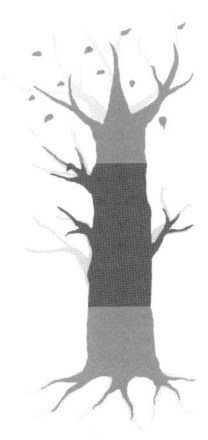

둘째 마당

부적응아 지도

부적응의 유형과 상담

약이 되는 이야기
부적응아와 관계 맺기
유형별 부적응아 이끌기
· 집단따돌림(왕따)
· 학교폭력
· 성(性)문제
· 학업 태도
· 도벽

사례● 집단따돌림 지도

일상생활 지도

교실 안 적응 지도 8훈
사례● 나의 생활지도
같이 읽기● 반성문 쓰기, 이제 바꿔봅시다
같이 읽기● 학급 문제 상황, 이럴 땐 이렇게
부적응아와 함께하는 이야기 마당

약이 되는 이야기

우리는 동료로서 만나야 합니다

몇 해 전 〈우리교육〉 겨울방학 생활지도 연수에서 만난 선생님들의 얼굴이 떠오릅니다. 사실 그때 강연 요청을 받고서 선생님들에게 무엇을 전달할 수 있을지 고심했습니다. 나는 그저 내가 해온 일을 전할 수밖에 없었는데, 3시간여 동안 온통 집중하고 있는 선생님들에게서 아이들의 문제를 해결하려는 안간힘을 느낄 수 있었습니다. 강연을 끝내고 약 40여 분 동안 학교에서 만나는 '마음의 문제를 가진 아이'에게 '어떻게 해주어야 하나?'라는 질문을 받았는데, 참으로 많은 분들이 아이들에게 개별적인 관심과 사랑을 쏟고 있음을 알게 되었습니다. 반가웠습니다.

그리고 새로운 '만남'의 의미를 새길 수 있었습니다. 나는 이런 만남이 모양이나 형태는 달리할지라도 계속 이루어져야 한다고 믿습니다. 아이들을 만나는 방식은 다르지만 그들의 삶에 긴밀히 관련되어 있는 각기 다른 분야의 동료로서, 서로 할 수 있는 일과 없는 일을 구분하여 '도울 수 있는 체계망'을 갖추는 것이 지금 우리가 할 수 있는 일이 아닐까 생각하기 때문입니다.

그날 쏟아진 질문은 대개 '어떻게 실질적으로 도울 수 있는가?'였는데 선생님들이 제시하는 아이들의 상황이나 배경이 각기 달랐기 때문에 내가 제시하는 방안도 각각 다를 수밖에 없었습니다. 그러나 알고 보면 이면에 깔린 맥락은 한 가지입니다. '아이들이 처한 상황에 함께하기 → 그러기 위해 열심히 들어주기 → 그것만으로 충분하며 그 이상은 전문가와 연결해주기'입니다.

일반적으로 청소년은 '어른들이 생각하는 것보다 훨씬 어른이고, 어른들이 기대하는 것보다 훨씬 어린 아이'입니다. 어른들이 "우리 아이들은 순진해." 혹은

"네가 뭘 안다고······." 하는 것보다 아이들은 훨씬 많은 사실을 알고 있으며, 경험을 했습니다. 그러나 그들이 안다고 해서 그만큼 어른다운 역할을 해낼 것이라고 기대할 수는 없습니다. 이 무렵 아이들의 논리적 표현이나 외모는 어른과 별다르지 않지만, 감정적인 표현과 행동의 조절은 미숙하기 때문입니다.

그렇기 때문에 아이들을 대할 때 겉으로 드러난 행동이나 태도에 너무 얽매이지 않는 것이 좋습니다. 학교의 틀 안에서 아이들을 자유롭고 융통성 있게 대하기는 현실적으로 어렵겠지만, 표면적인 현상에 대해 먼저 지적하고 고치라고 명령하기 전에 그럴 만한 이유가 있을 것이라고 생각하는 습관을 갖는 것이 필요합니다.

눈에 띄는 아이들의 행동이나 변화는 틀림없이 뭔가 이유를 포함하고 있습니다. 그러므로 일단 지켜본 뒤 대화를 나누고 고쳐야 할 행동을 지적해주는 것이 좋습니다. 이것은 선생님의 작은 태도 변화에 불과하지만 아이들의 생활 환경에는 큰 변화가 될 수 있습니다.

문제가 드러난 후 행동 수정이 쉽지 않거나, 대화가 잘 안될 때는 부모님과 상의하여 전문 상담기관 등에 의뢰하는 것이 좋습니다. 좋은 관심과 열정은 있으나, 자칫 너무 오래 붙잡고 있어 적당한 시기를 놓칠 수도 있습니다. 이때 선생님의 역할이 아주 중요합니다. 교육 전문가로서 학교생활에 대한 객관적인 의견을 부모님께 이야기하고, 유관기관을 알려주어 도움받을 것을 권유해야 합니다.

주변에는 "교사와 아이들이 대처해야 할 문제 상황에 대해서 도움을 줄 전문가 그룹이 있다는 믿음을 가져달라."는 청소년 관련 사회복지·상담기관이 많습니다. 혹 이런 곳에 대한 편견 때문에 부모나 아이들이 회피할 수 있으나, 조기에 정확한 진단과 도움을 받는 것이 상황을 호전시킬 수 있다는 것을 잘 설명하고 설득하는 것이 필요합니다. ■

조은영 / 정신보건사회복지사

부적응아 지도
부적응의 유형과 상담

부적응아와 관계 맺기

관계와 권위 형성이 먼저다

교사들은 일탈학생들을 바른 길로 이끌기 위해 온갖 노력을 기울인다. 타이르기도 하고, 매를 대보기도 하며, 징계를 내려보기도 한다. 그런데 이 같은 노력은 일시적으로 효과가 있는 듯하나 재발하는 경우가 많고, 재발하면 문제가 더욱더 악화되기 일쑤다. 결국 교사들은 이런 학생들의 문제가 어찌할 수 없는 개인의 성격 문제나 가정 문제라고 단정짓게 된다. 그리고 전체를 위해서 혹은 더 가능성이 있는 학생을 위해서 그런 학생들에 대한 관심을 접기도 한다.

이런 학생이나 그들의 부모와 상담하면서 일부는 실패하고 일부는 성공을 하게 된다. 그런데 그 실패 사례를 다시 살펴보면 한 가지 중요한 공통점을 발견하게 된다. 그것은 교사와 상담자가 좋은 관계를 맺고 권위를 형성하기 전에, 문제행동을 섣불리 교정하려고 시도했다는 사실이다. 당장 문제행동을 교정하려 하기보다는 관계를 형성하고 그들에 대해 권위를 가지려고 노력하는 것이 무엇보다 중요하다.

문제행동에 대한 상식적인 대처 방식의 허점

문제행동에 대한 상식적인 대처 방식은 크게 세 가지 유형 — 훈계하기, 벌주기, 고립시키기 — 으로 구분될 수 있다.

● **훈계하기** : 일반적으로 문제행동에 대처하기 위해서 다양한 훈계가 활용된다. "학생은 학생의 신분에 맞게 행동해야 한다. 그렇지 않으면 나쁜 사람이 된다." "지금 노력하지 않으면 나중에 커다란 손해가 난다." 등이 대표적이다. 이 방식은 문제행동이 정신을 못 차렸기 때문에 발생하며, 몇 마디 말로 충분히 해결될 수 있는 간단한 문제라는 가정에서 사용된다.

● **벌주기 (체벌하기, 화내기, 창피 주기, 징계 내리기)** : 벌주기도 문제행동에 대한 대처 행동으로 자주 사용된다. 이 대처 방식은 "몽둥이가 약이다." 혹은 "사람은 맞아야

한다." "창피를 당하면 한다."라는 생각 때문에 자주 사용된다. 벌주기는 적어도 눈앞에서 문제행동을 금지시키는 데는 탁월한 방법이다. 그러나 그것은 눈앞에서만 그렇지 문제행동을 근본적으로 바로잡을 수는 없다.

● **고립시키기 (낙인찍기)** : 고립시키기는 아이들에게 문제아 등의 이름을 붙여 그를 특별하게 대하는 것으로, 그들에게 인간으로서의 모든 권리를 빼앗고, 문제라는 불명예와 그로 인한 모든 손해를 감수하는 것을 당연하게 여기도록 하는 것이다. 이런 방식은 대다수의 학생들을 보호하고, 가능성 있는 떡잎을 키운다는 대의명분으로 쉽게 정당화된다. 사람에게는 적절한 관심과 인정을 받고, 자신의 능력을 개발할 기회가 주어져야 한다. 그렇지 않으면 멍청해지거나 독해지게 된다.

이런 대처 방식은 즉각적인 효과를 나타낸다. 무서움, 창피, 위협 등은 교사들 앞에서 그런 행동의 일부를 사라지게 할 수는 있다. 그러나 이런 일시적인 효과는 그로부터 빚어지는 많은 부작용을 간과하게 하며 더 큰 문제점을 파생시킨다.

가장 큰 문제는 관계의 단절 혹은 악화이다. 교사와 학생 간에 부정적인 거짓말, 속이기, 부정적인 감정의 심화, 대화의 단절이 초래된다. 또한 학생들은 일단 들키고 싶지 않기 때문에 문제행동을 안으로 숨기게 된다. 이른바 음성화이다.

자신의 잘못된 행동을 정당화시키는 기제로도 쓰인다. 많은 학생들이 등교 거부의 이유로 "선생님이 무서워서"라고 한다. 진정한 이유는 다른 데 있는데 문제행동에 대한 상식적인 대처를 빌미 삼아 자신을 정당화하는 것이다. 게다가 자기 자신을 부정하게 하며, 소외감과 저항감을 증가시킨다.

관계와 권위 회복의 중요성

문제를 일으키는 아이들을 좋은 재목으로 키우기 위해서는 먼저 그들의 마음밭을 갈아야 하고 적당히 물을 주어야 한다. 갈아엎고 충분히 물을 준 마음밭에 뿌려진 씨만이 싹을 틔우고 뿌리를 내려 커다란 재목이 될 수 있다. 그들의 마음밭을 갈아엎고 물을 뿌리는 것이 바로 상담에서 '관계와 권위의 형성' 이라고 할 수 있다.

관계와 권위가 형성된다는 것은 그들의 마음을 붙잡고, 그들이 마음의 귀로 교사의 마음을 듣도록 하는 것이다. 만약 그렇게 할 수 있다면 그들은 교사의 말에 귀를 기울이며 교사의 마음을 들으려고 노력하게 된다. 교사가 원하는 것을 찾아서 하려고 한다. 그들은 엉뚱한 짓을 하려다가도 교사의 얼굴을 떠올려 그들의 욕망을 자제하려고 노력할 것이다. 아이들의 마음을 붙잡지 못한 상황에서 이야기하면 그들은 겉으로는 듣는 척하지만 속으로는 달나라 여행을 한다.

> 문제행동 교정 과정에서 교사의 '좋은 의도' 는 많은 경우에 부작용을 일으킨다. 그것은 아직 마음의 준비가 되어 있지 않은 아이들의 행동을 고치려고 하기 때문이다. 성경의 비유를 빌리자면, 준비되지 않은 돌밭, 가시덤불의 밭, 길가의 밭에 씨를 뿌리기 때문이다.

관계와 권위 형성을 위해서 교사가 해야 할 일

고칠 행동보다 사람을 먼저 보기

많은 사람들이 문제청소년을 보면 걱정되고 화나고 혼내주고 싶은 마음부터 든다고 한다. 왜 그렇게 되는 것일까. 그것은 우리가 조급하기 때문이다. 우리는 눈앞에서 그들이 당장 보여주는 행동만으로 판단해버린다. 거짓말, 불평불만, 태만, 핑계, 불손한 태도 등을 볼 때 당연히 짜증 나고 혼내주고 싶다.

그러나 그들의 현재 행동에 갇히지 않고 그의 현재를 통해서 과거를 볼 수 있다면, 우리는 짜증과 분노보다는 연민과 동정을 느낄 것이다. 예컨대 친구의 돈을 훔친 아이가 있다고 하자. 그의 현재 행동은 먼저 염려와 분노의 마음을 불러일으킨다. 하지만 그가 왜 돈을 훔치게 되었는가를 곰곰이 생각해보면 그가 이제껏 살아온 역사를 알 수 있다.

아마도 그는 필요한 것을 사기에는 가정 형편이 어려울 수도 있을 것이다. 만약 그런 환경에서 자라왔다면 가지고 싶었던 많은 것들을 가지지 못하고 그런 것들을 가진 다른 아이를 부러워하며 살았을 것이다.

또는 그가 필요한 물품을 살 형편은 되지만 부모님이 완고하여 용돈을 전혀 받지 못하는 그런 환경에서 자랐는지도 모른다. 만약 그렇다면, 그는 아마도 군것질이나 애용품을 사기 위해서 돈을 훔쳐야만 했고, 그럴 때마다 자신을 꾸짖고 나무라는 부모의 눈빛 속에서 공포를 느꼈을 것이다. 만약 교사가 그의 현재 행동의 바닥에 깔린 과거사 — 죄책감, 불안, 수치 — 를 본다면 그를 단죄하기 전에 좀 더 따뜻한 눈으로 바라볼 수 있을 것이다.

이제 친구의 돈을 훔친 아이를 용서하고 이해하고 다른 방식으로 행동하도록 관심을 쏟아 새롭게 된 그의 미래를 생각해보자. 그는 비슷한 상황과 맞닥뜨렸을 때, 잘못을 판단하고 정죄하기보다는 그가 이전에 선생님으로부터 받았던 대로 동정과 사랑을 가지고 너그러움을 베풀 것이다. 그리고 언젠가 스승의 날에 선생님을 찾아뵙고 옛날 이야기를 나누게 될지도 모른다.

아이들 칭찬에 익숙해지기

아이들의 마음을 잡기 위해서는 먼저 그들을 적극적으로 칭찬할 수 있어야 한다. 칭찬하라고 하면 대부분의 교사들은 이렇게 반응한다.

관계와 권위 형성을 위해서는 솔직하고 편안하게 자신을 들여다보고, 자신을 정직하게 드러내고, 자신에 대해서 객관적으로 의논하면서 자신에 대해 깊은 통찰을 얻을 수 있어야 한다. 그런 과정에서 학생들이 교사를 '나보다 더 지혜로운 분, 현명한 분, 강한 분, 삶의 경험이 풍부한 분'이라고 느낄 수 있어야 한다.

"칭찬거리가 있어야 칭찬을 하지, 도대체 마음에 드는 구석이 하나도 없어요."

그런데 그 말은 "나는 도무지 사람을 칭찬하는 재주가 없어요. 나는 아이들을 꾸짖는 재주밖에 없어요. 나는 아이들을 새롭게 할 능력이 없습니다."라며 자신을 탓하는 소리와 다르지 않다.

칭찬하는 것은 능력이다. 참으로 사람을 칭찬하기 위해서는 사람살이를 있는 그대로 이해할 수 있어야 한다. 사람살이의 고단함, 문제행동에 내재된 인간적인 고민, 고통을 이해하기 위해서 노력해야 한다. 그리고 문제행동을 바라보는 편협한 윤리주의의 안경을 벗을 수 있어야 한다.

여기 노래방에 간 것이 분명한데도 가지 않았다고 거짓말을 하는 아이가 있다. 이 아이를 칭찬해보자. 아마도 칭찬은커녕 화부터 날 것이다. 하지만 잘 살펴보면 이 아이에 대한 칭찬거리는 너무 많다. (지금부터 하는 말은 궤변으로 들릴 터이지만, 잘 음미하면 뜻밖의 소득이 있을지도 모른다.)

● 노래방 출입과 관련된 거짓말 행동 분석

첫째, 그가 노래방에 갔다는 것은 '(부모님과 선생님이 어떻게 생각하든) 노래방에 가는 것이 나에게는 필요한 것이다.'라는 점을 알고 있음을 의미한다. 좀 더 자세히 생각해보자. 우리가 무엇인가를 꾸준히 하기 위해서는 밤과 낮의 리듬처럼 일과 휴식의 리듬이 필요하다. 무엇인가를 성취하기 위해 죽어라 일만 한다면 쉽게 지쳐 그 일을 성취할 수 없다. 적절한 휴식이 필요하다. 교사의 반대에도 노래방에 갔다는 것은 바로 그가 일과 함께 휴식의 필요를 알고 있다는 것을 의미한다. (물론 이에 대해 '아이들이 노래방에 가는 것은 규칙에 어긋난다.' 혹은 '휴식을 꼭 노래방에 가서 해야 하느냐.' 하는 문제가 제기될 수 있지만, 그것은 또 다른 문제이므로 여기서는 생략한다.) 누가 알려주든 알려주지 않든 자신의 삶에서 무엇이 필요한지를 아는 것은 우리가 잘 살기 위한 기본 능력 가운데 하나다. 위 학생에게서 첫 번째 칭찬거리를 찾는다면 바로 이 점이다.

둘째, 그가 거짓말을 했다는 것은 '노래방에 갔다고 하면 선생님이 실망하고 걱정할 것이다.'라는 점을 알고 있음을 의미한다. 다시 말하면 그는 교사가 가치롭게 생각하는 것을 알고 있다는 것이다. 그것은 곧 그가 평소에 교사들이 말하는 것을 열심히 들었음을 의미한다. 어떤 학생이 교사가 하는 말을 평소에 잘 들었다는 것 또한 칭찬거리이다.

셋째, 그가 거짓말을 했다는 것은 '(비록 내가 양심의 가책을 받더라도) 선생님을

> 아이가 거짓말을 한 것은 교사의 실망을 배려했다기보다는 처벌을 피하기 위한 것이라는 견해가 있을 수 있다. 어느 정도는 사실이다. 거짓말의 동기가 타인의 실망을 배려하는 것에서 연유되는 것인지, 자기 중심적으로 처벌을 피하기 위한 것인지는 동전의 양면과 같아 어느 측면에서 해석하느냐의 문제에 속한다.

실망시키고 싶지 않고, 선생님을 화나게 하고 싶지 않다는 것'을 의미한다. 사실 거짓말을 할 때는 대체로 양심의 가책과 들키면 더 큰 처벌을 받지 않을까 하는 두려움을 경험하게 된다. 이것은 거짓말을 하는 당사자로서는 꽤나 힘겨운 일이다. 양심의 가책과 더 큰 처벌을 받지 않을까 하는 두려움을 견디기보다는 화끈하게 한 번 혼나는 것이 더 편할 수도 있다. 그럼에도 아이가 거짓말을 하는 것은 교사를 배려했기 때문이라고 하겠다. 자신의 불편을 감수하면서까지 타인을 배려한다는 것 또한 칭찬받을 만한 일이다.

넷째, '선생님에게 걱정을 끼치지 않으면서 내가 하고 싶은 것을 하기 위해서 양심의 가책을 받는 쪽을 선택하겠다.'라는 점은 대립되는 가치관을 타협하고 조정하는 능력이 있음을 의미한다. 대립되는 가치를 타협할 수 있는 능력은 아주 훌륭한 칭찬거리이다.

다섯째, 그가 거짓말을 했다는 것은 '사실이 발각될 위험이 있지만 일단 문제를 잠정적으로 해결하자.'라고 결단하는 능력이 있음을 의미한다. 이와 같이 애매한 상황에서 잠정적인 해결책에 의지하여 살아가는 능력은 매우 필요한 능력이다.

또 다른 예로 이런 경우도 있다.

어른의 눈치를 살펴서 말로만 때우는 중1 남학생이 있었다. 부모님들은 모두 전문직에 종사하는 대단히 성실한 사람들이다. 하지만 자녀들의 사소한 잘못도 엄격하게 처벌한다. 그리고 감정에 따라 그 처벌의 정도가 달라진다. 자연스럽게 이 아이는 어른들이 무엇을 원하는지, 어떤 말을 하면 혼나지 않는지에 지대한 관심을 갖게 되었고, 자연 눈치도 늘어났다. 이 부분은 대개의 청소년들이 비슷하다.

이런 아이에게는 "눈치는 네 생존전략이구나. 눈치를 연마하느라 연구 많이 했겠다."고 말해본다. 그러면 아이는 부모의 특성이 어떠하며, 자신이 어떻게 하면 부모가 속아넘어가는지, 부모의 변덕이 자신을 얼마나 힘들게 하는지를 상세하게 이야기하게 된다. 이런 식으로 하면 부모와 그 아이 사이를 효과적으로 중재할 수 있다.

조급한 결정보다는 오래 참고 기다리기

아이들의 마음을 얻기 위해서는 느긋해져야 한다. 어른들은 너무도 쉽게 아이들의 좋지 않은 행동을 고치려 드는 습관이 몸에 배어 있다. 불손한 언행, 흡연, 묘한 옷차림, 지각, 가출, 학업 태만, 소란스러운 행동 등을 일일이 고치려고 하면, 그들과 좋은 관계를 형성할 수 없다. '빨리빨리'가 몸에 배어 끊임없이 잔소리를 늘어놓는다면, 그들은 이런저런 일들을 숨기게 되고 그들만의 세계로 달아나고 만다.

문제행동의 이면에는 반드시 그 까닭이 있다. 만약 어떤 아이가 화를 자주 낸다면, 그 화는 오랫동안 참았던 것이기 때문에 화나는 마음이 누그러질 때까지 당분간 허용하는 편이 낫다. 어떤 아이가 이야기를 하지 않으려고 하면, 불신과 두려움이 극복될 때까지 당분간 그렇게 놔두는 편이 좋다. 어떤 아이가 아무것도 하지 않으려고 한다면, 잠시 쉬었다가 다시 시작하도록 배려하는 것이 효과적이다.

단, 상담자가 바람직하지 못한 행동을 허용하고 수용하고 있음을 알게 해야 한다. 그렇게 하기 위해서는 아이들에게 어떤 행동이 바람직한 것인지를 알려주면서 동시에 그들의 바람직하지 못한 행동을 당분간 허용하고 있음을 말해야 한다.

원칙을 분명히 말하되, 그것이 어려운 것임을 공감해주기

부적응아를 만날 때 삶의 원칙을 분명하게 이야기해줄 필요가 있다. 학교생활을 어떻게 해야 하는지, 화가 날 때는 어떻게 해야 하고, 윗사람을 만났을 때, 가출 충동을 느낄 때는 어떻게 해야 하는지 분명한 삶의 원칙을 말해주는 것이 필요하다. 이와 같은 원칙 제시는 그들에게 삶의 틀과 구조를 제시하는 것이다.

그런데 이때 한 가지 주의할 점이 있다. 제시된 삶의 원칙대로 살기에는 어려움이 많다는 점이다. 그러므로 그들에게 삶의 원칙을 제시할 때는 미리 삶의 원칙대로 살아간다는 것이 어렵고, 때로는 무의미한 것처럼 보일 것이며, 달리 살아가는 것이 더 현명한 것처럼 보일 것임을 말해주는 것이 좋다. 그리고, 그들이 삶의 원칙에서 벗어난 행동을 하더라도 일단은 너그럽게 용서해주자. 그러면서 다시 한 번 해보기를 권유하여 삶의 원칙대로 살아가도록 독려하는 절차를 밟자.

이처럼 삶의 원칙을 제시하되, 그것을 강요하지 않고, 혹 지키지 못했을 때 너그럽게 용서해주는 과정을 밟으면 그들 스스로 차츰 삶의 원칙을 찾아갈 것이다.

먼저 인사하고 높임말 쓰기

그들에게 인사하고 먼저 아는 척을 하는 태도도 중요하다. 잘못된 일을 하고 있는 아이들에게 먼저 관심을 보이고 애정을 표현하는 것이야말로 권위를 가지는 데 가장 도움이 되는 일이다. 그리고 높임말을 쓰자. 사람을 존대해야 한다는 것을 알고 실천하는 것이 어른의 일이다. 문제청소년에게 높임말을 씀으로써 그들로 하여금 높임말을 쓰는 것을 가르칠 수 있다.

그리고 미안한 일이 있으면 먼저 사과해야 한다. 잘못을 잘못으로 인정하고, 미안한 일은 미안한 일로 인정하는 것은 관계 형성을 위해서 반드시 필요하다.

관계와 권위 형성을 위해 교사가 하지 말아야 할 일

아이들에게 화내지 않기

아이들에게 권위를 가지기 위해서는 한 수 위에서 놀아야 한다. 교사가 같은 수준에서 '놀아서는' 안 된다. 아이들과 '같은 수준에서 노는' 대표적인 행동이 바로 화를 내는 것이다.

아이들이 교사를 화나게 하는 일은 많다. 말대꾸하고, 대들고, 약속을 밥 먹듯이 어기고, 시키는 일을 하지 않는다. 그러면 교사는 참다 참다 화를 터뜨리고 만다. 그러나 이것은 바로 아이들이 파놓은 함정에 휘말리는 것이다. "나도 형편없는 놈인데, 선생님도 크게 다르지 않다. 형편없는 사람이다."라는 생각을 하게 만든다. 아이들이 어른들의 말을 듣지 않는 것은 바로 그런 생각이 바닥에 깔려 있기 때문이다.

어른들이 아이들에게 화가 나는 과정을 살펴보자. 일단 어른들은 아이들이 화나게 만들었기 때문이라고 생각한다. 그러나, 더 근본적으로 생각해보면, 어른들 스스로가 무능하기 때문에 화가 나는 것이다. 아이들이 자신의 말을 듣지 않는 상황에서 그 아이들을 자기 뜻에 따라 행동하게 할 능력이 있다면 과연 그때도 화를 내겠는가.

화낼 만한 상황일수록 큰 바위가 되어야 한다. 그런 후에 과연 아이들이 왜 그런 식으로 행동하는지를 생각하여, 그들이 예상하지 못하는 방식으로 행동하는 것이 효과적이다. 아이들이 버릇없는 행동으로 화나게 하면, 잠시 시간 여유를 가지고 있다가 어떤 이유가 있어서 그렇게 행동하는지를 물어보라. 평정심을 유지하고 있다는 것을 보여줄 수 있어야 진정 아이들보다 한 수 위가 되는 것이다. 그때 비로소 아이들은 존경의 눈빛을 보이게 된다.

한 발 물러서서 생각하기

우리는 아이들이 잘못하였을 때 훈계하고 설명하려 한다. 그런데 아이들은 훈계나 설명에 반발하는 경우가 많다. 그 반발이 타당한 면이 있을 때도 있지만, 어느 경우에는 기성세대에 대한 반발, 반항심리 혹은 부모나 교사가 이전에 잘못한 행동을 꼬투리 잡는 경우도 많다.

이럴 때 많은 어른들은 곧바로 아이들과 시시비비를 가리려고 한다. 아이들을 어떻게든 굴복시키려는 싸움이 시작되는 것이다. 그러나 일이 이런 식으로 진행되면 결국은 서로 시시비비를 따지고 자신이 옳다고 주장하다가 얼굴만 붉히게 된다.

문제행동에 압도당하지 않고 아이들을 보기 위한 태도

① 현재 보이고 있는 문제행동을 하나의 홍역쯤으로 간주한다.
② 먼저 아이들이 불량하거나 게으르거나 나쁜 놈이기 때문에 그런 행동을 하는 것이 아니라 다 이유가 있음을 확신하고, 행동을 하게 되는 이유가 어디에 있는지를 살펴본다.
③ 현재에 너무 연연해하지 않는다. 아이들이 살아갈 날은 살아온 날보다 더 많이 남아 있다.
④ 작은 행동을 고치려다 자칫 아이들의 마음을 잃기 쉽다. 작은 행동에 너그러워져서 아이들의 마음을 얻자.
⑤ 아이들이 걱정되는가? 아이들을 믿어보자. 자세히 보면 아주 훌륭한 녀석들이다.

아이들이 당장에 알아듣지 못하면 "좀 더 생각해보자. 나중에 이야기하도록 하자. 나도 네 의견에 대해서 생각해보마."라는 정도로 이야기를 마무리하는 것이 좋다.

거래 제의는 당당하게 거절하고, 말에 현혹되지 않기

예컨대 "핸드폰을 사주지 않으면 학교에 다니지 않겠다."라고 한다고 해서 학교에 보내기 위해 핸드폰을 사주어서는 안 된다. 학교에 가고 안 가고는 아이들 자신의 문제다. 당당하게 말할 필요가 있다. "학교에 가고 안 가고는 네 장래가 달린 문제이니 네가 알아서 해라."

"어른들도 모범을 보이지 않으면서 우리들에게만 잘하라고 한다."며 자신의 행동을 어른들 탓으로 돌리는 잘못된 생각에도 휘말리지 말아야 한다. 아이들의 입장, 생각, 감정을 수용하되, 여전히 아이들에게 진실, 사실, 인간으로서의 도리와 의무와 책임에 대해서 말해주어야 한다. 당장 받아들이지 않더라도 말의 씨를 뿌려두면 언젠가는 거둘 수 있게 된다.

또한 아이들은 상황에 대해서 극단적인 말을 서슴없이 하는 경향이 있다. "죽어버리겠다." "차라리 학교를 때려치우고 단란주점에나 다니겠다." 또 "선생님, 나는 가망이 없어요." "노력해보았지만 안돼요." 등의 절망적인 말도 자주 한다. 그런 것 중에는 오랫동안 숙고한 후에 나온 말도 있지만, 대체로 그때의 감정, 기분을 표현한 경우가 많다. 말했던 때의 감정이 지나가면 그들은 다시 자신들이 무엇을 해야 할지에 대해서 깨닫게 된다.

문제행동에 압도당하지 않기

아이들이 성(性) 범죄를 저질렀다든지, 단란주점에 취업했다든지 등 문제행동을 했을 때 압도당하지 말고 여유 있게 대처해야 한다. 아이들이 사고를 쳤을 때 흥분하고 놀라기보다 오히려 그런 상황일수록 침착하게 사태의 전말을 파악하여 최선의 해결책은 무엇인지 숙고하는 것이 지혜로운 태도이다. 어떤 상황에서도 당황하지 않는 어른들의 모습을 통해 아이들은 '우리 부모님은, 우리 선생님은 역시 나보다 한 수 위'라는 (보이지 않는) 믿음을 갖게 된다. ■

부적응아 지도
부적응의 유형과 상담

유형별 부적응아 이끌기 – 집단따돌림(왕따)

> 기세가 꺾이긴 했지만 아이들 사이의 집단따돌림 문제가 완전히 사라진 것은 아니다. 학교현장에서 집단따돌림 문제를 오랫동안 고민해 온 김인순 선생님(전남 목포여중)을 통해 집단따돌림 문화의 원인과 유형, 그리고 해법을 들어보았다.

이른바 '왕따'에 대한 여론의 집중적인 관심이 줄어든 탓인지, 학생들 사이에 병적으로 번지던 '집단따돌림' 추세는 일단 기가 꺾였다. 그러나 불쑥불쑥 되살아나 교실을 휘젓는 '위용'은 여전해서, 깊은 상처를 안고 돌아가는 아이들과 교사, 학부모가 한둘이 아니다. 마음 같아서야 교사가 두 손 걷어붙이고 교실로 뛰어들어 쓱싹쓱싹 수습해서 그 뿌리를 단칼에 잘라내고 싶지만, 그러나 이 문제는 결코 그렇게 단순하지가 않다. 아이들을 둘러싸고 있는 외부 상황이, 그리고 성장기 아이들이 가지고 있는 존재감과 관계가 무엇보다 섬세하고 복잡하기 때문이다. 교사가 섣부르게 개입했다가는 일을 그르치거나 오히려 크게 만들 수도 있다.

집단따돌림은 무엇보다 지속적인 사전 예방지도가 필수적이다. 일단 발생하면, 당사자들의 관계 조정과 외곽 지원을 통해 학생들 스스로 문제를 해결할 수 있도록 돕는 데 주력해야 한다. 스스로 견디고 이겨내지 못하면 그 후유증도 크거니와, 다시 발목을 잡히게 된다. 교사가 개입해야 할 경우, 그 시기와 방법을 잘 가려야 한다.

따돌림 문화의 원인과 유형

외부 원인 — 인권 존중을 무너뜨리는 경쟁 구조와 왜곡된 개인주의 문화

따돌림, 짓밟음, 이런 것의 배후를 따져보면 거기에는 우리의 왜곡된 사회 구조가 복합적으로 도사리고 있다. 적어도 평화롭고, 안정된 사회에서는 남을 괴롭히는 인권 유린이 일상적으로 자리 잡을 리 없는 것이다.

사회 문제 가운데 집단따돌림의 직접적인 배후 주범은 살아남아야 사람대접을 받을 수 있는 살벌한 경쟁 구조이다. 어른들 세상을 둘러볼 것도 없다. 당장 학교만 해도 전인교육, 민주주의 교육을 강조하지만, 사실 최고의 가치는 입시 성적에 얹혀 있다. 일단 성적이 우수하지 못하면 좌절과 낙오의 고통을 숙명처럼 지고 다녀야 한다. 교육과 인권은 '서로 다름'을 인정하는 것에서 출발을 한다. 그러나 경쟁의 채찍에

부적응의 유형과 상담
집단따돌림(왕따) 상담

휘둘리고 있는 아이들에게 서로 다름을 인정할 수 있는 여유가 있겠는가. 이런 과정에서 지치고 왜곡된 아이들이 경쟁자인 동료를 따돌리고 괴롭히는 비뚤어진 욕구 충족 문화를 만들어가는 것이다.

또 하나를 꼽으라면, 핵가족화에 따른 공동체적인 삶의 파괴다. 좀 더 구체적으로 들어가면 자녀의 과잉보호가 빚어내는 열악한 개인주의(이기주의)가 도사리고 있다. 아이들이 다른 사람을 배려하는 너그러운 품성을 기르지 못한 데다가, 공동체적 삶이 무너지면서, 최소한 다른 사람의 입장을 고려하는 능력마저 잃어가고 있는 것이다. 다른 아이들을 따돌리고 괴롭히는 데 별다른 양심의 가책도 없다. 이런 상황을 부채질하는 것은 사회 전반적으로 확대되고 있는 '도덕성의 부재'이다.

또 있다. 대중매체의 수위 높은 선정성과 폭력화는 폭력에 대한 모방성과 불감증을 불러일으키기에 차고 넘친다. 누군가의 구둣발에 짓밟혀 일그러진 얼굴을 보고 웃게 만드는 폭력에 대한 희화화는 친구의 얼굴에 침을 뱉고 그걸 즐기는 교실 상황과 고스란히 등치되고 있다. '왕따 문화' 같은 경우는 대중매체가 오히려 키우고 확산시켰다는 지적까지 받고 있다. 언론이 관심을 끄자, 모방 왕따 유행이 일단 수그러든 것은 시사하는 바가 크다.

내부 원인 — 무엇이 교실 왕따를 부르나

따지고 보면 단점이나 약점이 없는 사람이 어디 있겠는가? 집단이 서로 우호적이고 존중하는 분위기에서는, 상대방의 단점이 인정해주어야 할 '서로 다른' 점이 될 수 있을 터이다. 그러나 이미 지적했듯 불행하게도 상대방의 다른 점은, 곧 약점이 되고, 약점은 헐뜯을 수 있는 빌미가 되고 있다. 교실 안의 왕따도 거기서 비롯된다.

왕따의 가장 큰 발단은 바로 그런 '남과 다른' 기질과 성격이다. 자기 중심적이고, 이기적이고, 잘난 척하고, 눈치 없이 행동하고, 허풍이 심하고, 남을 무시하고, 약속을 지키지 않아 신용이 없고, 공주병이고, 남의 흉을 잘 보고, 이간질을 잘 시키는. (사실, 자신도 그러한 소지가 있으면서 남이 그러하면 절대 용납하지 못한다.) 최근에 따돌림 현상은 특히 대인 관계와 사회성이 결여된 아이들이 집중 대상이 되고 있다. 앞서 열거한 기질은 없지만 지나치게 내성적이거나 자신을 표현하지 않고, 자신감이 없는 아이도 따돌림 대상이 된다. 자신을 표현하지 않으면 아이들이 만만하거나 아예 무시해도 좋을 존재로 보기 때문이다.

둘째, 위와 관련하여 남과 다른 외모나 가정 환경도 무시 못할 원인 조항으로 작용한다. 지나치게 뚱뚱하거나, 못생겼거나, 어눌하거나, 특수아, 집안 형편이 어렵거

> 따돌림은 대부분 초기 상황을 무심코 간과하면서 일이 커진다. 학생들의 따돌림 현상을 교사가 감지하는 것은 40% 정도에 머무른다고 한다. 지속적인 관계 개선이나 대화 분위기가 무엇보다 시급하다.

나, 지저분하게 하고 다니는 경우이다. 이런 경우에는 주도자가 없어도 놀려먹고 무시하고 괴롭히고, 시켜먹는 집단따돌림이 쉽게 자리 잡는다. (그래서 교사의 예방조처가 가장 필요한 대목이기도 하다.)

셋째, 또래문화를 함께 하지 못하는 경우. 아이들의 농담을 못 알아듣거나 고지식하게 받아들인다. 연예인의 이야기에 공감대가 없다, 텔레비전이나 게임을 소재로 한 이야기에 끼지 못한다. 이런 경우도 따돌림 대상이 된다. 눈치코치 보지 않고 공부만 파는 아이들도 집단따돌림 문화에 발목을 잡히기도 한다.

넷째, 교사의 차별도 왕따를 부르는 주요한 원인이 된다. 자신이 누군가를 차별하거나 편애한다고 생각하는 교사는 없다. 그러나, 아이들은 예민하게 느낀다. 특히, 교사가 아이의 특수성을 고려하여 남다른 신경을 쓰거나 교육적으로 배려하는 경우, 아이들에게는 차별로 받아들여질 수가 있다. 교사의 선호도가 높은, 예컨대 공부 잘하고, 예쁘고, 말 잘 듣는 학생에 대해서 아이들은 매우 민감하다. 오죽하면, 쓰레기를 줍고 싶어도, 친구들이 선생님에게 잘 보이고 싶어서 그런다고 할까 봐 그냥 지나친다고 하겠는가. 선생님의 차별에 대해서는 여중생이 제일 민감하고, 그런 유형의 집단따돌림이 빈번하다. 이런 경우, 교사 중심이 아닌 학생자치의 학급 운영 방식이 좋은 대안이 된다.

따돌림을 주도하는 아이들의 행동 특성

친구 사이의 갈등으로 짧게 지나가는 따돌림 형태는 성장 과정에서 대인 관계를 배우는 과정이기도 하다. 이때는 어른들이 개입할 필요가 없으며, 당사자들은 고통스럽기는 하지만 대부분 어느 정도 시간이 지나면 해결된다.

그러나, 문제가 되는 것은 세력을 만들어 따돌림을 습관적으로 주도하는 경우이다. 주도층 아이들은 대체로 단순하고 자기 중심적이어서 다른 사람의 고통이나 어려움에 무감각하다. 지나친 콤플렉스나 우월감을 가지고 있어, 자신의 성에 차지 않으면 직접 행동으로 나타내야 직성이 풀린다. 충동적이며 의리를 중시 여긴다. (이들은 상황이 바뀌면 자신이 바로 피해자로 뒤바뀔 수 있는 요소를 다분히 가지고 있기도 하다.) 아이들은 이들 주도세력권에 대하여 불만이 크지만, 자신도 '따' 될까 봐 오히려 적극적으로 동조하는 편이다.

주도층 아이들에게는 몇몇 공통점이 발견된다.

따돌림 피해학생의 행동 유형

기운이 없고, 교실에 늦게 들어온다. 혼자서 멍하니 잘 있고, 수업 시간에 엎어져서 잠만 잔다. 늘 두려운 눈빛으로 허둥대고, 사람을 피한다. 점심 시간, 쉬는 시간, 단체 활동 시간에 늘 외톨이로 있고, 친구들 심부름을 대신하거나, 청소를 도맡아서 한다. 학교 오기를 싫어하며, 결석, 지각, 조퇴가 잦다. 자주 아프고, 툭하면 물건을 도난당하거나 파손당한다. 집에서는 용돈을 많이 요구하고, 늘 지쳐 있으며, 상처를 입거나 옷이 찢겨 있다. 부모에게 전학을 조르며, 도시락을 안 먹고 가져온다. 방에 틀어박혀 있기를 좋아하고, 전화나 친구를 기피한다.

친구 간의 갈등 혹은, 따돌림에 대한 복수로 또 다른 친구를 따돌리는 경우도 있다. 이런 경우 따돌림의 악순환이 계속되어, 학급이 살얼음판으로 변할 수도 있다. 집단에 가장 부정적인 영향을 끼치는 따돌림 방식이다. 이런 경우 교사가 결단력 있게 대처해야 한다.

부적응의 유형과 상담
집단따돌림(왕따) 상담

우선, 교사의 부름을 의도적으로 피한다. 개인적으로는 표현을 못하지만 수업 중이나 다른 친구들이 있을 때 의도적으로 큰소리를 치고, 반항적인 분위기를 유도하고, 독점하려 한다. 수업 중에 노골적으로 다른 일을 하거나 시선을 끌려고 하는 등 영웅심을 나타낸다. 흥분을 잘하고, 쉽게 판단하며, 불평불만이 많다. 공부는 못해도 친구들을 자기 주변으로 모으고, 패거리를 만들어 세를 과시한다. 돈을 헤프게 쓰며, 부모에게 반항적이고, 주변이 산만하다.

이런 아이들의 경우, 단숨에 행동 교정을 시도하면 십중팔구 실패하게 된다. 이 아이들은 자신이 부정당하면 더 거칠게 반항한다. 아이들은 천사와 악마와 같은 특성을 동시에 가지고 있기 때문에, 참고 버티며 내재된 천사성을 발견해내고 인정하는 인내심을 발휘해야 한다.

아이들은 범죄자가 아니다. 교육하는 과정에 있다는 사실을 잊으면 안 된다. 교사가 학생과 신경전을 벌여서는 효과적으로 수습할 수 없다. 화가 나더라도 자제해야 하며, 한 수 위에서 아이의 감정을 조절해야 한다. 그렇다고 잘못된 것을 묵인하면 안 된다. 누구에게나 적용될 상벌은 언제나 일관성 있게 적용한다. 동시에 피해자의 입장을 이해할 수 있는 계기를 집요하게 만들어가야 한다.

> 피해자와 직접적인 원인이나 이해 관계가 있어서 발생한 갈등이나 따돌림 현상은, 원칙과 벌을 적용하기에 앞서 원인을 가려 화해를 조정하는 지혜가 필요하다.

따돌림에 동조하거나 방관하는 아이들의 행동 특성

"내가 직접적으로 왕따를 시킨 적은 없지만 주위의 분위기에 휩쓸려 왕따를 시킨 적이 있다. 주위 아이들이 누군가를 왕따시키면 나도 시키게 되는 것이다. 왕따를 시키는 것은 그 아이의 어떤 점이 맘에 들지 않아서이기 때문이겠지만, 그 부분을 더 부풀려 소문을 내고 다니기 때문에 그 사람에 대해 별반 감정이 없는 사람들도 싫어하게 되는 것 같다. …… 참 학교란 곳은 무서운 곳이다. 정말로 타고난 성격이 낙천적이고 활발한 아이들은 제외될 수도 있겠지만 모든 아이들은 서로의 눈치를 보면서 학교에 다닌다. 눈치라는 게 참 무서운 거다. 한 번 잘못 걸리면 영원히 나오지 못할 구덩이로 빠져버리게 되는 게 눈치이고, 평생 지워지지 않을 상처로 남을 수 있는 것도 눈치고, 언제나 조마조마 안절부절못하게 하는 것도 눈치다." ― 왕따를 당한 한 학생의 수기에서

동조자나 방관자는 일단 가해자와 피해자 사이에서 심리적 갈등을 겪는다. 그러나 이들은 될 수 있는 대로 골치 아픈 일에 끼어드는 것을 꺼린다. 따돌림을 주도하는 아이의 힘에 맞섰다가는 자신도 따돌림을 당할지 모른다는 불안감이 왕따 친구에 대한 동정심이나, 의리, 정의감보다 훨씬 크게 작용을 한다. 그래서 눈감고 못 본 척하거

나, 차라리 동조함으로써 속 편하게 살려고 한다. 그러나, 주도층이 적극적으로 왕따에 '가담' 할 것을 요구하면 단순히 방관자로 남기가 어렵다. 원하든 원하지 않든 간에 피해자에게 압력을 가하게 되면서 그 아이와 직접적인 이해 관계가 생기게 된다. 피해자는 미처 예상치 못했던 친구의 공격에 오히려 예민한 반응을 보이게 되고, 그 과정에서 적대의식이 만들어진다. 그 순간 그 아이는 방관자에서 적극적인 따돌림 가해자로 탈바꿈하게 되는 것이다.

이런 사태는 매우 우려되는 것이다. 그 순간에 도덕이나 윤리, 정의 같은 것은 간데없고, 힘의 위력만이 현실로 존재하기 때문이다. 조사에 따르면, 피해자가 가장 절망을 느끼는 경우는, 별 관계가 없거나, 평소에 비교적 친했던 친구가 이유도 없이 따돌림에 가담했을 때인 것으로 나타나고 있다.

따돌림이 안겨주는 피해와 상처

대체로 따돌림 현상은 초등학교 고학년에서부터 중학교 기간에 가장 빈번하게 발생하며, 남학생보다는 여학생들 사이에 많이 나타난다. 문제를 객관적으로 볼 수 있는 시각이나 자기 정체감이 형성되어 있지 않은 시기이기 때문에 따돌림을 당하게 되면 무엇보다 공포에 가까운 두려움을 느끼게 된다. 이 시기에 친구들로부터 따돌림을 당한다는 것은 자신을 부정당하는 것이다. 존재의 이유를 부정당하기 때문에 쉽게 자살 충동을 느끼게 된다.

둘째, 정서적으로 소외감과 불안, 분노, 우울, 무력감에 시달리게 되며, 대인 기피 현상이 나타난다. 모든 친구들이 자신을 욕한다고 생각하고 민감하게 대응하여 자신을 동정하는 친구마저 등을 돌리게 하는 등 극도의 정서적 불안 상태가 나타난다.

셋째, 아이들의 요구 때문에 혹은 스스로 자포자기해서 타락의 길로 들어서기도 쉽다. 현실을 잊고 싶어서 순간적인 쾌락이나 일탈에 빠져드는 경우가 종종 있다.

넷째, 자폐적인 사고와, 패배적 사고, 피해망상인 사고에 젖어 정신적인 성장에 치명적인 상처를 입는다. 이 상처는 어른이 되어서도 끈질기게 따라다니면서 삶의 의욕과 활력을 빼앗아간다.

그러나 드물게는 자신의 잘못된 성격을 돌아보고 반성하여 친구들과 관계 개선을 위해 노력하는 경우도 있다. 자기 중심의 사고에서 벗어나 남의 입장을 배려하는 마음의 눈을 뜨는 것이다. 아픈

따돌림을 시키는 방법

아무도 말을 걸지도, 반응을 보이지도 않는다. 점심 시간에 도시락을 같이 먹지 않는다. 그 아이와 관련된 안 좋은 점을 부풀려 소문을 낸다. 사사건건 시비를 걸고, 대구를 하면 집단으로 달려든다. 발표를 하거나 특정 행동을 하면 집단적으로 비웃거나, 야유를 보낸다. 피해자의 작은 실수도 교사에게 일러바친다. 그의 물건을 허락 없이 사용한다. 돈을 적게 주고 심부름을 시킨다. 냄새가 난다고 멀리한다. 같이 앉지 않으려고 하고, 집단 활동을 함께 하지 않으려고 한다. 이 밖에도 심하면 침을 뱉고, 욕을 하거나, 폭력을 휘두르기도 한다. 피해자의 소지품을 감추거나 망가뜨린다. 또는 피해자의 소지품 속에 다른 사람의 물건을 감춰서 도둑으로 몰기도 한다.

만큼 성장한 경우이다.

　여기서 유의할 것이 있다. 성격이 조용하고, 공부도 못하는 데다 친구가 한 명도 없어 아이들이 일부러 따돌리는 것은 아니지만, 결과적으로 왕따나 다름없는 아이도 있다는 점이다. 숙제를 해오지 않아도, 잠을 자도 그냥 내버려둔다. 있어도 있는지 없어도 없는지 표시도 나지 않는다. 그러나 이 아이들도 외로움, 소외감, 좌절감, 자포자기 등의 감정을 똑같이 느끼고 있음을 절대로 지나쳐서는 안 된다. 의도적으로 친구를 묶어주고, 말을 걸어서 친구들 속에 합류할 수 있게 지원해야 한다. 친구들에게 적대감이 없기 때문에 교사가 배려하면 빠른 시간 안에 상당 부분 호전시킬 수 있다.

따돌림의 예방과 사후 대책

예방 프로그램 — 따돌림은 예방이 최선이다

　우리가 어렸을 적에는 주로 자연이나 마당에서 어울려 놀이를 하며 지냈다. 술래잡기, 땅뺏기, 비석치기, 이때는 친구가 경쟁 상대가 아니라, 또 잘하고 못하고를 떠나 놀이판 그 자체였다. 누구라도 빠지면 판이 깨지고 흥이 사라졌다. 그러나, 교실에 그저 객체로(그것도 서로 경쟁 대상이 되어) 수용되면, 친구끼리 정답게 어울리기보다는 불만을 폭발시키는 대상으로 변하기 쉽다. 그래서 학급 내에서 끊임없이 서로 어울리고 협동할 수 있는 프로그램을 통해, 잘났든 못났든 개개인이 소중한 존재 그 자체이며, 아울러 서로에게 없어서는 안될 귀한 존재임을 깨닫게 해야 한다.

　학급 안에서 소수도 같이 어울려 관계활동을 벌이게 할 수 있는 가장 좋은 대안 프로그램으로는 모둠(두레)활동을 꼽을 수 있다.

　5~7명을 한 모둠으로 구성하여 전원에게 역할을 주고, 가능한 학급활동을 모둠별로 전개한다. 담임 교사는 모둠을 구성할 때 학급원의 관계망을 잘 살펴, '왕따'가 될 소지가 있는, 즉 신체적 결함이 있거나 학습 능력이 떨어지는 아이, 소극적인 아이, 잘난 체하는 아이 등을 적절히 배치해서 모둠을 짜야 한다. 그리고 지속적으로 관심을 기울여 이들의 적응을 지원하는 한편, 단합대회, 미니올림픽, 모둠대항 발표대회, 봉사활동, 생일잔치, 학급회의 등을 통해서 결속력을 돈독히 하다보면 따돌림 발생 빈도는 현저하게 낮아진다.

　여기에는 모둠일기의 역할도 중요하다. 자신을 표현하는 진솔한 글쓰기는 서로에 대한 이해를 높여주며, 직접적인 대면보다 친구들과의 관계를 촉진시키는 역할을 하

> 교실에 일단 힘의 논리가 서면 그 치유에는 두 배 세 배 힘이 든다. 그렇게 비화되기 전에 교사가 꾸준한 훈화나 진솔한 호소로 아이들의 정의감이나 용기를 일깨워야 한다. 때로는 단호한 의지를 내비치는 자세도 필요하다.

> 학급에 따돌림 현상이 감지되면 예방과 실상 파악의 동시 효과를 노릴 수 있는 설문지를 돌려 조사를 하거나, 모둠일기를 면밀하게 살피고, 모둠장이나 학급 임원을 통해서 정보를 얻는다. 빠를수록 대처하기도 쉽다.

기도 한다. 또한 아이들에 대한 정보를 간접적으로 얻을 수 있는 장점도 있다.

둘째, 또래상담이나 집단상담도 따돌림을 방지할 수 있는 좋은 프로그램이 된다.

인생 곡선을 그려 서로에게 발표하는 과정에서 상대방에 대한 이해를 높일 수도 있고, 유서 쓰기 등을 통해 친구의 마음을 헤아리기도 한다. 서로의 장점 말하기, 별명 붙여주기를 통해 친근감을 키울 수도 있다.(58쪽, 66쪽 참고) 이해는 마음의 교감에서 시작되는 법, 그런 점에서 교사는 학급원의 관계 개선에 도움이 되는 다양한 프로그램 개발에 관심을 기울일 필요가 있다. 마니또(비밀친구) 활동도 서로를 배려하는 마음을 키워준다.

여기서 유의해야 할 것은 어떤 프로그램을 도입하거나 적용하더라도 일상적인 인권교육이 지속적으로 이루어져야 한다는 점이다. 내가 존중받고 싶은 만큼 남도 존중받고 싶은 법이다. 조종례 때나 관련 수업 때 이러한 예화를 수시로 들려주는 관심이 필요하다. 적절한 시기에 엄선한 왕따 관련 영상물을 보여주는 것도 효과가 있다.

피해학생의 따돌림 대처 방안

따돌림을 당하게 되면, 따돌림 그 자체보다도 그에 따른 정신적인 두려움과 피해의식이 고통을 가중시킨다. 고통이 지나치면 모든 것을 포기하는 상황에 이르게 된다. 때문에, 따돌림 학생은 무엇보다 '나는 혼자가 아니다.'라는 사실을 믿고 확신하는 마음가짐이 중요하다. 내가 요청하면 언제든 달려올 가족도 있고 친구, 선생님도 있다. 이들에게 도움을 요청하여 따돌림 상황에서 빨리 빠져나올 수 있는 지혜와 용기를 발휘해야 한다. 혼자 끌어안고 고민하다보면 해결할 수 없는 나락으로 빠져들기 쉽다. 믿는 사람, 혹은 전문가에게 구조 요청을 하라. 그리고 이 과정에서 특히 친한 친구를 잃지 않도록 진심으로 호소하여야 한다.

둘째, 절대 굴욕적으로 굴기보다 당당하게 대처하라. 사례를 분석해보면, 따돌림 상황에서 좌절하기보다 정면으로 대응하는 학생이 훨씬 빠른 시간 안에 문제를 해결하는 것을 볼 수 있다. 따돌림을 주도하는 아이 앞에서 울거나 나약한 모습을 보이기 전에, 정면으로 왜 그러는지를 묻고(따지고) 필요하면 고치겠다고 당당하게 말할 수 있어야 한다. 가해자는 피해자가 고통스러워하는 것을 즐길 수도 있기 때문이다.

셋째, 자신의 문제를 돌아보는 마음 자세도 중요하다. 피해자 자신에게도 상당한 문제가 있을 수 있기 때문이다. 자기 중심적으로 생각하고 행동하는 것은 아닌지, 남의 입장을 살피지 않고 잘난 척을 하는 것은 아닌지, 친구 험담을 즐기는 것은 아닌지 등을 잘 살펴서 타인의 입장을 배려하려는 마음 자세를 길러야 한다. 친구들과 관심

부적응의 유형과 상담
집단따돌림(왕따) 상담

사가 다소 다를지라도 그들의 관심사를 일방적으로 무시하지 말고 같이 들어주고 이해하려는 마음가짐도 중요하다.

이따금 이유 없이 그 애가 그냥 싫다면서 따돌림을 시키는 경우가 있다. 그런 경우는 피해학생이 아무리 노력해도 해결되지 않을 수도 있다. 그때는 시간이 가기를 기다리는 것도 방법이다. 새로운 학년에서는 새로운 친구를 만날 테니까. 시간이 약일 때도 있다.

따돌림, 교사는 어떻게 대처할 것인가

학급에서 따돌림 사안이 생기면 교사는 벙어리 냉가슴을 앓는다. 개입하자니 조심스럽고, 지켜보자니 괴롭다. 그렇다고 정답이 있다거나 시간이 흐르면 다 해결된다는 보장이 있는 것도 아니다. 그럴지라도 교사의 개입은 신중해야 한다. 교사가 잘못 개입하여 문제를 키울 수도 있기 때문이다. 그러나, 교사가 신중하게 판단하고 대처하면 십중팔구 해결 방안이 생긴다. 결국은 사람의 문제인 것이다.

첫째, 피해학생에 대한 지도는 아는 내색을 하기 이전에 지속적인 관심을 가지고 살피는 것이 필요하다. 관심은 피해자에 대한 보호이기도 하다. 채근해서 억지로 말하지 않더라도 자연스럽게 밝힐 수 있는 분위기가 조성되면, 편한 장소에서 개인상담을 한다. 이때 학생이 최대한 교사를 신뢰하고 편하게 느낄 수 있도록 배려하는 것이 중요하다. 모두가 따돌려도, 교사가 자기편에서 지켜주고 있다는 확신이 들면, 학생은 안도하며 나름대로 현실적인 방안을 강구하는 용기를 내게 된다. 그간 당했던 서러움을 모두 털어놓을 수만 있어도 절반은 치료가 된 셈이다. 교사는 가능한 학생 스스로 해결 방법을 찾아 타개할 수 있도록 돕고 지원하는 데 주력한다.

둘째, 피해학생을 지원하는 한편, 교사는 자신의 태도나 평소 말투, 버릇 등을 신중하게 돌아볼 필요가 있다. 아이들은 '차별'에 아주 민감하다. 교사는 자연스럽게 하는 칭찬이지만, 아이들에게는 자칫 그것도 따돌림의 원인이 될 수 있다. 실제로 따돌림의 원인 중에는 "공부 좀 잘하고, 집이 잘산다고, 말을 잘 듣는다고 선생님이 예뻐한다."고 하여 따돌리는 경우가 있다.

셋째, 가해학생에게는 어떻게 접근할 것인가. 가해학생은 교사나 어른들이 모르게 왕따를 시키기 위해 혈안이 되어 있다. 피해학생이 일러바치는 것을 가장 경계하는 만큼 (그것으로 상담이 시작되면, 오히려 대들거나 상담이 끝나는 즉시 더 교묘한 보복을 가하기도 한다.) 따돌림 상황을 자연스럽게 '접수'하는 과정에 신경을 써야 한다. 교사가 사태를 인지한 직후, 무조건 다그치거나 질책만 하면 역반응이 나오므

> 가해학생은 생각만큼 쉽게 자신의 행동이 비인간적이고 폭력적임을 인정하지 않는다. 자신의 문제보다 피해자가 얼마나 질이 나쁘고 심각한 문제를 가지고 있는지에 골몰해 있기 때문이다. 특히 피해학생에 의해 과거에 따돌림을 당한 적이 있는 경우라면, 그 적개심은 엄청나다.

로 가해자 역시 자신의 입장을 나름대로 변론할 수 있도록 기회를 주는 것이 중요하다. 그런 가운데 자신의 모습을 들여다보고 모순을 발견할 수 있게 해야 한다. 그리고 가해학생에게 문제를 스스로 해결할 수 있도록 격려를 해주는 것도 소홀히 하면 안 된다. 상담은 피해자뿐만 아니라 가해자에게도 소중하다.

여러 가지 방법을 통해서 가해자가 머리로는 충분히 문제점을 인식하였으나 감정상 혹은 분위기를 타고 오히려 상황을 악화시킬 때는 체벌이 유효하기도 하다. 그러나 학생이 문제 자각을 하지 못한 상황에서 체벌은 문제를 더욱 악화시킬 뿐이다.

넷째, 교사가 직접 개입하지 않고 문제를 해결하는 방법으로, 학급 임원이나 적절한 학생에게 (비공식적으로) '수호천사' '또래 상담원' '왕따 도우미' 등의 역할을 주어 피해학생을 지원하는 방법이 있다. 또래 상담원은 지정만 하고 끝나는 것이 아니라 또래가 하는 것이니만큼 교사의 지속적인 지도가 필요하다. 피해학생에 대한 위로와 문제 해결의 실마리가 될 뿐 아니라, 역할을 하는 학생도 이걸 계기로 새로운 경험을 하게 된다.

부모는 직접 대응보다 담임과 협조하는 지혜를

자신의 아이가 따돌림을 당할 경우, 부모가 겪는 절망과 분노는 당사자의 고통을 뛰어넘는다. 부모 입장에서는 아무리 생각해도 가해학생들을 용서할 수가 없다. 그래서 때로는 부모가 직접 학교로 달려가 가해학생을 혼내거나 때리기도 한다. 한 발 물러나 가해학생을 집으로 초대해 화해를 시도하는 학부모도 있다. 물론 응징하는 것보다야 화해를 시키는 방법이 한결 더 낫다. 그러나 부모의 개입 역시 적기에 조심스럽게 이루어져야 한다.

직접 개입보다는 아이를 곁에서 따스하게 위로하고 격려하는 것이 필요하다. 피해자는 극도의 소외감과 심리적 불안 상태에 있기 때문에, 무엇보다 가정이 편안한 쉼터가 되어야 한다. 그리고 직접 나서서 문제를 해결하기에 앞서, 담임 교사와 긴밀하게 협조를 해서 공동으로 수습, 극복하려는 자세가 중요하다. 교사는 교실 전체 상황을 고려하지만, 부모는 자식 중심으로 파악하기 때문에, 지나치게 부모의 입장을 앞세워 가시적인 '사태 진압'을 강행하는 경우, 자칫 더 크게 확대될 수 있다.

아울러, 아이가 어려움에 처했을 때 잘 극복할 수 있도록 독립심과, 자립심을 키우는 것이 필요하다. 따돌림 학생 중에는 온갖 관심 속에 외동으로 자라 자기 중심적인 학생이 많다. 타인에 대하여 배려할 줄 모르고, 남을 무시하고, 이기적인 학생이 되지 않도록 생활 속에서 세심한 주의가 필요하다. ■

사례 1
집단따돌림지도

당당하게 맞서면 오히려 해결이 빠르다

학년초 수업 시간이었다. 수업을 마치고 나가는데 순식간에 교실에서 싸움판이 벌어졌다. 슬기와 승희가 맞붙은 것이다. 승희는 평소 어울리던 짝패들과 수업 시간에도 눈빛을 주고받거나 학급 규칙을 어기는 것을 재미로 삼는 녀석이라 그렇다 치더라도 슬기는 거의 없는 듯이 조용하여 싸울 것 같지 않은 녀석이었다.

선생님 앞이건만 둘은 서로의 잘못을 지지 않고 따지며, 여차하면 달려들어 싸울 기세였다. 평소 순하던 슬기가 왜 그렇게 대담하게 나오는지 알 수가 없었다. 이유를 물었지만 속 시원한 답을 들을 수가 없었다. 특히 슬기가 입을 꽉 다물고 있었다.

아이들의 싸움은 항용 있는 것이지만, 녀석들의 싸움은 뭔가 달라 보였다. 도서실로 자리를 바꾸어 싸움의 전말과 지금의 심정 등을 쓰게 했다. 슬기는 여전히 정황을 정확히 쓰지 않았지만, 승희의 글을 통해 대강을 파악할 수 있었다.

슬기가 2학년 때 친했던 친구가 세 명이 있었는데, 그 가운데 다은이와 속이야기를 많이 나눴던 터였다. 그런데 다은이가 노는 물에 빠지자, 슬기는 다른 친구들과 주로 어울리고, 세 명의 친구는 여전히 몰려다니고 있었다. 그러자 다은이는 예전에 자신에게 마음속 이야기를 했던 것을 흉본 것으로 둔갑시켜, 슬기를 남을 험담하는 아이로 소문을 내고 있었다. 다은이와 비교적 친했던 우리 반의 승희 패거리는, 직접 슬기와 아무런 이해 관계가 없지만 친구인 다은이가 기분 나빠 하니까 같이 기분이 나빠서 시비를 걸고 싸웠다는 것이었다.

"저는 이유가 없어도 기분 나쁘면 가만 안 둬요."

그런데 슬기는 이유 없이 싸움을 집단으로 걸어오는 승희 패거리 앞에 당당히 맞서고 있었다. 기세로 보아 도저히 당해낼 것 같지는 않았지만 끝까지 자신이 억울함을 주장했다.

다행히 승희는 머리가 좋은 녀석이었다. 나는 승희에게 싸움은 언제든지 할 수는 있으나 마무리가 중요하다는 것과, 자신과 직접 관련이 없는 문제에 친구 이야기만 듣고 돈키호테처럼 덤비는 것은 잘못된 의리라는 점, 문제는 다은이와 슬기 둘이서 해결할 일이지 승희가 끼어 싸움까지 하는 것은 승희도 피해자라는 점, 잘못은 반성하는 것이 중요하다는 것을 길게 설명하였다. 둘은 정황을 받아들이고 진심으로 화해

했다. 오히려 슬기 쪽에서 절반만 응하고 있었다. 문제가 매듭지어지나 싶었다.

그런데 다음 날 승희 친구 혜화가 슬기에게 시비를 걸어 또 싸움이 벌어졌다. 기세로 보나 싸움 실력으로 보나 슬기는 상대가 안되었지만, 슬기는 더 많이 맞으면서도 그날도 끝까지 싸우고 있었다. 여학생들이 이렇게 끈질기게 싸우는 것도 드문 일이었지만, 집요하게 싸움을 거는 것은 단순한 이해 관계를 넘어 슬기를 노골적으로 괴롭히려는 징후였다. 혜화는 승희에 비해 더 단순하고 막무가내였다. 정황은 슬기가 당하는 것이었지만 일방적으로 혜화 녀석들만 혼낼 수도 없었다. 특히, 승희 녀석이 괘씸했다. 전날 충분히 알아듣게 이야기했고, 손까지 잡고 화해를 한 뒤였는데 같은 패거리에서 다시 싸움을 걸어온 것이었다.

이번에는 슬기, 승희, 혜화를 똑같이 데려다가 혼을 냈다. 같은 잘못이 두 번 이상 계속 되었기 때문에 싸움에 대한 책임을 물은 것이다. 그리고 다시 이야기를 시도했다. 이번에는 전날보다 감정을 삭이는 것이 쉽지 않았다. 집단으로 한 아이를 괴롭히는 것이 폭력이라는 것을 주지시키기 위해 많은 시간을 투자했다. 생각만큼 설득이 수월치 않았다. 승희네는 선생님이 슬기 편을 든다는 것이었다. 승희네와 나의 공감대가 그만큼 부족했던 탓이었다. 차선책으로 노골적인 괴롭힘과 싸움이라도 못하게 말려야 했다. 서로 싸우는 기미가 또 한 번 보이면 부모님을 소환하기로 했다.

승희네가 슬기를 따돌리려고 했지만 전원이 동조하는 것은 아니었다. 슬기 주변에도 좋은 친구들이 끝까지 버텨주고 있었다. 메일 등을 통해 정황을 알려주기도 했다. 나는 친구들을 통해 선생님보다 친구들이 끝까지 힘이 되어주는 것이 제일 '든든한 빽'이라는 것을 강조하였다.

마음 같아서는 양쪽 부모님을 줄소환시켜 폭력에 대한 책임을 묻게도 하고 싶었지만 그렇게 되면 저희들끼리 문제를 마무리하고 해결할 수 있는 기회를 빼앗게 될 것 같았다. 궁리 끝에 슬기 몰래 슬기 부모님께 전화로 정황을 설명하였다. 전화를 받으면서 엄마는 줄곧 우셨다. 그리고 어떻게 해결하면 좋겠냐고 상의를 해오셨다.

부모님이 아이에게 절대적인 위안과 격려를 줄 것을 부탁하고, 학교 안에서 최대한 아이들끼리 문제를 해결하도록 내가 지원을 하기로 했다. 그런데 알고 보니, 문제의 해결 열쇠는 따로 있었다. 다른 반 다은이 패거리 세 명이 슬기에게서 미안하다는 백기를 받는 것이었다. 승희와 혜화는 그야말로 행동대장 역할만 한 것이었다.

토요일 오후, 슬기와 다은이 패거리 세 명을 불러서 서로의 가슴속 이야기를 하게 했다. 자리를 옮겨 식당에까지 옮겨갔으나 결론은 나지 않았다. 슬기는 친한 친구일 때 했던 이야기를 흉볼 걸로 전락시킨 것을 용납할 수 없었고, 다은이 패거리는 또한 슬기를 배신자라고 여기고 있었다. 결국 서로 친할 수 있는 관계로 절대 발전할 수는 없으나, 서로를 괴롭히거나, 신경 쓰이게 하지 않는다는 조건으로 마무리를 지었다.

물론 이후에 노골적인 괴롭힘은 없었지만 마음까지 완전히 치유되었던 것은 아니었다. 슬기는 3학년 1학기 성적이 곤두박질치고 있었다. 다행히 2학기가 되면서 다시 정상으로 회복되었다. 슬기가 만약 녀석들의 괴롭힘 앞에서 나약해하고 힘들어만 했다면 괴롭힘은 계속되었을지도 모른다. 괴롭히는 녀석들에 당당하게 맞서서 대응했기 때문에 스스로도 나락에 빠져들지 않고, 무시도 덜 당했던 것이다. 그런 슬기 뒤에서 내가 했던 역할은, 선생님이 진실을 알고 있다는 것을 수시로 상기시키고, 언제든 등 뒤에서 힘이 되어주마고 격려하는 일이었다.

반면, 승희 패거리에게는 마음을 열게 하기 위해 갖은 애를 썼다. 그것은 참 지난한 일이었다. 승희는 한때 공부도 잘하던 녀석이었다. 그러다가 2학년 때 삐끗하면서 자포자기하여 아이들을 끌어모아 집단으로 반항하고, 세를 과시하는 재미로 살고 있었다. 환경모둠장이기도 했던 녀석은 모둠에 맡겨진 일을 100% 어기거나 버텨버렸다. 나는 녀석에게 질려서 포기하고 싶은 마음이 굴뚝 같았지만, 집요하게 녀석에게 책임을 주었다. 그것은 절대 너를 포기하지 않겠다는 일종의 선언이었다. 녀석은 나의 인내를 시험하고 있었다. 정말이지 선생 똥은 개도 먹지 않겠다 싶었다.

그러다가 1학기말쯤 녀석이 마음을 열기 시작했다. 인상만 쓰던 얼굴에 미소를 보이기니 말을 기역히는 기세도 누그러졌다. 말투도 순해졌다. 녀석의 패거리들도 표정이 순해지기 시작했다. 수업 시간에 딴전만 피우던 녀석들이 방해가 되지 않으려 애쓰는 모습도 보였다. 그렇다고 모범생이 된 것은 아니었다. 잘못을 하면 순순히 벌을 받을 줄도 알게 되었고, 목표를 정해서 조금씩 노력도 했다. 환경모둠장이라고 꽥꽥 소리치면서 쓰레기 버리는 것을 막기도 했다. 겨울방학 하던 날 녀석이 편지를 보내왔다.

"선생님, 제가 말썽을 많이 피웠죠? 그래도 선생님 무지 좋아했어요. 1, 2학년 때 항상 선생님들한테 미움만 받고 3학년 되는 것이 두려웠는데 선생님께서 항상 자신감과 할 수 있다는 용기를 주셔서 저는 든든했어요. 선생님 덕분에 고등학교에 진학할 수 있게 되었어요. 선생님이 절 잡아주지 않으셨다면 전 낙동강 오리알이 되었을 거예요. 3년 뒤에 제가 의대 합격해서 선생님 찾아올게요. 일년 동안 좋은 일, 슬픈 일이 많았는데 잘 지켜주신 선생님을 존경합니다. 단합대회랑, 미니올림픽이랑 좋은 추억 남기게 해주신 선생님께 감사드려요. 선생님 사랑해요."

김인순 / 전남 목포여중 교사

사례 2
집단따돌림 지도

상처받지 않기 위해 미리 성벽을 친 아이

시(市)로 처음 전근해 와서 3학년을 맡았다. 시 지역이라 해도 변두리 지역이라 가정이 어려운 아이들이 많을 거라 짐작은 했지만 여덟이나 되는 이혼가정에, 편부, 소녀가장까지 첫날 녀석들은 한눈에 두드러졌다.

그 가운데 은영이는 팔순에 가까운 할머니를 모시고 동생과 함께 사는 소녀가장이었다. 첫날 날아온 정보가 '은영이의 집이 매우 어렵고, 초등학교 때부터 따돌림을 당해왔다.'는 것이었다. 헌데 녀석은 생각보다 표정이 밝고 긍정적이었다. 대개 결손가정 아이들이 상황을 핑계 삼아 엇나가기가 십상인데, 녀석은 할머니를 끔찍이도 아끼면서 부지런하게 생활을 했다. 녀석은 가정방문을 손꼽아 기다렸는데 알고 보니, 방송국에서 단칸방을 수리하고, 컴퓨터를 설치해주어 그것을 꼭 자랑하고 싶었던 것이다. 이런저런 이야기를 조잘조잘 들려주기도 했다. 결손가정 아이 가운데 현실을 받아들이고 최선을 다해 노력하는 녀석은 은영이뿐이었다.

국가 지원으로 생활을 유지하기 때문에 자칫 받는 것을 당연시할 법도 한데, 녀석은 작은 마음을 주어도 꼭 보답을 하려고 했다. 스승의 날이나 명절, 크리스마스 같은 때는 편지(껌이나 초콜릿을 넣은)를 써 보내왔고, 소풍날은 유일하게 음료수를 가져오기도 했다. 아이들이 하나만 달라고 졸라도 고집스럽게 편지 봉투 속에 밀어넣어 선생님께로 가져오는 것이다.

그런데 아이들은 은영이를 따돌렸다. 아니 따돌리고 있다는 사실도 모른 채 따돌리고 있었다. 같이 점심을 먹지 않는다거나 함께 앉지 않으려고 한다거나, 뭐 그런 식이었다. 은영이는 이런 상황을 당연하게 받아들이며, 아무 일도 없었다는 듯이 생활을 했다. 아이들은, 자신들이 은영이로부터 따돌림을 당했다며, 너무 고집이 세다, 편을 들어주려고 해도 말을 안 듣는다, 냄새가 너무 심하다, 하면서 아우성을 쳤다.

마음이 아팠다. 요즘 저렇게 현실을 인정하고 잘 꾸려나가는 녀석이 없다. 매사에 반항적이고, 더 지저분하고, 더 심란스럽게 행동해도 다 받아주는 녀석들이 왜 은영이 하나를 끌어안지 못하는지 수수께끼였다.

그러나 나는 애써 모른 척하면서, 개인적으로 수호천사를 만들어 부탁을 했다. 점심도 챙기고 단체 행동도 챙기라고. 그러나 아이들이 접근해도 은영이는 마음이 동하지 않으면 아이들을 범접도 못하게 했다. 은영이의 소원은 얼른 커서 돈을 벌어 할머니를 안 아프게 해드리고 호강을 시키는 것이었다. 그것 외에는 소원도 없단다.

그러던 2학기에 문제가 터졌다. 은영이가 머리를 치렁치렁 풀고 다니는 것에 시비가 붙은 것이다. 선생님은 묶어라 그랬는데 왜 풀었냐고 한 녀석이 시비를 건 것이다. 헌데 그 녀석은 하필 방학 때 화상을 입어 전교생이 나서서 도와줬던 녀석이었다. 그 때 은영이도 마음을 다해 도움을 주었다. 그런 녀석이 시비를 거니 더 서운해서 과잉반응을 했나 보다. 아이들은 화상을 입은 녀석의 편을 들며, 때로 몰려와서 은영이가 아픈 아이한테 너무 했다며 재판을 요구했다. 나는 재판을 거절하고 오후에 은영이를 조용히 불렀다. 그냥 은영이 가슴속의 응어리를 풀어줄 셈으로, 들을 귀만 준비했다.

처음에는 아이들이 고자질했다고 난리친다며 절대 이야기를 않겠다고 버티더니, 일단 이야기가 터지자, 울면서 악을 쓰듯 자신의 아픔, 서러움, 아이들의 부당한 대우에 대해서 봇물처럼 쏟아놓았다. 전혀 아파할 거라 예상치 못했던 부분까지도. 아이들의 잘못도 대목대목 짚어냈다. 초등학교 때는 중학교에 가면 친구를 꼭 잘 사귀어야지, 중학교에 와서는 2학년이 되면, 3학년이 되면 하는 바람으로 살아왔는데, 이제 고등학교에 가서 잘할 자신이 없단다. 애들이 냄새 난다고 해서 샴푸를 일부러 두 번 세 번 묻혀 감고, 향수까지 뿌리는데도 습관처럼 냄새가 난다고 하니 참 속상하단다. 아침에 집을 나서기 전에 동생과 서로 머리 냄새를 확인하고 집을 나선단다. 동생도 반에서 따돌림을 당하는 것은 매한가지였다.

두 시간 이상을 열심히 녀석의 이야기를 듣고 나니 녀석의 얼굴에서 웃음이 맴돌았다. 우리는 손을 잡고, 나란히 교문을 나섰다. 녀석은 따돌림으로부터 상처를 덜 받기 위해, 친구들이 아무도 들어오지 못하게 미리 과잉방어를 한 셈이었다. 난 녀석에게 조심스럽게 마음을 여는 연습을 하라고, 그래도 세상은 나쁜 사람보다 좋은 사람이 훨씬 많다는 것을 믿어보라고 했다. 상처받지 않으려고 방어벽을 치면 아무도 못 들어오는 키다리 아저씨의 성벽이 되어버린다고.

방학식을 하는 날 이것저것 챙겨서 은영이 집을 방문했다. 편찮으신 은영이 할머니에게 수지침도 놓아드리고. 헌데 녀석 형제의 대화에서 학교생활을 어렴풋이 짐작하며 그래도 올 농사 공친 것만은 아니라고 생각한다. ─ 야 니는 도서관 가는 것이 더 재밌냐? 나는 학교 가는 것이 겁나 좋드라. 방학하면 깝깝해서 어쩌까? 학교 가고 싶을 것인디.

김인순 / 전남 목포여중 교사

부적응아 지도
부적응의 유형과 상담

유형별 부적응아 이끌기 – 학교폭력

> 점점 심각해지는 학교폭력 앞에 무력해하는 교사들을 위해, 전 청소년폭력예방재단의 백승한 상담팀장의 조언을 들었다.

학교폭력에 대해 오래 전부터 우려의 목소리가 높았고, 많은 대책을 세워 적용했지만 줄어들기는커녕 점점 더 기승을 부리고 있다.

교사들은 학교폭력 문제에 어떻게 접근하고, 폭력 가해학생을 어떻게 지도할 것인가에 대해 많은 혼란을 느끼고 있다고 토로한다. 즉 폭력 상황이 발생하면 어떻게 대처해야 하는지, 문제행동을 교정하기 위해 어떤 입장과 행동을 취해야 할 것인지를 선택·결정하는 데 어려움이 많다는 것이다.

가해학생의 특성과 학교폭력의 유형

가해학생의 심리적 특성

폭력을 행사하는 아이들의 심리적인 특성은 다음과 같다.

첫째, 자신에 대한 자기 존중감이 매우 낮다. 이들은 겉으로 볼 때는 강해 보이지만 내적으로는 미래에 대한 불안과 자신감 부족으로 자신을 비하하는 특성을 보이고 있다. 이들은 대부분 이러한 면을 감추고 좀 더 강하게 보이기 위해 공격적인 행동을 하는 것이다.

둘째, 어린 시절부터 자신이 한 일(공부, 운동, 그 밖의 활동 등)에 대해 좋게 평가 받은 경험이 드물어 자신감을 상실한 경우이다. 이런 실패 경험은 매사에 자신감을 잃고 목표의식 없이 쉽게 포기하는 형태로 이어진다. 이런 특성이 공격적으로 변하면 자신보다 뛰어나거나 교사에게 인정받는 학생에게 폭력적인 행동을 하게 된다.

셋째, 자신은 항상 피해를 보고 있다고 느끼는 경우도 많다. 평소에 학교에서 문제학생으로 낙인찍혀 있으므로 자신은 항상 교사나 부모에게 차별대우를 받는다고 생각하는 것이다. 그래서 자신이 생각하는 부당한 차별에 대한 반동으로 교사에게 인정받고 있는 학생이나 자신보다 약한 대상에게 폭력을 행사하기도 한다.

이러한 학생일수록 부모나 교사에게 인정받고 싶어하는 욕구가 강하다. 그러나 자신은 이미 문제아로 찍혀 다시는 인정받지 못할 것이라는 부정적인 생각 때문에 스스로 폭력 같은 일탈의 길로 접어드는 것이다. 불우한 가정 환경 요인까지 덧보태지면 그 편견과 오해는 더 깊은 골로 빠져든다. 따라서 교사는 가해학생의 심리적 특성을 이해하고, 그들에게 필요한 부분을 채워주며 상담·지도하는 것이 필요하다.

학교폭력의 유형과 특징

학교폭력의 유형은 크게 따돌림, 협박, 금품 빼앗기, 폭행 등으로 나타난다.

우선 집단따돌림 사례는 초·중학교에서 가장 많이 일어나는 학교폭력이다. 보통 따돌림을 학교폭력이 아니라 일시적인 문화라고 생각하기 쉽다. 그러나 학교폭력은 따돌림에서부터 시작되어 나타나는 경향이 강하다.

중학교 2학년인 정화에게는 학교에서 친하게 지내던 친구 다섯 명이 있었다. 이들은 학교에서도 항상 같이 지내고, 방과후에도 함께 어울려 지냈다. 그러던 어느 날 정화는 부모님에게 혼날 것이 걱정되어 친구들과 밤늦게 만나 놀자고 했던 약속 장소에 나가지 않았다. 그 후부터 친구들은 집에 전화를 하거나 핸드폰에 욕설을 남기는 등 협박을 하였다. 이 사실을 부모님에게 알리자 친구들은 그것을 빌미로 더욱 심하게 괴롭혔다. 처음에는 다른 친구들과 어울리기도 했지만, 가해학생들이 곧 다른 학생들에게 "정화랑 놀면 너도 왕따시킬 거야." 하며 위협을 했다.

위의 사례와 같은 위협이나 협박도 일반적인 학교폭력의 유형이다. 일반적인 위협이나 협박은 대부분 금품 자체를 목적으로 하거나 아니면 자신들의 세력을 확인하기 위해 폭력을 동원하는 유형이다. 동급생 가운데 힘이 센 학생이나 학교 선배들에 의해 집단적으로 일어나는 경우가 많다.

학교폭력 가운데 가장 빈번하게 일어나는 것이 폭행이다. 폭행의 경우는 일회적인 경우도 있지만, 지속적으로 벌어지는 경우도 많이 있다. 자신보다 약한 상대를 골라 심부름을 시키거나 재미로 지속적인 폭행을 가하는 경우가 그 대표적인 예다. 이 경우 피해자는 정서적으로 매우 불안해하고 위축된 행동을 보인다. 또한 지속적인 폭행의 경우는 금품 갈취와 협박 등을 동반하는 경우가 대부분이다. 피해자는 폭행 보복이 두려워 부모나 교사에게 쉽게 알리지 못한다.

청소년기에 학교 선배들이나 또래들에게서 폭력 피해를 경험하면 그 정신적인 충격 때문에 정상적인 학교생활을 하기가 힘들다. 같은 반 친구에게 폭행을 당했다는 수치감 때문에 대인 관계가 불편해지며, 항상 남을 의식해 행동이 부자연스러워지는 등 악순환의 고리 속으로 빠져든다.

어떻게 지도할 것인가

교사의 태도 — 단호하게 대처해야

학급에서 폭력 문제가 발생하면 단순한 사안이라도 꼭 해결하겠다는 의지를 보여야 한다. 이러한 교사의 태도는 피해학생에게 믿음을 줄 수 있으며, 가해학생에게는 자신의 행동을 되짚어보거나 조심하게 하는 계기가 된다. 대수롭지 않게 여기거나 쉽게 처리할 경우, 또 다른 폭력이 발생할 수 있다.

아울러 폭력이 발생한 원인, 즉 누구에게 문제가 있었는지를 객관적으로 파악해야 한다. 대부분의 폭력은 가해학생에게 본질적인 문제가 있는 경우가 대부분이지만, 간혹 피해학생이 원인을 제공하는 경우도 있다. 원인을 파악한 후에는 학생부와 협조하여 가해학생을 사안별로 어떻게 지도를 할 것인지(선도와 처벌 등) 결정한다.

혹, 피해학생의 부모가 자녀 문제로 상담을 요청할 경우, 피해학생 부모의 입장에서 상담에 응해야 한다. 피해학생의 부모는 자녀가 그 끔찍한 폭행에 시달렸다는 사실 때문에 감정이 격앙된 상태여서 교사의 사소한 태도에도 서운함을 느끼게 된다.

원인 제거를 위해 가해학생과 그 부모와 상담을 실시하는 것도 빼놓을 수 없는 과정이다. 피해 사실이 드러나면, 가해학생과 부모를 함께 만나 학생이 잘못한 것을 정확히 설명해주어 사과와 반성의 분위기를 만들어준다. 이때 가해학생의 부모를 너무 몰아세우거나 나무라듯이 이야기할 경우, 오히려 가해학생이 반발심을 가질 수 있으므로 주의해야 한다. 그리고, 가능하면 가정방문을 실시한다. 가정방문은 담임의 단호한 의지를 보여줌과 동시에 가해학생에 대한 이해의 폭을 넓힐 수 있다는 점에서 효과적이다.

한편, 피해학생이나 그 부모에 의해 피해 사실이 드러났을 때, 문제를 성급하게 노출하는 것은 되도록 피해야 한다. 이는 가해학생이나 피해학생 모두에게 도움을 주지 못하며, 자칫하면 고자질했다며 관계가 더 악화될 수 있다.

효과적인 지도 방법

● 심한 체벌이나 무시하는 듯한 말은 삼가고, 따뜻하면서도 단호하게 학생의 잘못된

잘못된 지도의 예

교실에서 "○○야, 네가 XX를 따돌렸니? 다시 한 번 그러면 혼난다."라든가, 교무실로 가해자와 피해자를 같이 불러 "○○야, 니가 XX를 따돌렸니? 사과해." 하는 것은 더 큰 역효과를 불러일으킬 수 있다.

행동을 설명한다. 체벌이나 무시는 학생을 반성으로 이끌기보다는 피해학생에 대한 원망과 반발심을 불러일으켜 폭력이 재발할 가능성을 키운다.
- 가해학생에 대해 계속 관심을 보여주는 것과 동시에, 장점을 찾아 칭찬을 하거나 일정한 역할을 맡겨 소속감을 심어준다. 이 경우 학생이 교사에게 믿음을 가질 수 있고, 모델화할 수 있다.
- 학급회의 시간이나 특활 시간에 학교폭력에 대한 토론이나 역할극 등을 실시해 피해학생의 고통을 가해자가 느껴볼 수 있도록 한다.
- 쉬는 시간이나 점심 시간 등에 가끔 교실에 들러 학급 상황을 관찰한다.
- 정기적인 면담을 통해 가해학생과 대화를 자주 나눈다. 이때 생활 문제나 가정 문제 등 일상적인 화제를 택해 친밀감을 갖도록 한다.
- 가해학생이 좋아하는 교사나 선배와 결연을 맺어 지도한다. (선배와 관계를 맺어 줄 때는 신중하게 선정해야 한다.)

지속적인 폭력행동과 문제행동을 보이는 학생에게는, 우선 법적인 처벌을 받을 수도 있다는 사실을 알려줄 필요가 있다. 아울러 사법기관과 소년원 등을 견학하여 자신이 잘못했을 때 벌을 받게 된다는 사실을 몸소 느끼게 한다.

학생과 부모가 함께 사회복지시설 등에서 봉사활동을 할 수 있도록 주선하는 것도 방법이다. 부모와 대화 시간이 늘고 자신이 다른 사람을 도왔다는 성취감을 가질 수 있다. 교사는 이 과정에서 학부모와 서로 협조적인 관계를 유지해야 한다.

그러나 폭력이 매우 심각한 상황, 즉 교사에게 대들거나 누구의 이야기도 듣지 않는 경우, 폭력조직과 관련된 경우, 정서적으로 문제가 있다고 판단되는 경우, 가정에서 보호할 수 없는 학생의 경우는 전문기관에 의뢰하는 것이 좋다. ■

부적응아 지도
부적응의 유형과 상담

유형별 부적응아 이끌기 – 성(性)문제

> 전 서울 YMCA 서초지회 이명화 상담실장이 쓴 이 글은, 흔히 학생들이 교사들에게 상담을 요청하는 성문제 유형을 '성폭력 — 가해·피해' '임신·낙태' '지나친 성행동에의 몰입'으로 나누어 다루었다.

성폭력은 '성'이라는 존중받아 마땅한 개인적인 영역이 '폭력'이라는 사회적인 범죄에 침탈당한 명백한 범죄 행위이다.

그럼에도 피해자와 가해자를 보는 사회적인 시선의 모호함과 더불어 성폭력 가해자나 피해자의 내면 세계를 이해하지 못함으로써 오히려 청소년의 입장에서 볼 때 바람직한 도움보다는 역효과를 남기게 되는 경우를 종종 보게 된다.

가해자는 사회·환경적인 요인이 만든다

성폭력을 행사하는 청소년들은 어떤 특성을 가지고 있을까? 그리고 어떤 상황에서 이런 범죄를 저지르게 되는 것일까? 당사자에게 왜 그런 짓을 했느냐고 물으면 친구가 하자고 해서, 호기심에서, 여자도 원하는 것 같아서 한번 해봤다고 이야기한다.

지금까지 연구된 내용에 따르면, 성폭력을 가하는 청소년은 일반 비행청소년들의 특성(결손가정, 빈곤가정, 학교 정학이나 자퇴, 담배나 술 등 약물 복용)과는 달리 가정이나 학교생활에서 두드러진 특징을 보이지 않는다고 한다.

이는 성문제가 사회·환경적인 요인에 더 많은 영향을 받고 있음을 보여준다. 즉 성폭력을 그다지 크게 범죄시하지 않는 문화, 성에 대해 남녀에게 다르게 적용하는 이중기준 등 우리 사회의 전반적인 성의식의 영향을 많이 받은 청소년일수록 성폭력 가해자가 될 확률이 높다는 것이다.

멋모르고 성폭력을 행한 가해자 역시 피해자라는 생각이 들기도 하지만, '있을 수 있는 일' 정도로 취급하는 것은 오히려 기존의 사회적인 인식을 강화하여 성폭력 상습범을 만들 뿐이다. 그렇기 때문에 성폭력 가해학생과의 상담에서는 무엇보다도 가치 기준을 명확히 하는 것이 필요하다. 어떤 남자 교사는 성폭력 건으로 학교에서 징계를 받고 있는 학생에게 "짜샤. 그런 거 하나 제대로 처리하지 못해 이렇게 걸렸냐?"라며 머리를 툭 치고 지나갔다고 한다.

성폭력 가해학생 상담은 또 다시 그런 일이 발생하지 않도록 하는 데 초점을 맞추어야 한다. 그렇기 때문에 적절한 처벌과 더불어 교육이 따라야 한다. 사법기관이 처벌한 경우라면 교육만 담당하면 되겠지만, 공개되지 않은 학내 사건일 경우에는 가해 학생의 수준에서 그 행위에 대한 책임을 질 수 있는 방법을 찾아보아야 한다. 피해자에게 공개사과를 하게 하는 것은 필수이다. 사회봉사활동에 참여하게 함으로써 죄의 대가를 치르도록 할 수도 있다. 더불어 성폭력에 대한 교육이 필요하다.

피해자 — 구체적 도움을 줄 수 있는 상담 이루어져야

청소년기 성폭력 피해자는 크게 두 가지로 나타난다. 미처 깨닫지 못했던 어릴 때 사건이 성폭력으로 기억되면서 정신적인 혼란을 경험하게 되는 경우와 최근에 성폭력을 당한 경우이다.

두 가지 모두 성폭력을 당했다는 측면에서 심리적인 상처는 비슷하게 남는다. 가장 큰 감정은 '왜 하필이면 내가 그런 일을 당했을까?' 하는 자신에 대한 원망과 수치감이다. 마음 깊은 곳에는 가해자에 대한 분노와 복수하고 싶은 마음, 그러나 그럴 수 없는 현실에 대한 무력감이 함께 자리를 잡고 있다.

교사에게 어렵게 성폭력 피해 사실을 상담해오는 학생들이 있다. 꽁꽁 숨겨놓았던 얘기를 하게 되기 때문에 아이들은 과연 이 선생님은 믿을 수 있는지, 시종일관 관찰을 한다. 이들은 정신적인 혼란 상태에 있기 때문에 언어로 표현하는 데 어려움을 갖고 있다. 이럴 때 교사는 학생이 편안하게 얘기할 수 있도록 "참 속상하고 억울하겠다." "내 탓이라는 생각도 드니?" 등의 표현으로 아이의 말문을 터주어야 한다.

또한 성폭력은 최종적으로는 법적인 처벌까지도 가능한 사건이다. 그렇기 때문에 교사에게 상담한 내용이 법적으로 참고 자료가 될 수 있다는 걸 알아야 한다. 상담할 때 가능하면 구체적으로 얘기할 수 있도록 도와야 하고, '이렇게 얘기하는 것은 분명 도움을 줄 수 있는 방법을 찾기 위한 것' 이라는 신념에 찬 모습을 보여주어야 한다.

사건이 오래 전의 일이며 가해자를 찾을 수 없는 경우라면, 학생이 그 사건을 받아들이는 마음의 자세를 가다듬을 수 있도록 도와주어야 한다. 즉, '그 사건은 나의 의지와는 무관하게 이루어진 것이다. 다른 폭력을 당한 것이나 다름이 없다. 단지 내가 힘이 없고 잘 몰랐기 때문에 당한 것이다. 잘못한 것은 가해자이지 내가 아니다. 나는 다른 아이들에 비해 단지 운이 없었을 뿐이다. 중요한 것은 내가 이 사건을 어떻게 생각하느냐에 달려 있다.' 라는 생각을 가질 수 있도록 지도를 해야 한다.

이러한 신념은 교사의 태도에서 많이 전달되기도 하는데, 교사 스스로도 성폭력에 대한 고정관념을 가지고 있지는 않은지 살펴보아야 한다. 특히 성폭력 피해자에 대한 책임론으로 "누가 그러게 거길 가래?" "왜 강하게 거부하질 않았지?" "뭔가 허점을

> 성폭력 교육에서는 피해자들의 심리를 다룬 내용의 시청각 교재를 활용하여 학생의 그릇된 성의식을 교정해주어야 하는데, 좀 더 전문적인 교육을 위해서는 성교육상담실이나 성폭력상담소에 위탁하는 것도 좋은 방법이다.

보였으니 그렇지." 등의 말은 상담을 하는 데 걸림돌이라는 것을 명심해야 한다.

성폭행 사건이 발생한 지 얼마 안되고, 가해자가 누구인지를 알 수 있는 상황이라면 현실적인 긴급조치를 취해야 한다. 임신이나 성병, 신체적인 상해의 여부와 법적인 증거 확보를 위하여 산부인과 진단은 필수적이다.

또한 피해자는 사고를 당한 상황에서 불안함과 두려운 마음이 지배적이기 때문에 비합리적인 신념을 가지고 있을 수가 있다. 예를 들면 '행여 그가 내 눈앞에 나타나면 어쩌나? 나를 미행하는 것은 아닐까?' '다른 사람들이 나를 이상하게 보는 것 같애.' 등. 이러한 생각들은 더욱더 마음을 불안하게 하기 때문에 교사는 이에 대하여 대처할 수 있는 힘을 기르도록 도와주어야 한다. 상황극으로 '만약에 그가 나타난다면'을 가정하고 그 상황을 재현해보는 것도 한 방법이다. 사건 처리와 상담 과정에서 전문적인 상담자의 지속적인 자문을 받으면 교사가 미처 깨닫지 못했던 점을 보완할 수 있기 때문에 권하고 싶다.

임신 · 낙태 — 부모와 상담하라

학생들로부터 보호자가 되어달라거나 수술비용을 지원해달라는 요청을 받고 어찌하면 좋겠느냐고 고민하는 교사들이 종종 있다. 돈은 둘째 치고 교사로서 그래도 되겠느냐는 것이다. 현실적으로 안타까운 상황이기는 하지만 되도록 아이들의 요구를 들어주지 않는 것이 좋겠다.

임신한 청소년뿐만 아니라 보통 청소년들도 낙태를 너무 손쉽게 생각하고 있다. 이러한 분위기가 문제인 것은, 손쉽게 낙태를 하게 되면 낙태 상습으로 이어질 가능성이 많기 때문이다. 두세 번 하다보면 아무런 죄책감이나 두려움 없이 낙태를 하게 된다. 이런 점을 염두에 두지 않고 선뜻 돈을 내주면 정작 더 도움이 필요한 상황에서 도움을 줄 수 없게 된다.

임신한 많은 아이들이 겉으로는 아무런 문제가 없어 보이지만, 사실 그 내면에는 수많은 갈등과 상처가 있다. 남자 친구와 사이가 좋으면 그나마 다행이지만 임신 때문에 관계가 악화되는 경우가 많고, 심지어 떠나버리기도 한다. 십대는 '임신'이라는 예기치 않은 상황에 대처할 준비가 되어 있지 않다. 네 책임이니 내 책임이니, 돈은 누가 구할 것인지, 산부인과를 같이 가자느니 안 가겠다느니, 이러한 과정에서 서로에게 치명적인 상처를 주고받는다. 그렇기 때문에 이 시점에서 누군가가 객관적으로 조언을 해줄 필요가 있다.

가능하다면 남녀 학생을 같이 불러놓고 이야기하는 게 좋다. 낙태의 결정 여부부

> 아이들이 임신 문제로 교사나 상담자를 찾는 경우는 대체로 현실적인 지원을 얻기 위해서다. 즉 낙태할 수 있도록 보호자가 되어주거나 수술 비용을 지불해달라는 것이다.

터 다시 생각하게 해야 한다. 당연히 낙태해야 한다고 생각할 것이 아니라 그 뒤에 나타날 수 있는 후유증까지도 감당할 수 있는지, 그리고 다시는 이런 일이 생기지 않게 할 수 있는지, 피임 방법으로는 어떤 것이 좋은지까지 구체적으로 얘기해야 한다.

낙태를 하기로 결정했다면 미성년자에 대한 법적 책임과 권한을 가지고 있는 부모에게 이야기할 수 있는 방법을 신중하게 고려해야 한다. 많은 청소년들이 "부모님만은 안 된다."고 애원한다. 그러나 최종 책임자는 부모라는 걸 명심하게 해야 한다. 부모에게 직접 이야기하기 어렵다면 교사가 중간에서 역할을 할 수가 있다.

이것이 임신을 한 청소년에게 해줄 수 있는 교사나 상담자의 역할이다.

지나친 성행동에의 몰입 — 구체적인 대체 활동 권하기

지나친 성행동에의 몰입이란 이성 친구가 생겨서 성관계를 시작한 경우일 수도 있고, 성충동을 자제하지 못하고 자위행위나 음란물 보기, 성적인 공상 등 성행동에 탐닉하는 경우이다.

성욕은 인간의 수면욕, 식욕과 같은 생리적인 욕구임과 동시에 스트레스, 의존감, 열등감, 무기력감을 달래기 위한 심리적 증상이기도 하다. 사춘기에는 성 호르몬이 왕성하게 분비되기 때문에 강렬하게 성충동을 느끼는 것이 일반적이지만, 그렇다고 일상생활에 지장을 초래할 정도로 문제를 일으키지는 않는다. 하루 종일 성에 대한 공상을 하고 있을 수도 있다. 하지만 그것이 행동으로 표출된다면 문제가 되는 것이다. 인터넷 포르노 사이트에 빠져 하루에 5~6시간 이상 컴퓨터를 붙잡고 있는 경우라면 성중독이라고 해야 하지 않을까? 자위행위를 하루에 적어도 4~5번 이상 하면서 포르노를 본다면?

성행동 그 자체는 문제가 되지 않는다 하더라도 일상생활에 영향을 줄 것이 틀림없고, 행위 후에 오는 허탈감과 자기 비하감 — 나는 왜 이럴까? 난 왜 동물 같지? 나 아무래도 문제 있는 거 아냐? — 과 더불어 자기 통제력을 상실하게 될 수도 있다.

이런 청소년들은 쉽게 자신의 속마음을 드러내지 않는다. 교사는 그럴 가능성이 있다는 것을 짐작하여 자기 조절 능력을 키워줄 수 있는 방법을 생각할 필요가 있다. 직접적인 성문제를 거론하지 않더라도 성욕을 표출하여 얻게 되는 쾌감과 비교될 만한 대체 활동을 찾아주고, 또 할 수 있도록 격려해야 한다. 가능하면 활동 영역을 너무 크게 잡지 말고 그 학생의 수준에서 꼭 할 수 있는 것으로 계획을 세우도록 해주어야 한다. 6개월 이상 지나친 성행동에 집착을 해왔다면 정신과 전문의나 상담 전문가에게 의뢰하는 것이 좋다. ■

> 여교사 수업 시간에 성기를 만지며 자위행위를 한다든지, 멍하니 교사의 다리만 쳐다보고 있다든지, 얼굴에 핏기가 하나도 없고 졸기만 한다면 교사는 한번쯤 이 학생이 성적으로 과잉 활동을 하고 있지는 않은지 의심해보아야 한다.

> **같이 읽기**

"샘들은 성적(性的)으로 성숙하십니꺼?"

《우리교육》에 연재되어 큰 호응을 얻었던 〈욕쟁이 아지매 박경화의 성교육 이바구〉 가운데 한 편(2000년 7월호)을 제목을 바꾸어 전재합니다.

전국에 계신 선상님 여러분! 더운 여름에 몸 건강히 안녕하시지예? 매달 제 욕을 읽으시느라 눈이 많이 피곤하셨지예? 오늘은 욕을 절대로 안 할 끼라예. 안심하이소.

이번 달에 샘들께 성교육 이바구를 하는 가장 큰 이유는 참말로 많은 사건들이 일어나는 여름방학이 눈앞에 있다 아입니꺼? 가시나 머시마들 몰리 가 캠핑도 가고. (내는 참말로 신기한 게 우찌 부모들을 꼬시 가 그리 야한 캠핑을 갈 수 있는지 그 재주가 용하다 아입니꺼?) 찬바람이 불기 시작하는 10월, 11월이 되면 참말로 의리도 좋제, 가시나고 머시마고 다 낙태계를 한다꼬 난리고. 그기 서양말로 바캉스베이비라 카지예. 이라니 우찌 우리가 아덜을 그마 여름방학 잘 보내고 오그라, 물조심하고, 이 말만 하고 방학식을 하겠습니꺼?

솔직히 말해서 가시나 머시마 즈그들 좋아서 마음 맞아 가 바캉스 가는 거야 우리 힘으로 우짜겠습니꺼? 같이 캠핑 간 거 들켜서 학생부로 끌리 와도 얼굴색 하나 안 바꾸고 "참말로 이상하네. 우리가 뭐 잘못했노? 꼰대들 우찌 저래 촌스럽노?" 하는 것 같기도 하고, 반성문 쓰다가 가시나 머시마 배고프다꼬 자장면 배달시켜 묵는 거 보니까 참말로 환장하겠고. 하여튼 피임이나 잘해라 할 수밖에예. 하지만 이기 성폭력 수준으로 넘어가든 참말로 뒷감당이 힘들다 아입니꺼?

바캉스 가서 제일 많이 일나는 기 바로 '데이트 강간'이라예. 출발할 때야 "바다야, 기다리그라! 우리가 간다." 하고 가지만 도착해서 밤을 보낼라 카니 가시나 머시마 마음이 서로 달라 일이 벌어진다 아입니꺼? 그라면 부모나 경찰이나 학교 샘들이나 모두 그라지예. "문디 가시나 지가 좋다고 같이 가 놓고 무신 강간이고? 가시나가 그래 꼬시는데 머시마가 우찌 안 넘어가겠노?" 하지만 이건 절대 틀린 말입니다. 요즘은 부부 강간도 허용을 안 하는 세상입니다. 지난달에 법원에서 판결이 났다 아입니꺼? 그라니 바캉스 날짜 잡아놓고 가슴 설레는 아덜한테 우리가 잔소리 또 잔소리를 해야지예.

처음에 뭐부터 시작하느냐고예? 우찌됐든가 아덜한테 하는 성교육은 마 낯이 붉어지고 입이 열리지 않는다고예? 그렇다꼬 "성은 억수로 아름다운 기다."라꼬 엄숙하게 시작할 필요는 없습니다. 구성애라 카는 사람은 성이 억수로 아름답다 카던데, 내는 솔직히 성이 뭐 그리 짜달시리 아름다운가 모르겠데예. 남자하고(남편인데예) 처음 자고 나서도 다음 날 아침에 '이기 그기가!' 싶데예. 그라고 맨날 천날 하는 요즘도 성이 억수로 아름답다 카는 생각은 별로 안 들데예. 그마 사는 기지예. 그란데 아덜보고는 성이 아름답다 카면 웃는다 아입니꺼? 요번에는 여름방학 특집 '성폭력하지 않고 성폭력당하지 않기'에 한정지어서 시작하입시더.

그런데 저는 꼭 이 말부터 샘들께 묻고 싶데예. 혹시 샘들께서 학교에서 남자 아덜한테는 성폭력을 조장하고, 여석아들한테는 성폭력을 당하는 것이 당연하다는 식의 말을 예사로 하지는 않습니꺼? 택도 아인 소리 하지 말라꼬예? 우리가 선생인데 우찌 그런 소리를 하겠느냐고예? 하지만 이런 말들 많이 한다 아입니꺼? "남자는 남자다워야 해. 씩씩해야 해. 남자가 와 그리 힘이 약하노? 여자가 와 그리 설치노? 여자가 좀 다소곳한 맛이 있어야제. 남학생이 반장 하고 여학생은 당연히 부반장 해라." 내가 뻥이 너무 쎄다고예? 누구나 예사로 하는 말을 우째 성폭력하고 연관시키냐고예?

바로 그 말들은 상대적인 거 아입니꺼? 여자에 비해서 강하고 남자에 비해서 얌전하라는 말이지예. 머시마들이 제일 싫어하는 욕이 "하는 짓이 꼭 가시나 같네." 가시나 속디비는 말이 "머시마로 태어났으므 한 이물 하겠구만. 가시나로 태어나 사람 여럿 잡겠다." 아입니꺼? 이기 바로 '말의 성폭력' 아입니꺼?

그런데 샘들도 아시다시피 온 국민이 변강쇠 신드롬에 걸리 가 한국에서 '남자는 정력' 아입니꺼? 대한민국의 모든 주부들이 남편 보약 해먹인다꼬, 남자들은 보약 찾아다닌다꼬 팔도강산으로, 동남아로, 알래스카로 다니며 "세계는 넓고, 보약거리는 많다." 한다 아입니꺼?

내가 참말로 몇 날 며칠을 밤을 새워가며 고민했는데, 와 대한민국 남자덜이 강간으로 세계 일등을 할까? 와 좋은 일 많이 하는 장원이도 그래 부끄러븐 짓을 하고도 우째 그래 당당할꼬? 참말로 괴로봤다 아입니꺼? 우째 내가 그런 걸로 일등 하는 나라에 태어났을까? 딸 둘 무사히 키울 수나 있을까? 또 어느 날 사회지도층 인사가 그런 부끄러븐 일을 툭 터뜨리겠제?

그러다가 어느 날 해답이 슬슬 보이데예. 그 답은 바로 어렸을 때부터 신물나게 들어온 '말의 성폭력' 때문이었다는 거지예. 그런 말은, 니는 남자니까 강하고, 돈도 많이 벌고, 높은 자리에 올라갔으니까 당연히 약하고 보잘것없는 여자들을 언제든지 니 소유물로 만들 수 있다는 성폭력면허증을 내주는 겁니더. 어디서든지 돈으로 여자를 살 수 있고, 돈으로 안되면 힘으로, 폭력을 써서라도, 강제로 내 것으로 만들어도 된다는 거 아입니꺼? 최근에야 성폭력특별법이니 남녀차별금지법이 생기 가 성폭력범들은 패가망신을 당하지만 몇 년 전만 해도 "내 몇 명 따먹었다."가 남자로서는 최고의 자랑이었다 아입니꺼? 내 솔직히 말해서 남자는 즈그편이니까 그런 말을 할 수 있다 칩시더. 하지만 어머니들이, 여자 샘들이 성폭력적인 말을 예사로 해서는 절대로 안 됩니다. 바로 우리 딸들이 내가 한 말의 덫에 걸린다 아입니꺼?

세상 사람들이 성교육이 급하다, 학교는 뭐 하노? 성교육 빨리 해라, 캐서 교육부에서, 교육청에서 나온 성교육 자료 보고 그대로 가르친들 무신 소용이 있다는 겁니꺼? 내 마음이 변하지 않았는데, 내 말이 변하지 않았는데, 내 자식을 키우고 학생을 가르치는 성폭력적인 태도가 그대로인데. 제일 급한 기 성에 의해 우열을 가리지 않겠다고 내 마음부터 바꾸는 것이라고 이 욕쟁이 아지매 강력히 주장합니다 !

아울러서 학생들에게 성폭력 방지 교육을 시키기 전에, 아이들 마음속에 남아 있는 (물론 부모와 교사와 사회에서 학습된), 성폭력을 당연하게 생각하는 마음부터 없애고 시작해야 효과가 있지, 성지식부터 주입시키면 그 성교육은 포르노를 벗어나지 못한다는 게 지 생각입니다.

지가 제일 싫어하는 속담이 있습니다. "열 번 찍어 안 넘어가는 나무 없다." 이 속담이 의지의 한국인을 키우는 깁니꺼? 니가 좋아하면 열 번 찍어서라도 무너뜨려라. 강간을 해서라도 니 것으로 만들어라. 상대방 여자의 마음은 전혀 중요한 것이 아이다. 남자라면, 남자답게……. 이기 스토커 하라꼬, 성폭력하라꼬, 바로 우리 조상들이 가르쳤던 거 아입니꺼?

지가 너무 일방통행이라꼬예? 예를 들어볼까예?

모두 한국에서 일어난 일들입니다. 바로 우리나라 청소년들이 연관된 사건들입니다. 2000년 5월 한 달 노예매춘(청소년을 납치 매매, 윤락 강요) 사범 378명 구속. 돈 많이 버는 곳에 취직시켜주겠다고 유인해 윤락업소에 팔아넘긴 악덕 직업소개업자 183명,

> 같이 읽기

"샘들은 성적(性的)으로 성숙하십니꺼?"

부당하게 빚을 씌운 뒤 폭력배를 동원, 윤락을 강요한 악덕 포주 124명 구속. (한 달 동안 잡은 것 치곤 더럽게 많지예?) 참, 온 나라를 흔들었던 〈빨간마후라〉 아시지예? 그 어린 여주인공은 서울 서초동에서 '꾼'이라는 무허가 주점에 고용되어 억시게 마음씨 좋은 주인이 주민등록증도 위조해주고, '빨간마후라'라는 프리미엄을 덧붙여 가 윤락을 강요당하면서 살고 있답니다. 출근길 만원 지하철에서 현직 교사가 여고생의 몸을 더듬는 성추행을 해서 망신을 당했다 카고, 명문 S대 음대 출신의 30대 남자가 개인 교습 받으러온 여고생을 성추행했고, 충북 청주에서는 방직업체(오매야? 〈한겨레신문〉에는 ㄷ업체로 나와 있고, 〈서울경제신문〉에는 대원모방으로 나와 있네? 옛날 한겨레가 아이구만!)에 실습 나온 그 불쌍한 여상 여학생들을 과장급 이상 간부 3명이 상습적으로 성폭행했다 캅니다. (시상에 즈그 딸들이 눈앞에 어른거리지도 않던가?) 고향 선후배 세 명이(참말로 의리로 뭉친 선후배다.) 컴퓨터 채팅으로 알게 된 여중생 두 명을 불러내 가 성폭행했다 카고, 부모가 모두 일하러 나간다는 사실을 알고 있던 이웃집 할아버지에게 계속해서 강간을 당한 일곱 살 난 여자 아가 미쳐버렸다 카고, 모델 지망생인 여중생을 성폭행 임신시킨 모델 회사 직원이 잡혔다 카고, (카메라 테스트를 한다꼬 그랬다네. 죽일 놈. 우찌꼬, 욕을 또 해버렸네, 이거는 욕을 해두 되지예?) 대구에서는 50대 미군 군속이 기지 주변 초등학교 여학생 수십 명을 성추행했다 카고. (성폭력도 세계화됐나? 이놈은 소파인가 머시긴가 때문에 잡아넣을 수도 없을 낀데 우짜꼬.)

인자 그만 하라꼬예? 아직 많이 남았는데예. 지겹지예? 구역질 나도록 지겹지예? 모두 한 달 사이의 사건입니다. 우리 어른들이 만들어논 성의 사회 환경이 바로 이렇습니다. 본 대로 배우고 배운 대로 한다꼬 중·고등학생 나이밖에 안되는 어린 머시마들의 성폭행, 강간이 엄청나다 아입니꺼? 초등학생도 끼어 있다는 작년의 신문 보도는 기가 막히데예.

참! 샘예. 성폭력에 대한 오해가 있지는 않습니꺼? 그마 감으로 소문으로 짐작하는 거지예. 혹시 내는 그렇지 않나 한번 체크해 보이소.

1. 강간은 폭력이 아니라 조금 난폭한 성관계이다?

작년에 양쪽 부모와 판사의 합의 아래 강간당한 여고생을 강간범과 결혼시키는 걸로 해피엔딩했던 사건 기억나십니꺼? 부모는 편견과 무식으로 그랬다 칩시더. 그 판사는 도대체 뭡니꺼? 대단한 법치국가입니더. 또 하나, 친아버지에게 계속 강간을 당한 16살 난 여자 아가 어른이 되면 더 강간을 당할 것이라는 강박증으로 키도 크지 않고 이빨도 나지 않는 것을 직접 봤습니더.

2. 성폭력은 남성들의 참을 수 없는 성충동에 의해서 일어난다?

늦은 밤 야한 옷 입은 여자를 보고 욱 하고 참을 수 없어 강간했다는 것은 웃기는 소립니더. 70% 이상이 계획된, 아는 사람에 의해서 일어납니더.

3. 나에게는 일어날 수 없는 일이다?

3살부터 80살 여성까지 나이에 상관없이, 종교, 직업, 교육 정도, 사회적 지위, 용모에 관계없이 모든 여자에게 일어날 수 있습니다.

4. 강간범은 정신이상자이다?

정력은 국력이다. 세계 1위 알지예?

5. 끝까지 저항하면 강간은 불가능하다?

흔들리는 바늘에 실을 꿸 수 있냐고예? 얼마나 많은 강간이 살인으로 이어지는지 아십니까? 죽여서라도 강간을 합니더.

6. 여성의 심한 노출이 성폭력의 주범이다?

어린이 성폭력이 전체 성폭력의 30%를 넘는데, 그 어린아들이 노출이 심해서 강간당했겠습니꺼?

어떻습니꺼? 혹시 샘들께서 이때까지 지녀온 성폭력에 대한 생각들이 여자가 성폭행 당할 짓을 했으니 남자는 성폭행하는 것이 당연하다는 식의 편견은 아니었습니까?

샘예, 우리 상담소에 성폭력 관련 상담을 하는 여학생들이 하나같이 울분을 터뜨리며 하는 말이 뭔지 아십니까? 성폭행을 당한 자신들을 더러운 것 보듯이 바라보는 교사

"샘들은 성적(性的)으로 성숙하십니꺼?"

의 눈초리와 멸시하는 태도랍니다.

피해 여학생들은 성관계를 한 것이 아니라 엄청난 폭력을 당한 거기 때문에 보호받고 위로받아야 합니다. 그렇다고 선생인 지가 우찌 감히 샘들한테 돌 던지는 소리를 하겠습니꺼? 학교에서 성교육을 해야 되는데 뭐 하고 있노, 닦달하지만 말고 십대의 성에 대한 사회적 합의를 먼저 내놓으라꼬 우리 교사들이 사회에 강력히 요구해야 합니다. 즈그가 온 세상을 더러운 성의 쓰레기로 뻘물을 만들어 놓고 우리 교사들보고 우짜라는 말입니꺼?

내 마지막으로 샘들한테 한 가지 물읍시더.

"샘들은 성적으로 성숙하십니꺼?"

"그렇다."고 자신 있게 대답할 정도로 나의 성지식, 의식, 태도 등을 끊임없이 점검하고 나의 윤리와 의식에 보편성이 있는가, 계속 고민하십니꺼? 우리가 아덜한테 가르쳐야 할 것은 우찌 보면 성에 관한 지식이 아니라 성관계의 절차일 겁니다. "동의 없는 성관계가 왜 나쁜가?" "원하지 않는 성관계를 요구받을 때 어떤 의사를 표현해야 하는가?" 이것은 선의 문제가 아니라 인권과 평등의 문제이고, 학교교육의 가장 기본이 되는 민주시민 교육의 기본이기 때문입니다.

그런데 욕쟁이 아지매 니가 하는 말이 옳기는 한데 맨날 지지고 볶는 이야기만 하노? 성이 그래 골치 아픈 기가? 하는 분들이 계실까 바 다음 달에는 억수로 신나고 재미있는 성교육 이바구를 준비하겠습니다. 기다리 주이소.

추신 : 참말로 일나지 말라꼬 기도해야 할 일이지만, 만약 주변에 성폭력 사건이 일나면 지체하지 말고 성폭력상담소, 여성의전화, 성과가족상담소 등이 시·도별로 많이 있으니까 도움을 받으이소. (parkkh59@yahoo.co.kr)

박경화 / 경남 신월중 교사

부적응아 지도
부적응의 유형과 상담

유형별 부적응아 이끌기 – 학업 태도

> 전 청소년 대화의 광장 임은미 선임연구원은 학업 동기와 학업 태도를 살피며, 교사들이 학업에 아무런 의욕과 동기를 가지지 못하는 학생들에 대해 따뜻한 시선으로 안내해주도록 충고했다.

나는 왜 공부를 하는가 — 학업 동기는 눈에 보이는 것이 아니라서 학생들 스스로도 때로는 잊고 생활한다. 그렇지만 학업 동기는 공부행동에 많은 영향을 미치게 마련이며, 결국에는 학업 성취도에도 일부분 영향력을 행사한다. 사실 학업 성취도에 영향을 미치는 요인에는 여러 가지가 있을 수가 있기 때문에 공부행동만이 학업 성취도를 결정한다고 말할 수는 없다. 그럼에도 지능으로 대표되는 능력이나 환경 등은 학생들 스스로 변화시킬 수 있는 부분이 아니기 때문에, 학생들의 학업을 돕고자 할 때는 공부행동을 결정하는 학업 태도에 초점을 두는 것이 필요하다.

학업 동기와 학업 태도

학생들이 학교 공부를 하는 이유는 크게 네 가지로 나눌 수 있다. 첫째는 자율적 동기로, 공부가 좋아서, 그야말로 지적인 호기심과 깨달아가는 즐거움을 추구하기 위해서 공부를 하는 경우이다. 둘째는 사회적 동기로서, 사회적으로 성공하기 위해서 공부를 하는 경우이다. 셋째는 실패 회피 동기로서, 남들의 손가락질을 피하거나 사회로부터 소외되지 않기 위해서 공부하는 경우이다. 넷째는 무동기로서, 마지못해 억지로 공부하는 경우이다. 공부를 하기 싫은 마음이 가득하지만 부모나 교사의 성화에 못 이겨서 '죽지 못해' 학교에 다니는 경우가 여기에 속한다.

그렇다면 각 동기에 따라 학생들의 공부행동은 어떻게 나타나는지 살펴보자.

학업 동기에 따른 공부행동

자율적 동기가 강한 학생들은 어렵고 방대한 학업 과제 속에서 재미를 발견하려고 노력한다. 성적에 매달리기보다는 공부하는 과정을 즐긴다. 깨달아가는 기쁨을 즐길 줄 알며, 자기 자신에 대하여 지적인 도전을 한다. 공부에 대해서도 당연히 적극적일 수밖에 없다.

부적응의 유형과 상담
학업 태도 상담

사회적 동기가 강한 학생들은 공부가 사회적인 성공을 보장하는 한 열심히 공부하려고 한다. 학교 공부를 열심히 해서 사회·경제적으로 출세한 사람들이 많으면 공부하려는 마음도 그만큼 강해지게 된다.

실패 회피 동기가 강한 학생들은 부모나 교사의 감시가 있을 때 공부를 한다. 스스로 공부하지 않기 때문에 공부에 소극적일 수밖에 없다. 그렇지만 놀아도 신나게 놀지 못하며, 뭔지 모르게 불안하고 꾸지람을 들을 것 같아 조바심을 내면서 쫓기듯 생활한다. 친구가 잘하는 것을 보는 것도 초조하고, 어떻게 해서든 꾸지람을 모면하려고 하다보니 학업 성적에 대하여 과도하게 경쟁적이 되기도 한다.

무동기가 강한 학생들은 그야말로 '죽지 못해' 공부를 한다. 공부를 하는 과정에서 즐거움을 느끼거나 공부를 해서 뭔가 되어보겠다는 적극적인 생각은커녕 부모나 교사가 직접적으로 등을 떠밀 때까지는 좀처럼 공부하지 않는다. 학교 가기를 싫어하고 학교 갈 준비를 게으르게 한다. 이런 학생을 지켜보는 부모나 교사는 답답하다 못해 화가 치밀기도 한다.

한 연구에 따르면 우리나라 청소년의 경우 사회적 동기가 가장 강하고, 남학생에게서는 무동기가 강하게 나타나며, 학년이 올라갈수록 무동기가 강해진다. 자율적 동기보다 사회적 동기가 강한 것은 당장의 공부행동에는 큰 영향을 미치지 않는 것처럼 보인다. 그러나 장기적으로 볼 때는 공부하는 과정을 즐기면서 공부를 해야 오랫동안 힐 수 있고, 결국에는 자연스럽게 훌륭한 성과를 낼 수가 있다.

이런 측면에서 우리나라 중·고등학생들이 주로 사회적 동기에 의해 공부하는 경향이 있다는 발견은 다시 한 번 곱씹어보아야 할 대목이다.

학년이 올라갈수록 무동기가 강해지는 경향을 보이고 특히 남학생에게서 무동기가 더욱 강하게 나타난다. 기성세대는 청소년들이 학년이 올라갈수록 자율적으로 공부하기를 기대하고 있으며, 아직도 남아선호사상이 강한 가정 문화에서는 남학생들이 보다 높은 성취를 할 것을 기대하고 있기 때문이다.

청소년들의 학업 태도는 기성세대의 기대와는 정반대되는 양상을 띠고 있다. 여기에서 가능한 추론은 청소년들에 대한 기성세대의 기대와 청소년들에게 실제로 나타나는 학업 태도는 반비례 관계에 있다는 점이다. 높은 성과를 내라는 기대, 즉 압력이 강해질수록 청소년들은 공부 과정을 즐기지 못하게 되고, 그럼으로써 공부행동에 그만큼 소극적으로 임하게 된다는 것이다.

'성취'를 '강요'하는 분위기, 부모나 교사가 지켜보거나 평가를 내리는 상황에서는 열심히 공부하지만 스스로 선택해서 하지는 않는다. 높은 점수를 받기 위해서 애

> 자율적 동기가 강한 학생, 사회적 동기가 강한 학생, 실패 회피 동기가 강한 학생, 무동기가 강한 학생으로 분류하였지만, 이러한 분류는 편의상의 분류이다. 학생들의 학업 태도는 더 세분화될 수도 있으며, 실제로 학생들을 관찰하다보면 한 학생이 여러 가지 학업 태도를 가지고 있다는 것을 알 수 있다. 다만 어떤 태도를 좀 더 강하게 가지고 있는지의 정도에 있어서 개인차가 나타나고, 또 어떤 상황에서 어떤 태도가 두드러지느냐에 있어서 개인차가 난다.

쓰지만 시험이 끝나고 나면 학습 과제에 더 이상 흥미를 보이지 않는다. 학습 과제는 자기들의 능력을 보여주기 위해 존재하는 것이지 탐구 대상으로 존재하는 것이 아니다. 그렇기 때문에 하나의 과제를 깊이 이해하고 분석하고 종합하는 일은 좀처럼 하려들지 않는다. 시험에 이 문제가 나왔을 때 어떻게 하면 정답을 맞추어 점수를 올려볼 수 있을까에 연연하게 된다.

당장의 평가에 연연하는 학습자가 추상적인 사고를 요하는 학습 과제에 흥미를 가지기는 어렵다. 학년이 올라갈수록 분석, 종합을 포함하는 추상적인 학습 과제가 많아지기 때문에 이들은 자연스럽게 학년이 올라갈수록 공부에 흥미를 잃게 되고, 학업 능력도 저하되어 공부하면서 실패 경험을 많이 하게 된다.

학습의 역사와 학업 태도

무동기나 실패 회피 동기는 이러한 실패 경험, 특히 누적된 실패 경험과 깊은 관계가 있다. 학생들은 저마다 초등학교, 유치원, 유치원 이전 시기까지 거슬러 올라가는 학습의 역사를 가지고 있다.

같은 능력을 가진 학생이라 할지라도 학생들은 부모 또는 교사를 포함한 주변의 중요 타자들이 자기에게 어떠한 반응을 해왔느냐에 따라 자신의 경험을 '성공' 또는 '실패'로 규정해왔다. '잘했다, 열심히 했구나, 장하다, 실수는 누구나 있는 법이다, 괜찮아, 열심히 하는 게 중요하지.' 등의 반응을 많이 받는 학생들은 자신을 성공한 사람으로 정의해간다.

성공 경험이 많이 누적되다보면 '아! 나는 괜찮은 사람이구나. 이렇게 하면 되는구나. 다음 번에는 더 효과적인 방법으로 한번 해봐야지.'라는 적극적인 학업 태도를 형성하게 될 가능성이 높아진다.

우리나라 청소년을 보면, 실수를 용납받지 못하는 환경에서 자라온 사람의 특성을 적지 않게 갖고 있음을 발견한다. '내가 공부하면 성공할 수 있다.'는 결과에 대한 자신감뿐만 아니라, '나는 꾸준하게 공부행동을 할 수 있다.'는 자신에 대한 신뢰감마저 부족하다. 아무리 열심히 해도 '나는 공부 잘하는 부류들과는 다르기 때문에, 또는 어차피 실패할 게 뻔하기 때문에' 열심히 하지 않는다는 학생들을 많이 발견하게 된다.

교육활동은 피교육자들을 바람직한 목표 상태로 이끌어가는 데 초점을 두고 이루어지지만, 합리적인 목표를 설정하고 달성하기 위해서는 피교육자의 현실에 대한 철저한 이해가 필요하다.

> 부모와 교사들은 현대 산업화, 정보화 사회의 가시적인 성과들에 압도되어 있다. 그러다보니 청소년들의 현실을 이해하고 그들이 시행착오를 통해 한 단계 한 단계 학습해 나가야 하는 학습자들이라는 사실을 잊어버리곤 한다. 한편으로는 그들의 실수를 용납하는 데 인색해졌을 가능성이 있다.

학업 태도별 지도 방안

'과정'에 초점 두며 격려하기

자율적 동기가 강한 청소년은 지금까지 학습사(學習史)에 의해 성공 경험과 긍정적인 학업 태도를 키워온 청소년이다. 이들은 학문을 과정 그 자체로서 대한다. 이들은 성과보다는 공부를 하는 것 자체를 즐기기 때문에 공부를 여유롭게 한다. 결과에 연연하지 않는다. 따라서 그들이 가지고 있는 학업 태도를 유지시켜주는 것이 중요하다. 교사가 뭔가를 특별히 해주고 주입하기보다는 충분히 격려해주는 것으로 충분하다. 공부하는 과정에서 지적인 깨달음과 도전감을 느낄 때 그 느낌을 공감해주며, 문제가 풀리지 않아 고민할 때 어떤 도움이 필요한지를 묻고 요청하는 도움을 제공하는 것이 필요하다.

사회적 동기는 공부 잘하는 것을 수단으로 하여 사회적으로 성공해보려는 동기이다. 사회적 동기가 강한 학생들은 공부를 잘하고 싶은 의욕이 높다. 따라서 비교적 학업에 적극적이며, 또 사회적인 성공에 대한 열망이 강하다보니 친사회적 태도를 보일 때가 많다. 다만 공부하는 과정보다는 성과에 비중을 두기 때문에 낮은 성적을 얻었을 때 교사의 개입이 필요할 수도 있다. 이때 '성과'에 초점을 둔 격려보다는 열심히 하는 '과정'에 초점을 두어야 한다. 사회적 동기가 강하면 성적에 연연하기가 쉽고 과도하게 경쟁적으로 되기가 쉽다. 결과에 신경을 쓰면 불안 수준이 높아질 우려가 있기 때문에 에너지를 공부하는 과정을 즐기는 데 돌리도록 유도하는 작업이 필요하다. "열심히 생활하는 네 모습이 참 좋구나. 열심히 하는 건 참 훌륭한 일이야. 결과는 그 다음이야."라는 식으로 공부하는 과정을 격려하는 작업이 필요하다.

실패 회피 동기가 강한 청소년들에게는 부모나 교사가 '감시자'가 아니라는 것을 알게 해주는 과정이 필요하다. 간혹 기대에 어긋난 행동을 할지라도, 성적이 형편없게 나왔을지라도, 소심하게 행동할지라도 학생의 잘못된 행동에 대해 부모나 교사가 꾸지람을 할 수는 있지만 그것으로 인해 학생 자신의 가치가 평가절하되지는 않는다는 점을 분명히 말해줄 필요가 있다. 이들을 위하여, 교사는 '실패의 가치'를 부각시킬 필요가 있다. 실패를 했다 할지라도 많은 노력을 기울인 일이라면 그것 자체로 가치가 있는 것이라는 점을 기회 있을 때마다 역설할 필요가 있다. 성적이 좋은 학생이나 좋지 않은 학생이나 모두 학생으로서 가치를 지니고 있음을 전달할 필요가 있다. 공부를 하고 있는 한 학생은 그 본분을 다하는 것이고, 그 결과는 용감하게 직면해야 하는 것임을 전달해야 한다. 실패는 다음 번의 성공을 위한 점검의 기회로서 의미가 있는 것이지, 실패했다고 해서 이전에 기울인 노력의 가치가 없어지는 것은 아니다. 교사들은 학생들이 다발적으로 저지르는 실수에 질식할 때가 있고, 또 교사 자신도 모르게 실수를 용납하지 않게 되는 순간이 있을 수 있다. 이때는 용감한 사과가 필요하다. "선생님이 마음이 분주하다보니 네가 일부러 잘못을 저지른 게 아닌데도 그만 야단을 치고 말았구나. 선생님이 실수를 했다. 이해해주기 바란다. 앞으로는 네가 실수할 때 기꺼이 용납하는 선생님이 되기 위해 노력하겠다."

무동기 학생의 지도에 더욱 신경 써야

교사들을 가장 힘들게 하는 학생들의 학업 태도는 무동기일 것이다. 이들은 무기력할 뿐 아니라 자신의 학업 무기력을 반항과 비행으로 표출하는 경우도 많이 있다. 공부도 게을리하면서 지각, 무단결석, 교칙 위반을 자주 하고, 때로는 학교와 교사의 가치를 비하하는 언행을 노골적으로 보인다. 갖가지 교육적인 방법을 동원해도 행동에 전혀 변화를 보이지 않는다. 여러 학생들을 가르쳐야 하는 교사로서는 무동기가 심한 학생 몇몇에게 매달려 있기도 어려워 더욱더 초조하고 조바심이 나게 마련이다. 무동기 학생들은 교사에게 반갑지 않은 실패 경험을 많이 만들어준다. '당신이 어떻게 해도 나는 변하지 않아요. 쓸데없는 노력 기울이지 말고 항복하시죠.' 라고 시위하는 것 같다.

이런 학생들에게 '공부 열심히 해라.' 든지 '이런 방법으로 공부하면 성공한다.' 등의 일반적인 충고는 효과를 발휘하지 못한다. 그들에게는 더 잘하라는 압력보다는 성공 경험이 필요하다. 그들은 마음에 와닿는 칭찬을 들어본 적이 없고, 스스로가 자기를 믿지 못한다. 이 학생들에게는 자기를 인정받을 수 있는 수용적인 분위기가 필요하다. 평가의 관점에서 볼 때는 도대체 칭찬할 만한 일을 하지는 않지만 그래도 이들에게서 작은 장점이라도 찾아내어 진심어린 칭찬을 함으로써 이들 스스로가 '나도 칭찬받을 만한 데가 있는 사람이구나.' 라는 마음을 가지도록 유도할 필요가 있다.

예를 들어 학급에 숙제를 반복적으로 해오지 않는 학생이 있다고 하자. 교사의 입장에서는 노력만 하면 누구나 할 수 있는 숙제이고, 숙제를 반복적으로 해오지 않는 그 학생이 너무나 게으르고 심지어는 무언의 반항을 하고 있는 것같이 느껴질 수 있다. 그때 교사가 "넌 왜 이렇게 게으르니? 기본적인 학생의 의무조차 소홀히 할 거야?" 하고 야단을 치면 학생은 더욱더 무기력해질 우려가 있다. 이런 학생들은 '그래요, 나는 원래 희망이 없는 사람이에요. 우리 부모님도 주위 사람들도, 선생님도, 그리고 나 자신도 그렇게 생각해요. 더 이상 나에게 뭘 바라지 마세요. 아셨죠?' 라고 외치고 있을지도 모른다.

이 학생에게는 "○○가 숙제를 하지 못했구나. 숙제가 양이 많거나 내용이 어려웠니? 아니면 집안에 무슨 일이 있었니? 다른 급한 약속이 있었니?" 등의 탐색적인 반응이 먼저 필요하다. 이러한 교사의 탐색 작업에는 학생에 대한 믿음이 표현되어 있다. 즉, 교사는 이러한 탐색 과정을 통해 그 학생에게 '너는 별다른 일이 없었다면 학생으로서의 의무를 다하려고 노력했을 거야.' 라는 믿음을 전달할 수가 있다. 한편으로는 숙제는 별다른 위급한 일이 없는 한 해야 하는 학생의 기본적인 과제라는 사실을 무언중에 전달할 수도 있다.

물론 이러한 교사의 노력이 빠른 결실을 보지는 못한다. 무동기 학생들은 실패의 학습사에 젖어 있기 때문에 스스로를 신뢰하지 않으며, 긍정적인 경험을 하는 것에 익숙하지 못하다. 그래서 당장에는 더욱더 실망스러운 반응을 할 수도 있다. 그러나 겉으로 보이는 반응에 실망하지 말고 지속적으로 존중하는 반응을 보일 필요가 있다. 꾸준한 존중과 믿음의 표현은 학생의 마음에 각인되어 실패의 학습사를 녹여나가는 촉매 역할을 할 수 있을 것이다.

사실 자율적 동기와 사회적 동기를 가진 학생들에게 개별적인 격려를 해주는 일도 쉬운 일이 아니다. 그런데 쉽게 변화하지 않으려 하는 무동기 학생들까지 개별적으로 지도를 해나가라는 것은 너무 무리한 요구일지도 모른다.

우선은 무동기 학생들을 이해하는 데 초점을 두어야 한다. 이해를 얼마나 잘했느냐보다는 이해하는 과정을 즐기는 태도가 교사에게 필요할지도 모른다. 학생들의 학업 태도에는 여러 가지가 있을 수 있고, 그 중에는 무동기라는 것도 있어서 교사를 무척 힘들게 하기도 한다는 사실을 인식하는 것이 급선무이다. 또한 학업 태도는 하루아침에 형성된 것이 아니기 때문에 하루아침에 바꾸기도 어렵다는 것을 인식해야 한다. 더 나아가 바람직하지 않은 학업 태도를 가진 학생들도 나름대로는 최선을 다하고 있다는 것을 의식적으로라도 인정하는 작업이 필요하다. 오랜 기간의 학습사로 인해 교사가 많이 도와주어도 긍정적인 변화를 이루기 어려우며, 긍정적인 변화를 쉽게 이루지 못한다는 사실로 인해 누구보다도 학생 자신이 괴로워하고 있다는 것을 알아야 한다. 그리고 무동기 학생들을 이해하고 그들의 아픔에 공감하려는 노력은 단기간에 가시적인 결과를 내지는 못할지라도 학생들의 마음에 간직되어 서서히 효과를 발휘할 것이라는 믿음을 가지는 것도 필요하다. ■

부적응아 지도
부적응의 유형과 상담

유형별 부적응아 이끌기 - 도벽

> 많은 교사들이 학급운영에서 가장 곤란한 장면으로 '학급 안 도난 사건'을 꼽았다. 이에 선문대 산업심리학과 황임란 교수로부터 훔치는 행동과 도벽에 대한 상담과 지도 방법을 들었다.

훔치는 행동과 도벽에 대한 이해

훔치는 행동이나 도벽은 청소년기에 가장 평범하게 일어나는 비사회적인 문제행동 가운데 하나이다. 이런 행동이 장기화되면 정도가 심한 비행이나 사회 부적응으로 발전하기 때문에 그 행동이 일어난 직후나 도벽 초기에 바로 지도를 해야 한다.

인간의 소유 개념 발달 과정에 따르면, 만 6세가 넘으면 남의 물건을 소유하는 것은 옳지 않다는 개념이 확실해진다고 한다. 즉, 정상적으로 자란 아동은 예닐곱 살이 넘으면 훔치는 행동은 부당하며 법에 어긋난다는 판단이 뚜렷해진다는 것이다.

6세 이후의 훔치는 행동과 도벽은 여러 가지 이유에서 비롯되는데, 나이가 어릴수록 부모의 양육 태도나 가정 환경 문제에서 비롯되는 경우가 많으며, 나이가 들수록 성격적, 신경증적, 정신병적·기질적, 사회적 원인의 영향이 큰 것으로 밝혀져 있다. 각 영역별 원인을 알아보면 다음과 같다.

부모의 양육 태도나 가정 환경 원인

부모가 자녀를 양육하는 태도는 자녀의 도덕성 발달에 결정적인 역할을 한다. 가정의 도덕교육이 어떤 이유에서건 상실된 경우, 아동들은 훔치는 행동을 하게 된다. 아이가 자기 것이 아닌 물건이나 돈을 허락 없이 가져갈 때 그것을 별 문제 삼지 않다가 문제가 커지면 그때야 일이 잘못되었다는 것을 뉘우치는 경우도 흔하다.

자녀가 풍족하게 자랄 수 있게 키워보겠다는 부모의 과잉보호도 아이의 훔치는 행동을 조장하는 원인으로 볼 수 있다. 이런 태도는 아동에게 무엇이든 원하는 것은 내 것으로 만들어야 한다는 태도를 은연중에 갖게 만들어 물건을 훔치게 만든다. 이런 아동은 원하는 것을 정당하게 갖게 될 때까지 자신의 욕구를 절제하는 것을 배우지 못했기 때문에 소유의 유예 기간을 참지 못하고 훔치게 되는 것이다.

부모와의 갈등을 훔치는 행동으로 표출하는 경우도 흔히 목격된다. 그 갈등을 적절하게 해결하지 못해 화가 나 있거나 불만이 있을 때, 부모에 대한 복수의 방법으로 훔치는 행동을 하고, 또 그 때문에 부모에게 혼나는 것을 나름대로 관심을 얻었다고 해석하기도 한다. 그와 유사하게 부모 사이의 불화가 심하고 싸움이 잦은 경우도 아이들에게서 훔치는 행동이 나타난다. 이때 아이들은 자신의 행동이 '부부 문제'에서 '자녀 문제의 해결'로 부모의 관심을 바꾸어놓는다고 여겨, 그 나름대로는 가정을 유지하는 문제 해결 방법의 하나로 해석하는 것이다. 다음과 같이 보고된 상담 사례가 그런 예이다.

중2 딸아이 문제로 어머니가 상담을 신청했다. 딸이 안 하던 짓을 한다는 것이다. 얼마 전 학교에서 담임의 돈을 훔친 적이 있는데, 이번에는 또 다른 교사의 지갑을 훔쳤다고 한다. 또 이상한 것은 음식을 계속 탐하고 냉장고를 하루에도 수십 번씩 열곤 한다는 것이었다. 이 어머니와 상담을 하면서 알게 된 것은 부부가 일년 전부터 이혼 문제로 계속 다투어 왔는데, 요즘은 딸아이 문제로 더 다툰다는 것이다. 가족상담에서 딸은 부모와 함께 상담실에 오는 것이 행복하다고 했고, 요즘 아버지가 엄마와 대화를 해서 좋다고 털어놓았다.

성격적 원인과 신경증적 원인

성격적 비행의 하나로 훔치는 행동이나 도벽이 나타날 수 있다. 성격적 비행자들은 자신의 행동을 통제하는 능력이 부족하며, 자신들의 행동으로 남들이 받는 고통을 전혀 생각하지 않는다. 이들은 사회 규범을 따르는 데 무관심하고, 타인의 재산에 함부로 손을 댄다. 성격적 비행청소년들은 자신의 이득이나 쾌락을 위하여 자주 다른 사람을 속이고 조종한다. 절도를 하고도 무감각하다. 이들은 많은 경우 어린 시절에 부모나 의미 있는 타인들로부터 애정을 받지 못하여 다른 사람의 감정에 공감하는 능력이 떨어지는 편에 속한다. 한편, 부모의 양육 태도가 매우 엄격하여 처벌 위주의 교육을 받은 경우도 이런 성격을 가지게 된다.

이에 비해 신경증적인 도벽은 자신의 욕구를 다른 방법으로는 충족시킬 수 없어서 그 욕구충족 수단으로 훔치는 행동을 반복하는 경우이다. 이런 경우는 개인의 분노, 좌절 등과 관계가 있는데, 이런 것들이 해결되면 훔치는 행동이 사라지는 경우가 많다. 신경증적으로 훔치는 행동을 하는 청소년들은 누군가에게 직접 말을 하고 싶은데 하지 못하거나 도움을 요청하지 못할 때, 자신의 훔치는 행동으로 그것이 드러나기를 바라기도 한다. 또한 관심을 받지 못한다고 느끼는 청소년들은 타인의 관심과 사랑, 인정을 받기 위해 훔치는 행동을 하기도 한다.

정신병적·기질적 원인

정신병이나 뇌의 기질적인 이상으로 훔치는 행동이나 도벽이 일어날 수 있다. 이런 정신병적·기질적인 원인으로는 정신분열증, 반사회적 인격장애, 품행장애, 병적 도벽, 조증, 우울증, 불안장애, 과잉행동장애, 정신지체 등을 들 수 있다.

정신분열증의 경우 현실 감각의 결여, 행동 결과에 대한 판단 능력 부재, 자신의 행동을 통제하는 능력의 부족, 망상이나 환청 등으로 훔치는 행동을 한다. 반사회적 인격장애의 경우에도 훔치는 행동을 하는데, 이 경우는 성격적 원인을 동반하며, 훔치고 난 후에도 아무 감정이 없다. 폭력, 싸움 등 반사회적인 행동도 함께 나타난다. 그러면서도 자신의 행동에 대해 반성이나 교정이 이루어지지 않는 경우이다.

품행장애인 경우에도 훔치는 행동을 하는데, 남이 보지 않는 데서 훔치는 행동부터 물건의 소유자에게 신체적 해를 끼치면서 빼앗는 행동 등 다양하며, 남의 재산에 대한 고의적인 파괴행동도 한다. 이런 청소년들은 가출, 무단결석 등을 동반한다.

병적 도벽인 경우에는 자신에게 쓸모가 없거나 별 가치가 없는 물건인데도 훔치는 행동을 반복한다. 이때 훔치기 전에 고조되는 긴장감을 느끼며, 훔친 후에는 기쁨과 충족감을 느낀다. 훔치는 행동이 다른 정신적인 원인으로는 설명되지 않는다. 훔친 후에는 그 물건을 남에게 주든가 버리면서도 계속 훔친다. 여학생의 경우 월경전 증후군이라 하여 생리 전에 이와 같은 병적인 도벽 현상이 일어나기도 한다.

사회적 원인과 청소년 발달기적 특성

자신이 속한 사회·경제적 계층 모두가 훔치는 행동, 남을 속이는 행동 등의 비행을 일삼을 때 그 집단의 구성원인 자기도 그렇게 할 수 있는 것이라고 당연하게 생각하여 훔치는 행동을 지속할 수 있다. 성인들이 청소년들의 비행을 지도할 때 어른들은 더 하면서 왜 우리만 문제 삼느냐고 반문하는 경우도 여기에 속한다.

청소년 특유의 발달기적 특성에서 오는 훔치는 행동도 있다. 자신의 위치나 힘을 입증하기 위해서 훔치는 행동을 하는 경우가 그런 예이다. 또한 이 시기는 또래집단의 영향력이 부모 등 기성세대보다 강력한 시기이다. 그러므로 또래집단의 요구가 있을 때 집단으로부터 인정받거나 자기의 능력을 과시하기 위해 훔치는 행동을 할 수가 있다. 또한 자기를 아껴주는 사람들은 오직 비행 또래집단뿐이라고 느낄 때, 그에 가담하거나 보답하는 방법으로 훔치는 행동을 할 수 있다. 청소년들은 또래집단과 어울림으로써 좀 더 낮은 수준의 도덕적 판단 단계로 후퇴하는 경향이 있다는 연구 논문들이 이를 뒷받침한다.

우울증이 심한 경우에도 자신에 대한 죄책감으로 훔치는 행동을 할 때가 있다. 죄를 받아 죄책감을 보상하기 위해서다. 조증이 있거나 기질적인 장애 — 과잉행동장애나 충동조절장애가 있을 때도 도벽이 일어난다. 도벽이나 비행이 있는 청소년들의 평균 지능은 일반 사람들보다 다소 낮다는 연구 결과들이 많이 있다.

훔치는 행동과 도벽에 대한 지도

훔치는 행동과 도벽에 대한 지도와 상담, 치료는 그 원인에 따라 방법이 다르다. 그러나 그 이전에, 청소년들에게 훔치는 행동이 일어나면 교사는 일단 부모나 보호자에게 문제가 발생했음을 알려야 한다. 이것은 청소년 지도의 일차적인 책임자인 부모에게 청소년의 문제행동을 알리는 한편, 청소년에게 가장 중요한 가정 환경을 알아볼 수 있는 기회가 되기 때문이다. 자식의 문제행동 사실을 대했을 때 나타나는 반응이나 태도에는 가정을 둘러싼 일차적인 정보가 담겨 있게 마련이다.

또 한 가지 이유는 청소년 지도에 대한 공동 책임을 인식하고 함께 협조하는 공조체계가 필요하기 때문이다. 학교에서 발견되는 훔치는 행동이 사소하다고 판단하여 몇 번씩 그냥 넘어가면, 더 큰 문제가 생겼을 때 부모와 교사 사이에 뜻하지 않은 불신감이 발생하여 문제 해결이 더 어려워지는 경우가 있다.

부모의 양육 태도나 가정 환경이 원인인 경우

훔치는 행동이 일어났을 때는 즉각 부모에게 알리고 부모와 면접상담을 하는 것이 중요하다. 이때 부모와 자녀 사이의 관계를 살펴, 원인을 분명하게 파악한 후 그에 대한 조처를 해야 한다. 이때 교사는 부모가 협조하는 것이 자녀의 성장에 어떤 도움이 되는지를 분명하고 확실하게 알려줄 필요가 있다. 부모나 보호자가 해당 상황에 대해 죄책감이나 분노를 느끼게 하기보다는 그동안 나름대로 열심히 자녀를 지도했다는 인정을 바탕으로 새로운 방법을 모색하는 분위기를 형성하는 것이 중요하다.

> 교사가 지도하기 힘들 때는, 부모나 보호자에게 도움받을 수 있는 기관이나 사람을 구체적으로 소개해주고, 문제 해결과 관련된 상담에 대해 지속적으로 관심을 갖고 과정을 확인하는 것이 바람직하다.

문제 해결을 하는 데 부모의 노력이 얼마나 중요하며, 또한 그것이 얼마나 힘든 일인지 지속적으로 상담하며 격려할 필요가 있다. 청소년의 연령이 낮거나 가정 문제에 한정된 원인인 경우, 대부분 부모의 태도에 따라 달라진다. 그러나 훔치는 행동이나 도벽이 지속될 경우 청소년 개인상담과 더불어 가족상담을 권유해야 한다.

성격적이거나 신경증적 원인인 경우

성격 혹은 신경증적 원인으로 훔치는 행동을 하는 청소년들은 대체로 자기 만족도가 낮고 자기 수용 정도나 자기 존중감이 낮다. 그리고 열등감이 팽배한 경우가 대부분이고, 자기 가정에 대한 만족도도 낮다. 이런 청소년들은 자신의 감정이나 욕구를 경험하고 조절하는 데 어려움을 겪는다. 그러나 이들 역시 다른 사람과 마찬가지로

> 성격적·신경증적 원인의 도벽아에게는 역할 연기나 역할 교대를 통하여 타인의 권리나 감정을 공감할 수 있는 능력 키워주기, 욕구 조절하기, 말로 감정 표현하기, 자기 존중감 회복하기 등의 프로그램을 개인 혹은 집단별로 실시할 필요가 있다.

자신의 경험을 확인·인정받고 싶어하는 욕구를 가지고 있다. 그러므로 지도 과정에서 이들의 좌절된 욕구를 상담자가 채워주거나, 최소한 그동안 받아왔던 대우나 경험과는 다른 인간 관계를 맺을 수 있어야 치유에 도움이 된다. 물론 이런 관계를 맺는다는 것이 말처럼 쉽지는 않다. 그런 능력을 갖추기 위해서는 상담자로서의 훈련과 연수가 필요하다.

또한 이들은 어릴 때 부모나 의미 있는 타인에게 거절당했거나 그들을 상실한 경험이 있는 경우가 많아 인간 관계 형성 능력이 부족하다. 자신의 욕구나 감정을 충족시키기 위해 도움을 요청하는 데도 익숙하지 못하다. 그러므로 남들이 자신을 진심으로 염려하거나 돌보는 것을 쉽게 믿지 못한다.

또한 그들은 자신의 부적절한 행동 때문에 그동안 권위자나 어른들에게 혼난 경험이 많아서 권위적 인물에 대해서 막연한 적개심을 가지고 있는 경우도 있다. 그래서 교사가 관심을 가지고 접근해도 앞에서만 듣는 척하고 돌아서서 딴 짓을 하거나 배신감을 불러일으키는 행동을 하여 교사를 무기력하게 만든다. 그러므로 교사는 그 아이가 못돼서 교사의 지도를 받아들이지 않는 것이 아니라 그렇게 될 수밖에 없었던 당사자의 개인적 경험과 환경을 이해하기 위해 노력하는 것이 중요하다.

지치지 않는 꾸준한 관심도 필요하다. 문제청소년들은 교사가 정말로 자신들에게 관심이 있는지, 어디까지 수용하는지 등을 은연중에 시험해본다. 이런 청소년들에게는 교사 자신이 어느 정도까지 인내할 수 있으며, 무엇을 얼마만큼 도울 수 있는지에 대해 솔직하게 이야기해주는 것도 중요하다. 그렇게 하는 것이 과잉의욕을 가지고 지도를 하겠다고 나서는 경우보다 더 신뢰감을 갖게 한다.

초등학교 5학년 때 집안이 파산하면서 도벽이 시작된 인수는 중학교 2학년이 되어서 그 도벽을 고쳤다. 어떻게 도벽을 고쳤는지 묻자, 인수는 자기에 대한 존중감을 찾았기 때문이라고 대답했다. 인수는 자신에게 관심이 없는 부모가 싫고 자신의 집안을 가난하게 만든 사회가 싫어 훔치기를 계속했다고 한다. 그러면서 자신이 훔치는 것은 정당하다고 생각했다. 그런데 중학교 2학년 때 담임 선생님께서 그 사실을 알고 "인수야, 너는 그렇게 살 사람이 아니다. 너는 ○○ 면을 잘하고, ○○ 면에 장점이 있는 괜찮은 사람이기 때문이야."라고 말씀하며 매우 친근하게 대해주셨다고 한다. 그때부터 인수는 자신이 그렇게 살 사람이 아니라는 것에 기대를 걸었고, 가끔씩 다독여주거나 격려해주는 선생님을 생각하면서 스스로 도벽을 고쳤다고 했다. 그 후 지금까지 한 번도 남의 물건에 손을 댄 적이 없는데, 그런 자신이 자랑스럽다고 말했다.

정신병적·기질적 원인인 경우

이 경우는 전문가의 상담과 치료가 필요한 경우이다. 그러므로 부모나 보호자에게 전문기관이나 전문가를 알려주고 왜 전문적인 치료를 받아야 하는지를 설명해주어야 한다. 그러나 섣불리 진단을 내리는 것은 삼가야 한다. 전문적인 치료를 받는다 할지라도 치료 과정과 진행 정도에 대해 계속 관심을 가져야 한다. 그리고 되도록 전문가와 협조 체제를 구축하여 학교의 지도도 치료에 도움이 될 수 있도록 해야 한다.

사회적 원인과 청소년기의 발달적 특성이 원인인 경우

청소년이 속해 있는 지역사회와 연계된 활동을 통하여 건전한 사회와 건강한 문화를 경험하도록 유도할 필요가 있겠다. 또한 소속 사회가 용인하는 범위 내에서 그들의 능력이나 힘을 과시하고 시험해볼 수 있는 장을 마련해주는 것도 중요하다.

청소년들은 비행 또래집단의 일탈행위에 동조한다 하더라도 나름대로는 건강한 집단이나 개인이 받아주거나, 비행 또래집단으로부터 받았던 보상을 대신해줄 수만 있다면 그 집단을 벗어나고 싶어한다. 이런 경우를 가정하여 학교마다 또래 상담자들을 훈련시키고, 그들을 부적응청소년 지도의 자원으로 활용할 수 있는데, 이때는 항상 성인 감독 상담자가 적절하게 지원하고 지도해야 한다. 비행을 유지, 강요하는 또래집단의 지원이 제거되면 청소년의 반사회적인 행동은 약화되고 가정과 사회에서 바람직하게 받아들이는 가치관을 따르게 될 것이다.

그 밖의 지도 방안

훔치는 행동에 대해 분명하고 확실하게 정의를 하고 확인을 한다. 그리고 훔친 행동은 그것을 직접 교사가 보았거나, 분명히 본 사람이 그 사실에 대해 말해주었거나, 있었던 것이 분명히 없어졌을 때에만 확정한다. 훔치지 않았는데 훔친 것으로 누명을 씌우는 일이 생겨서는 안 된다. 또한 아이들에게는 누명을 쓰지 않도록 분명하게 처신할 것을 요구해야 한다.

훔친 사물의 크고 작음에 관계없이 그 물건은 되돌려주어야 하고, 그것에 대한 대응 결과가 주어져야 한다. 그러나 창피를 주거나 소지품을 낱낱이 뒤지는 행동, 한두 번의 훔치는 행동으로 큰 죄인 취급을 하거나 죽일 놈, 도둑놈 등의 판정을 내리는 것은 바람직하지 않다. 그리고 모든 학생들이 자신의 물건을 잘 간수하도록 확실히 지도해야 한다. ■

부적응아 지도
일상생활 지도

교실 안 적응 지도 8훈

철학자가 조그만 배를 타고 큰 강을 건너게 되었다.

철학자가 사공에게 물었다.

"당신은 철학을 아시오?"

"안다고 말할 수는 없는뎁쇼."

"인생의 3분의 1을 헛살았군요. 그렇다면 혹시 문학에 대해서는 아는 게 있소?"

철학자는 다시 물었다. 사공은 똑같은 대답을 했다. 그러자 철학자가 말했다.

"그렇다면 당신은 인생의 3분의 2를 헛산 셈이오."

그 순간 배가 바위에 부딪쳐 가라앉기 시작했다. 사공이 물었다.

"선생님, 수영할 줄 아십니까?"

"아니, 전혀 못합니다."

그러자 사공이 강으로 뛰어들며 말했다.

"그렇다면 선생님의 인생은 모두 헛수고로 끝나는 게요."

담임을 '시험'에 들게 하는 으뜸은 이른바 '부적응아' — 그들이 빚어내는 문제 상황과 그늘진 초상이다. 경력 불문하고 담임 농사의 절반은 이들이 쥐고 있다. 끌어안자니 감당하기 벅차고, 그냥 내버려두자니 이것은 교육자로서 '할 짓'이 못 된다는 자책감, 결국은 어떤 식으로든 맞부딪친다. 교실 안을 들여다보면 포성 자욱한 전장(戰場)이다. 작은 우주와 우주가 맞부딪치는.

전장의 무기는 전폭적인 애정과 신뢰다. 이 애정과 신뢰를 운용하는 방법론의 문제가 손톱만큼 끼여든다. '손톱만 한' 영역이긴 하지만 이 때문에 쓰러진 가슴이 어디 한둘인가. 아이들을 좀 더 성숙하게 만나기 위한 완급조절의 지혜를 '지도 8훈'이라는 이름으로 모았다.

일상생활 지도
교실 안 적응 지도 8훈

매들기 전에 10초만 생각하라　　　　1

　아이들의 부적응 상태를 교정하기 위한 교사들의 노력은 때로 '불'의 형태로 나타난다. 특히 교사의 감정을 돋우는 아이들의 일탈행위는 자질구레한 신경전을 불러일으키고, 무례하고 뻔뻔스러운 행동에 이르면 급기야 체벌이라는 극단적인 수단을 동원하게 된다. 매질 끝에 "너 학교 그만둬라."는 폭언이 쏟아지면, 도대체 누가 옳고 누가 그른지 분간하기조차 어려운 사태로 빠져들게 된다.
　김 선생은 수업 중에 유난히 떠들고 딴 짓에 몰두하는 철민이를 불러낸다. 당연히 기가 죽을 줄 알았던 철민이는 뜻밖에 고개를 빳빳이 쳐들고 왜 그러느냐는 표정으로 눈을 치뜬다. 전학온 지 얼마 안되어 분위기 파악을 못한다고 해도 그렇지, 감히 학생부 10년 경력의 '저승사자'를 몰라보다니.
　분노한 김 선생은 따귀를 한 대 올려붙이고 잘못을 꾸짖는다. 순간 철민이는 냅다 책가방을 싸들고 문을 박찬다. "조또, 안 다니면 될 거 아냐!" 이쯤 되니 김 선생도 이성을 잃을 판. 뒤쫓아가 심하게 매질을 하였고, 일은 일파만파로 번져 아이는 전학을 요구하고, 학부모는 학부모대로 항의 방문해 교무실이 시끄럽다.
　철민이처럼 교사에게 정면 대응을 하는 아이는 대부분 성격 문제라기보다는 그가 가진 삶의 역사, 이를테면 패거리 속에 묻혀서 그런 근성을 익혔다거나, 오랜 일탈행위가 가져다준 피폐함을 드러내는 경우다. 그런 아이들은 교사의 억압행위와 맞닥뜨리면 용수철처럼 튄다. 들을 준비가 전혀 되어 있지 않은 이런 돌출 상황에서 맞대응을 하면 설득력은커녕 교사도 아이와 똑같은 선에서 상처받기 일쑤다.
　이런 때일수록 좀 더 차분하고 유연하게 대처하는 것이 효과적이다. 문제 상황에 압도되지 않기 위해서는 화를 내지 말아야 한다. 화는 어떤 설득력도 갖지 못한다. 기를 모아서 마음의 평정을 유지하는 것이 '기싸움'에서 이기는 길이다. 몰아치고 때리기 전에 교무실로 데려가서 동료교사에게 부탁을 한 뒤, 수업 마치고 조용히 면담하는 과정을 밟으면 아무래도 이야기하기가 한결 수월해진다. 그 뒤 주기적으로 면담을 갖거나 공책을 활용한 편지 쓰기 같은 방법으로 물꼬를 열면 대부분의 아이들은 마음을 연다. 자물쇠처럼 입을 다물고 말을 하지 않는 아이를 10분만 상대하면 술술 말하게 하는 교사가 있는가 하면, 하루 종일 닦달해도 속내를 하나도 캐내지 못하는 교사가 있다. 따뜻한 눈빛 하나, 말없이 건네주는 차 한 잔으로 아이의 마음을 사로잡는다고 해서 결코 교사의 품위가 손상되는 것은 아니다. 매들기 전에 10초만 생각하자.

2 작은 것을 얻으려다 큰 것을 잃지 마라

교사들은 대부분 아이에게 반듯한 생활 태도를 기대하는 심리를 가지고 있다. 머리끝부터 발끝까지 교칙에서 정한 선도 규정을 벗어나지 않고, 다소곳하며 생활을 스스로 통제할 줄 알아야 비로소 안심을 한다. 그러나 아이들은 결코 완벽한 존재가 아니다. 곧잘 실수를 저지를 뿐 아니라 영악하기도 해서 일부러 엇나가기도 한다. 여고 2학년 담임인 민 선생은 살뜰하고 의욕도 높지만 그만큼 고집이 세다. 마음먹으면 밤낮 가리지 않고 최선을 다해서 1등을 해야 하고, 아이가 가출을 하면 끝까지 추적해서 잡아와야만 속이 풀린다. 복장 문제로 누가 지적이라도 받으면, 한 시간 종례쯤은 문제도 없다. 아이들도 민 선생을 담임으로 만나면 '일년 정도는 선생님 비위 맞추고 살겠다.'고 다짐한다. '좋아하는' 만큼 '부담스러운' 면이 있다는 뜻이다.

민 선생 반의 명선이는 가출에 흡연 문제로 말썽을 일으킨 전력이 있다. 민 선생은 명선이의 재가출을 막기 위해 아주 세심한 배려를 했다. 매일같이 소지품 검사를 하고, 집에 전화를 걸어 있나 없나를 확인하고, 불량스런 친구들과의 사이를 갈라놓았다. 한번은 옆머리 몇 올을 염색하고 온 것을 일주일간의 신경전 끝에 되돌려놓았다. 뭔가 변화의 조짐이 보이면 작은 것도 그냥 보아넘기지 않았다.

그런 어느 날 명선이는 편지 한 장을 민 선생 책상 위에 남기고 다시 가출을 했다.

"선생님, 저를 생각해주시는 마음은 다 알아요. 하지만 저도 사람이고, 사람인 만큼 숨도 쉬며 살고 싶어요. 매일 가방을 뒤지고 용의복장 검사하며 머리핀을 빼앗고 귀걸이를 잡아채고……. 그렇게 안 하셔도 저는 많이 조심하고 있어요. 선생님 말씀대로 블랙파 애들 안 만나려고 하지만 그 애들 아니면 누구와도 얘기가 통하지 않아요. 집에서도 힘이 드는데, 선생님께서도 다 막으시니 숨을 쉴 수가 없어요. 저 아껴주시는 것 너무 고맙지만 견디기가 힘들어요."

비행 교정의 첫 단계는 관계와 신뢰의 구축이다. 믿음은 아이들의 상황과 감정을 수용하고 이해하는 데서 출발한다. 상황에 따라서는 감시나 통제보다 적절한 허용과 수용이 아이들을 가르침의 범위 안으로 끌어들이는 적극적인 구실을 한다. 바람직하지 못한 행동의 재발을 우려해서 가방을 뒤지고, 머리핀의 모양과 색을 살피기 전에, 명선이 같은 경우는 민 선생이 등 댈 언덕이 되어주는 것이 순서가 아닐까. 대안 행동과 삶의 양식을 가르치는 단계는 그 다음일 것이다. 지켜야 한다는 강박관념은 사소한 것에 집착하게 만들고 결국 더 큰 것을 잃게 만들 때가 있다.

연대 지도하라. 하나보다는 둘이 낫다   3

혜영이(여중 2년)는 활달하고 얼굴이 곱상하나, 여러 부문에서 엉뚱하고 불안정하다. 온갖 색깔의 머리핀을 모양내서 꽂고, 치마를 접어올려 미니스커트를 만들고, 교문을 몰래 빠져나가 과자나 음식을 사들이다가 학생부에 잡히기도 여러 번이다. 게다가 아이들에게 영향력이 강해서 혜영이가 앞머리를 염색하고 나타나면 며칠 안되어 옆자리 녀석들까지 흉내 내는 통에 학생부에서 '협조 요청' 연락이 오기도 한다.

데려다 혼을 내면 잠깐 동안은 나아지는가 싶다가 다시 재발한다. 부모와 전화상담을 해도 크게 나아지지 않고, 학년초 두 주 가량을 녀석과 씨름하다보니 학급 분위기는 아주 우습게 돌아가고 있다. ― 선생님이 담임이라면, 어떻게 하시겠는가?

담임인 김 선생이 쓴 최후의 방법은 연대책. 이따금 혜영이가 총각 선생인 정 선생에게 꽃을 꽂아주는 것을 눈여겨보았던 김 선생은, 그에게 사정 이야기를 하고 도움을 요청했다. 마침 비담임이었던 정 선생은 쾌히 승낙을 해주었다. 혜영이가 담임에게 꾸중을 듣거나 학생부 소환을 받아 의기소침해 있을 때면 정 선생이 불러다가 다독거리고 이야기를 나누었다. 정 선생의 책상에 꽃을 꽂는 혜영이의 손길에는 정성이 묻어나고, 그와 비례하여 그를 신뢰하고 존경하는 마음도 두터워지는 듯했다.

지친 이성에 대한 감정으로 효를까 봐 적당히 조절해가며 정 선생은 보이지 않게 혜영이의 모습을 바꾸어갔다. 퍼머한 머리를 단정하게 가라앉히고, 짧은 치마도 다시 원래의 길이로 돌아왔다. 쉬는 시간에 책을 들고 와서 정 선생과 이야기를 주고받는 모습도 자주 보였다. 4월로 들어서면서 혜영이의 모습은 놀랍도록 차분해지고 윤기가 흘렀다. 정 선생이 어떻게 지도를 했는지 담임을 대하는 태도도 상당히 호의적으로 변해 있었다. 덕분에 김 선생은 학급의 다른 일로 눈을 돌릴 수 있었다. 친구들의 긍정적인 관심을 받고 있는 혜영이의 등을 가끔 두드려주는 것만으로도 의사소통이 가능했다. 혜영이가 앞머리를 염색하면 따라서 염색하던 아이들이, 이제 혜영이의 다소곳한 모습에서 영향을 받고 있었기 때문이다.

교사 간의 파트너십, 아이들 사이의 우정은 뜻밖의 효과를 거둘 수가 있다. 잘 짜여졌으나 메마른 멀티미디어 수업보다는 비록 열악하지만 적절히 친구 과외를 적용하는 수업이 효과적일 수 있고, 혼자서 동동거리며 아이의 마음을 사려고 발버둥치기보다는 때로 선배나 다른 교사, 친구를 활용하는 지혜가 배전의 효과를 낳을 수 있다. 머리로 지도하시다가 막히면 가슴으로 생각하시기를.

4 아이들이 보내는 작은 신호를 놓치지 마라

관찰할 만한 행동 변화 신호
· 주변 정리가 잘 안되거나 집중하지 못하는 경우
· 말수가 갑자기 줄어든 경우
· 별 이유 없이 성적이 부진해지는 경우
· 감정 변화의 기복이 심한 경우
· 주위의 모든 일에 철저하게 무관심한 경우
· 작은 일에도 화를 내거나, 난폭한 언행을 보이는 경우
· 여기저기가 아프다며 자주 양호실을 들락거리는 경우
· 아무것도 먹지 않거나, 닥치는 대로 너무 많이 먹는 경우

'왕따'란 다 아다시피 왕따돌림의 준말로 여럿이 하나를 따돌리며 괴롭히는 것을 말한다. 왕따 현상은 불특정 다수가 피해자가 될 수 있다. 특히 내성적이며 자기 주장을 잘하지 못하는 학생, 신체 외모가 특이한 학생, 너무 잘났거나 지나치게 약한 경우 그 대상이 될 수 있다.

대인 기피증을 앓고 있는 승훈이의 왕따 피해를 눈치 챈 것은 집단상담의 역할극 때 뱉어낸 몇 마디 대사 때문이었다.

"난 검정고시를 볼래요. 학교는 배가 너무 고파요. 고기가 먹고 싶어요. ……"

개그나 선문답 같기도 해서 교실 바닥을 웃음으로 뒤흔들어 놓았지만, 아무리 생각해도 승훈이의 대사가 무엇을 뜻하는지 좀처럼 이해할 수가 없었다. 가방을 뒤져서 소지품을 검사하고 주변의 아이들을 불러서 "평소 승훈이가 이상한 행동을 한 적은 없느냐?"고 물어봤지만, 종례도 받지 않고 수업하다가 몇 번 집에 간 적이 있다는 답변밖에는 아무런 정보를 얻을 수가 없었다. 승훈이의 연습장을 넘겨보니 다른 아이들이 남긴 필적만 가득했다.

'뭔가 있다.'는 다소 불안한 예감이 들었다. 학급 임원들과 모둠장들을 모았다. 몸이 불편한 승훈이의 주변 이야기를 집요하게 추궁하자 누군가 입을 열었다. 하나가 입을 열자 비로소 아이들의 말문이 터졌다.

"쉬는 시간에 아이들이 승훈이 도시락을 빼앗아먹어요."

"툭하면 연습장을 빼앗아 낙서를 하고, 교과서를 안 가져온 애들은 승훈이 것을 강제로 빌려요. 승훈이는 밥이에요."

알고 보니 자기 의사를 적극적으로 표현하지 않을 뿐 아니라, 손해 상황에서 최소한의 방어조차 못하는 성격을 이용해 아이들이 마치 제 창고처럼 취급해버린 것이었다. 우선 관련 아이들을 따로 불러 꾸중을 하고, 약식 학급회의를 열어 승훈이에 대한 진지한 토론을 벌였다. 토론에서 승훈이를 돕기 위한 동아리 구성안이 통과되었다.

자살, 가출, 폭력 피해의 가능성을 내포하고 있는 아이들의 변화는 그 징후를 수반한다. 청소 시간에 외따로 묵묵히 남의 구역까지 청소하고, 선생님의 눈길을 은근히 피하며, 극기훈련이나 소풍 때 홀로 행동하는 등 '미심쩍은' 행동 변화를 보이는 아이를 눈여겨보고 특별히 지도해야 한다.

교사의 귀와 눈은 늘 열려 있어야 한다.

일상생활 지도
교실 안 적응 지도 8훈

같이 행동할 수 있는 마인드를 가지라 5

아이들의 마음은 어른들의 우려에 관계없이 늘 '콩밭'에 가 있다. 칠판에 시선을 두고 있는 듯하지만 쪽지편지를 전달하는 데 골몰하고, 책상 밑으로는 연예인 화보가 들락거린다.

아이들의 삶은 학교에만 머무르지 않는다. 시끌벅적한 시장 골목길의 떡볶이집과 창 넓은 패스트푸드점, 당구장의 초록빛 포켓볼, 하룻밤은 너끈하게 샐 수 있는 PC 게임방, 찜질방…….

컴퓨터 실력이 수준급이고 학급 관리가 노련하며, 부적응아들을 지극정성으로 '모시는' 젊은 정 선생이 생활지도를 할 때마다 매사에 실패를 거듭하는 이유는 다른 데 있지 않다. 아이들이 정 선생을 그냥 완벽주의를 추구하는 '아저씨' 쯤으로 취급하기 때문이다.

정 선생은 아이들의 문화를 누구보다 잘 안다. 높은 당구 실력에 만화광이고, 외국 여행 경험도 많으며 음악에 소질이 있어서 클래식부터 십대 인기가요의 순위까지 두루 꿰고 있다. 그러나 그는 '할 줄'은 알지만 '함께할 줄'은 모른다.

유능하지만 그 유능함을 아이들에게 베푸는 데 인색하다. 아이들에게 정 선생의 유능함은 그림의 떡이다.

고루하기 짝이 없어 보이는 오십 가까운 윤 선생은 그야말로 '다방 문화 세대'다. 컴퓨터를 능숙하게 다룰 줄도 모르고, 랩을 들으면 이게 무슨 '개 풀 뜯어 먹는 소리'인가 싶어 고개를 젓는다.

그러나 그는 아이들의 속성을 많이 갖고 있다. 호기심이 많으며 어울리기를 좋아하고 헌신적이다. 아이들을 데리고 놀러다니기를 좋아하며, 놀러가서는 술은 어른에게 배워야 한다며 한 잔씩 따라 주기도 한다. 아이에게 컴퓨터 게임을 배우는 데 부끄러움이 없고, 청을 못 이기는 척 아이들을 쫓아가 함께 떡볶이를 먹는다. 움직이는 고민 상담센터이기도 하다. '할 줄'은 모르지만 '함께할 줄'은 알고 있기 때문이다.

아이들의 문화를 이해한다고 해서 뭐든지 알거나 따라 할 것은 아니지만, 아이들의 삶과 문화, 거기에 얽힌 고통을 이해하는 마인드를 가져야 한다. 아이들은 유능한 교사보다는 이해심으로 자신들을 적절히 통제해줄 수 있는 선생님을 반긴다. 문화 읽기 능력을 고루 갖춘다면 금상첨화겠지만 꼭 그렇지 못하더라도 다만 어깨동무하고 함께 그들의 '콩밭'에 발을 들여놓는 것, 그것은 일종의 용기이며 능력이다.

> **우리가 좋아하는 선생님**
> 청소 못한다고 혼내기에 앞서 대걸레 시범을 보여주는 선생님, 꾸짖을 때는 엄격하시지만 돌아서면 입가에 고추장 묻혀가며 같이 떡볶이를 먹어주시는 선생님.
> ― 서울 중3 학생

6 감당할 수 있는 역할을 찾아주라

> 뭔가 할 수 있는 역할을 준다는 것은 일종의 신뢰와 인정의 표시로, 특히 격려가 인색한 환경에서 자란 아이에게는 매우 긍정적인 효과를 기대할 수 있다.

구본진은 평범한 아이지만 상처를 안고 있는 아이다. 얼굴 반쪽에 흉한 화상의 흔적이 있고, 그 때문에 오랜 세월 친구도 없이 항상 찌푸린 표정에 말수가 적다. 자연히 아이들과 멀어져 점심 시간엔 혼자서 밥 먹고, 청소 시간엔 묵묵히 혼자서 걸레질하고, 수업 시간엔 남들이 웃어도 표정이 없다.

그런 본진이가 스터디 그룹의 방안을 내라는 지시에 꽤 성의 있는 보고서를 제출했다. "저는 이 스터디 그룹을 열심히 하여 중학교 생활을 새롭고 보람 있게 보내겠습니다. 시작만 했다가 늘 중간에 흐지부지되었던 초등학교 때의 스터디 그룹처럼 중도에 포기하지 말고 끝까지 밀고 나가주세요. 선생님만 믿습니다."

비록 공부도 중하위권이고 특별한 재주도 없었지만 마음 가는 데가 있었다. 학급 임원들의 노골적인 질시를 무릅쓰고 본진이를 스터디 그룹의 책임자로 임명했다. 날마다 머리를 맞대고 시시콜콜 계획을 짜고, 조직을 하고, 보고서를 만들고, 전달사항을 전하게 하는 등 아이들의 말마따나 눈꼴이 시릴 정도로 편애(?)를 했다.

처음에는 당황하고 어려워하던 본진이도, 담임이 키를 낮추어 어깨를 나란히 하고 진지한 표정으로 친구처럼 대하며 학급 일을 함께 상의하고 풀어나가자 차츰 자신감을 가지는 듯했다. 자율 학습 시간에 전달사항을 알리고, 그룹 조장에게 보고서를 재촉하고, 성의껏 학습에 참여하는 등 본진이는 말수도 많아지고 표정도 밝아졌다. 물론 고비도 있었다. 아이들이 본진이를 따르려 들지 않았을 때와, 담임이 너무 본진이만 감싸고 돈다고 항의했을 때는 본진이도 그만두겠다며 눈시울을 붉혔다.

우선 아이들을 다독여 설득을 했다. 그런 뒤 심성이 바른 아이들을 본진이와 함께 일하게 하고, 그들이 제출하는 총평 보고서의 내용에 따라 엄정한 상벌을 부과하자, 누구도 쉽게 본진이를 무시하거나 함부로 대하지 못했다.

일석이조 — 개인으로는 본진이의 일상이 달라졌고, 학급 전체로는 공부라면 손을 놓고 있던 하위권 아이들이 저만 못하던 본진이의 눈에 띄는 발전을 보며 '그렇다면 나도…….' 하고 대드는 바람에 스터디 그룹이 활성화되는 전기를 마련한 것이다.

본진이처럼 타고 난 상처로 인해 고통받는 아이에게는 막연한 동정보다는 구체적으로 적용 가능한 프로그램이 필요하다. 타인의 사랑을 수용하는 가운데 긍정적인 자아상이 형성되도록 돕는 것은 부모와 교사의 몫이다. 세상에 단 한 사람에게라도 사랑을 받는 아이는 결코 좌절하지 않는다.

일상생활 지도
교실 안 적응 지도 8훈

지나친 욕심은 차라리 무관심보다 못하다　　　7

　　연심이는 공부는 제법하지만, 늘 의기소침하고 이런저런 일에 나서는 법이 드물어 자칫 이기적인 아이로 오해받기 딱 알맞은 아이다. 잘 웃지도 않는다.

　　연심이의 담임은 상담실 담당의 조 선생. 그녀는 여교사답게 주도면밀하고 세심하게 아이들을 지도하는 스타일이다.

　　그런데 일년이 지난 뒤에 연심이는 우울증이 심해져 정신과 진료를 받아야 할 지경에까지 이르렀다. 조 선생의 지나친 애정과 '욕심' 이 빚은 사태 악화였던 것이다.

　　조 선생은 공부에만 신경 쓸 뿐 매사에 의욕이 없으며 비협조적인 연심이를 어느 날 공개적으로 학습부장에서 해임했다. '반성하고 봉사하라.' 는 뜻이었다. 그날부터 연심이는 고된 학급생활을 감내해야 했다.

　　주변을 두 번씩이나 하고, 우유 당번에 폐휴지 당번, 그리고 토요일 종례 때마다 아이들 앞에서 노래 부르기, 등교 시간에는 교실 문을 들어서며 큰소리로 '안녕하세요?' 를 외치기.

　　조 선생 나름대로의 우울증 처방전이 곁들여진 프로그램이었다.

　　연심이로서는 담임 선생님의 '사랑' 을 견디기 힘들었지만, 그렇다고 내색하기도 어려웠다.

　　선생님 만나면 웃음 띤 얼굴로 대하기, 교무실 출입할 때는 밝은 미소로 인사하기. 조 선생의 말마따나 연심이의 무표정과 우울증은 분명히 호전되어 보였다. 그러나 사실은 그 표정 안에서 연심이는 점점 피폐해지고 있었던 것이다. 매사에 적극적이고 노력하는 조 선생이지만, 내면을 들여다보는 전문지식을 바탕하지 않고 나름대로 치유책을 쓰다가 결국은 오히려 더 큰 상처를 안겨준 셈이다.

　　우울증뿐 아니라 주변에서 흔히 겪을 수 있는 도난 사건, 학교폭력, 왕따 문제, 심지어 학급운영에 이르기까지 교사 자신이 해결하기 힘든 상황에 부딪치거나, 스스로 해결할 수 없다는 판단이 서면 동료교사나 전문가 그룹에게 서슴지 말고 손을 내밀어야 한다. 복잡한 문화 속에서 오랫동안 누적되었다가 드러나는 '역사가 깊은' 온갖 문제를 어찌 교사 혼자 힘으로 다 다스릴 수 있겠는가.

　　우리 주변에는 "문제 상황에 대해서 도움을 줄, 훈련받은 집단이 있다는 믿음을 가져달라."는 상담 전문가도 많고, 경험 많은 동료교사들도 있다. 이들과 손을 잡는 것도 지혜로운 선택이다.

8 당당하게 권위를 세우라

"이 정도는 봐주셔야지요. ㄱ 학교는 되는데 왜 우리만 안 되나요?"
"아이스크림 하나씩 쫙쫙 돌려요. 환경미화 1등 했으면 한턱내야지."

아침마다 교문에서 벌어지는 입씨름, 툭하면 먹을 것을 사달라고 조르는 아이들, 문제인지 문화인지 구별하기 힘들 정도로 점점 짧아지는 교복 치마와, 존댓말 같기도 하고 반말 같기도 한 묘한 말씨……. 날마다 벌어지는 이런 전쟁은 도대체 교사의 존재 의미가 무엇인지 고뇌하게 만들기에 충분하다. 급변하는 교실 환경은 교사에게 좀 더 분명한 가치관과 정체성을 요구하고 있다.

30대 초반의 권 선생은 아이들과 스스럼없이 어울리는 자칭 신세대 교사. 그러나 말이 곧 문화요, 이 문화가 관계를 만든다는 철학 하나만큼은 확실하다. "저 화장실 갔다오면 안 되나요?" 하면 "안 돼, 지금 네가 스스로 안 된다고 했잖니? '저 화장실 가고 싶습니다'로 바꿔봐." 이렇게 긍정적이고 트인 말씨를 갖도록 습관을 들인다. 아이들과 친숙하면서도 언어에 엄격하고, 그를 통해 세심하게 언어예절을 가르치는 인격적인 면을 높이 사는 아이들은 권 선생을 '진짜 선생님'으로 대한다.

여학교에 근무하는 조 선생은 말썽쟁이들에게 아름다운 시 한 수씩을 선물한다. 때로 간절한 내용을 담은 편지를 건네기도 한다. 조그만 체격에 별로 말이 없는 조 선생이지만, 한두 번 대해본 아이들은 조 선생에게 호기심을 갖고 정중하게 대한다.

노총각 오 선생은 아이들이 쓰는 은어를 완벽하게 파악해서 버르장머리없는 아이를 만나면 더 생생한 '그들만의 언어'로 기를 꽉꽉 죽인다. 원칙과 상식을 지키는 선에서 아이들 문제를 갈라내는 데도 명쾌하고 시원시원하다.

한번은 학급 규칙을 밥 먹듯 어기던 한 아이가 여교사에게 대들다 도망을 갔다. 그 아이와 부모를 함께 불러 학급회의를 참관시켰다. 학급 아이들이 회의 결과 내린 벌칙 — 해당 선생님을 즐겁게 할 수 있는 일 다섯 가지 하기, 석 달 동안 결석생이나 지각생 파악해서 전화 걸기. 만일에 안 지키면 학급 전체 이름으로 징계를 청원한다. 아이들은 오 선생을 실력 있고 배짱 두둑한 선생님이라고 좋아한다.

교사의 권위는 이제 수동적인 방어 본능이나 '에헴'으로 통하지 않는다. 교사 자신이 잘하고 즐겁게 할 수 있는 것으로 아이들을 만나는 당당한 자세가 필요하다. 적극적이고 긍정적인 '나'를 갈고 닦아 아이들을 만날 수 있어야 한다. 교사의 권위는 아이들의 눈동자에 비치는, 교사 스스로의 모습에서 찾아야 할 것이다. ■

아이들 마음 읽기

선생님, 이럴 때 엄하게 다스려주세요

1 수업에 집중하지 않고, 저희 마음대로 떠드는 아이들을 따끔하게 혼내주세요. 학생을 포기하는 것은 선생님이라는 직업을 포기하는 것과 같아요.

2 도난 사고가 일어났을 때, 그냥 넘어가시는 경우가 많습니다. 가만히 두면 그 피해는 점점 더 커집니다. 확실하게 혼내셔서 그런 일이 없도록 해야 합니다.

3 잘한 것도 없으면서 선생님한테 막 말대답하고, 개기는(원래 표준말은 '개개다'이다.) 아이들은 절대 봐줄 필요가 없다고 생각합니다. 내가 봐도 귀쌈 한 대 올려붙이고 싶을 정도인데, 어떤 선생님은 그냥 참고 넘어가십니다. 그러니까 더 기가 살아서 다른 시간에도 눈에 뵈는 게 없습니다. 아주 혼내주셔야 합니다.
(응답자 가운데 '선생님께 버릇없게 구는 아이들은 혼내야 한다.'고 답한 아이가 가장 많았다.)

4 청소할 때 도망가는 아이들은 따로 불러 혼내야 합니다. 도망가는 아이들 때문에 매일 청소하는 아이들만 청소를 하게 됩니다. 그러면 나중에는 왜 나만 하는가 하는 생각이 들고 기분이 나쁩니다. 남의 눈을 속이거나 피해를 주는 아이들은 꼭 교육을 시켜야 합니다.

5 폭력을 습관적으로 쓰는 아이에게는 엄격하게 대해주셨으면 좋겠습니다. 선생님께서 모른 체 지나가면 당하는 아이들만 정말 괴로워집니다. 이런 애들을 선생님께서 혼내주지 않으면 누가 잡습니까?

6 인간적으로 대해주는 선생님께 알아서 잘하기는커녕 오히려 맞먹거나 머리 위에서 놀려고 하는 아이들이 많습니다. 아무리 좋은 선생님이라도 엄할 때는 엄하게 해야 합니다. 어떨 때는 선생님이 불쌍해 보일 때가 있습니다.

7 친구나 학급 분위기에 상관없이 제 세상인 것처럼 친구들과 떠드는 아이들이 있습니다. 우리 말은 그냥 씹습니다. 자율 학습 시간 같은 때, 반장이 조용히 하라고 하면 다른 아이들은 조용히 하는데 용감한 척 "괜찮아, 떠들어, 떠들어." 하면서 피해를 주는 아이는 혼내야 합니다.

8 화투나 카드 같은 도박성 놀이를 하는 아이들이 있으면 못하게 해야 합니다.

9 잘못을 저지른 아이들의 어머니가 찾아와서 항의하면 그전까지의 당당함은 어디로 가고 아무 말씀 못하십니다. 그럴 때 아무리 부모라도 잘못한 건 잘못했다고 당당하게 말씀하셔야 한다고 생각합니다.

10 아이들이 불량스런 길로 빠져들 때, 엄하게 타이르고 가르쳐야 합니다.

— 전국 중·고생 200명(중 70%, 고 30%)을 대상으로 실시한 설문 결과를 바탕으로 작성했다.

같이 읽기

반성문 쓰기, 이제 바꿔봅시다

아이들의 반성문은 참 구구절절하다. 어떨 땐 감동적이기까지 하다. 특히 '꾼'들의 반성문은 더 그러하다. 그러나 반성문은 대부분 '가짜'다. 교사의 마음을 이미 다 꿰고 있다가 거기에 맞춰줄 뿐이다. 반성문을 일상적으로 쓰게 하는 교사도 있는데, 그 교사에게 속한 아이들은 반성문 몇 장을 정말 순식간에 쓱싹 해치운다. 내용인즉슨, "무조건 잘못했습니다. 제가 죽일 놈이지, 선생님 같은 좋은 분이 신경을 써주시는데 그런 일을 하다니요. 후회하고 있습니다. 다음부터 잘하겠습니다.' 일색이다. 심하게 말하면, 반성문 쓰기는 학생을 '사기꾼'으로 만드는 지도 방법이라 하겠다. 반성문이라는 글의 양식 자체가 전망이 없는 것이다. 그것은 항복과 굴종의 표시밖에 안된다. 학생들은 그러는 척하는 것이고, 교사는 그것을 보면서 자기 만족을 할 뿐이다. 그렇다면, 반성문 쓰기는 어떻게 바꿔야 할까. 어떤 대안이 있는 것일까.

생활 일기, 생활 이야기를 쓰게 한다

특별한 잘못이 아니고 그냥 흔한(일상적인) 잘못을 했을 때 줄 만한 벌(글쓰기)이다.

요즘 어떻게 지내는지 편하게 글로 써보라고 하면 된다. 쓸거리가 없다고 하면, 최근 여러 날 가운데 아무 날이라도 하루 생활을 적어보라고 한다. 교사는 학생이 쓴 글을 읽고, 잠시 대화를 나누면 된다. 굳이 대화를 나누지 않더라도 교사는 글을 통해서 학생을 더 잘 이해할 수 있게 된다. 이런 생활 글쓰기는 아이들을 억압하지 않기에 왜곡이 적게 일어난다. 그런 점에서 깔끔하다. 그러나 '돈을 많이 썼는데 어느 날 어머니가 저금통을 사주셔서 그때부터 절약하는 어린이가 되었다.'는 식의 뻔한 '저축 글쓰기'가 되어서는 효과가 없다. 생활을 있는 그대로 쓰고, 자기 생각을 편안하게 글로 표현하는 것 자체가 중요하다.

상황을 그대로 재현하는 글쓰기

아이들은 참 흥분을 잘한다. 대화를 통해 문제를 풀어간 경험이 별로 없기 때문이다. 큰 소리 치지 않으면 상대에게 밀리게 된다는 피해의식에서일까? 잘못을 저질러놓고 오히려 당당하게 우기는 아이들이 많다. (이게 다 어른들에게서 배운 것이다.) 이럴 때 교사는 참 난감하다. 확 날벼락을 내려버릴까 하는 충동에 사로잡히기도 한다. 그러나 이때 교사가 자제하지 못하면, 상황은 걷잡을 수 없게 악화되어, 서로가 큰 상처를 입기 쉽다. 특히 교사는 '이것 하나 풀지 못하다니…….' 하는 자책감과 자기 인생에 대한 배신감에 휩싸이게 된다.

이럴 때는, 충돌하기보다 학생에게 상황을 재현하는 글을 쓰게 하는 방법이 좋다. 문제가 된 상황을 그대로 옮겨 적고, 그때 거기에 있던 인물들이 자기 처지에서 각자 어떤 생각을 하고 어떤 마음을 가졌을지에 대해 써보게 하는 것이다. 그러면 학생이 자기 감정에 휩쓸려서 제멋대로 상황을 해석하며 잘못이 없다고 우기는 상태에서 어느 정도 벗어나게 된다. 격했던 마음이 다소 가라앉는 효과도 있다. 자제심을 잃어버릴지 모르는 위기 상황에서 교사의 품위를 지키는 방법으로 쓸 만하다.

부모가 되어서 자기에게 해줄 말을 생각하는 글쓰기

잘못한 일에 대해 그 잘못을 마음으로 느끼게 하고 싶을 때 쓰는 벌이다.

"자, 네가 부모가 되어서 자식을 낳았어. 그런데 그 자식이 딱 지금 네가 한 잘못과 똑같이 했단 말이야. 그때 그 아이에게 무슨 말을 해줄지 그것을 글로 써봐. 분량은 A4 용지 한 쪽이고."

여럿이 함께 잘못했을 때에는 학생을 한 줄로 쭉 세운 다음, 이 학생은 저 학생의 부모고, 저 학생은 그 다음 학생의 부모고, 하는 식으로 돌아가며 자식과 부모 관계를 만들어 놓고 글을 쓰게 하면 재미있다. 벌이 꼭 어둠침침할 필요는 없다. 심각해서 무겁게 내리눌러야 할 잘못도 있지만, 밝게 풀어가는 게 더 좋은 잘못도 있다. 단, 장난투로 형식적인 글을 쓰면 반드시 다시 쓰게 한다. 문제 상황에 대해 진지하게, '자기 자식'의 평소 모습, 성격, 생활을 살펴가며 글을 쓰라고 확실하게 주문을 해놓는다.

그 밖에 쓸 만한 글 주제

자기가 좋아하는 사람의 성격 쓰기, 왜 그 사람이 좋은지 적고, 내가 그 사람에게 좋은 사람이 되려면 어떤 사람이어야 할지 생각해보게 한다. 반대로 자기가 미워하는 사람의 성격 쓰기, 왜 그 사람이 미운지 쓰고, 내 성격 가운데 미운 점을 같이 쓰게 한 후, 어떻게 해야 나의 미운 점을 이겨낼 수 있을지 생각해보게 한다. 너무 당위적이거나 도식적인 글쓰기라는 느낌도 있지만 때로는 유치한 게 잘 통하기도 한다.

송승훈 / 경기 광동고 교사

같이 읽기

학급 문제 상황, 이럴 땐 이렇게

상황 1 학급 분위기를 망가뜨리는 소란파

교실은 꼭 못자리 같다. 잠시만 한눈을 팔아도 소란파들이 교실을 장악한다. 수업 중이나 모둠활동 시간에 부정적인 의견이 위세를 떨치고, 엉뚱한 말 한마디에 교실 전체가 동조하게 되어 교과 담임들이 먼저 고개를 젓는다. 심해지면 걷잡기가 힘들다.

떠들고 산만한 아이들을 불러다 틀에 박힌 훈계와 체벌을 거듭하거나 자리를 외딴 곳으로 박아두는 것을 방편으로 삼으면 오히려 아이들은 관록이 붙어 더욱 은밀하고 대담해진다. 좀 더 과감하게 다스릴 양으로 반장이나 일부 모둠을 시켜 상황을 체크하면 효과는 둘째 치고 학급원 사이에 갈등이 빚어지는 문제가 있다. 요놈들을 어쩐다?

- 김 교사의 대안 : 강온 양면을 적용하여 고무줄 늘리고 줄이듯 다룬다. 정도가 약한 아이들은 이따금 불러 심부름을 시키는 등 교사 편으로 끌어들이고, 심각한 아이들은 가정방문을 '해버린다.' 세상없는 아이도 담임이 가정을 찾아오게 되면 기가 꺾이지 않을 수 없다. 교사가 직접 아이 방에서 대화를 나누고 달래면 한결 달라진다.

- 이 교사의 대안 : 교과 담임들의 협조를 얻어 '특별한 관계'를 맺게 해준다. 어떤 선생님 시간에는 마이크 가져오는 것부터 수업 준비, 과제물 걷기까지 누가 담당하고, 또 어떤 선생님 시간에는 누가 그 역할을 하고. 교과 담임의 적극성 여부에 따라 다소 차이는 있지만, 제가 담당한 수업 시간만큼은 진지하다. 그래도 안되는 아이는 부모나 상담실의 협조를 얻어 정밀한 심리테스트를 하고 그 결과에 따라 교과 담임들에게 '숙제는 아이에 맞게' '훈계는 교무실로 불러다 하기' 등 항목별로 당부를 한다.

상황 2 약속을 밥 먹듯 어기는 아이들

품성이 나빠서라기보다는 평소의 생활 습관에서 비롯되는 경우가 대부분이다. 유일한 처방전은 교사가 인내심을 가지고 기본 생활 습관부터 차근차근 교정하여 좋은 습관을 지니도록 해주는 것. 다음과 같은 원칙을 세워 시종일관 실천할 필요가 있다.

- 약속에 관한 원칙을 정하면 어떤 난관이 따르더라도 반드시 이행한다.
- 교사 자신이 약속을 지키지 못하면 아이들에게 이유를 설명하고 꼭 사과한다.
- 약속수첩을 활용한다. 교사가 예쁜 것으로 골라주고 이행 여부를 일일이 확인한다.
- 약국의 처방전처럼 약속 불이행 항목에 따라 적용할 벌칙이나 대안을 미리 만들어놓았다가 처방한다. 신체적인 벌은 주지 않는다. 면역성만 길러줄 뿐이다.

상황 3 매사에 무관심한 아이

아이가 언제부터 어떤 계기로 이런 생활 태도를 지니게 됐는지, 아니면 원래 성격이 그런지 탐문조사하는 것이야 기본 과정이지만 그 다음이 난감하다.

- 우 교사의 대안 : '다이어리(종합수첩)' 요법. 적극적이고 긍정적인 아이들로 구성된 모둠 속에 '무관심표' 아이를 섞어놓고 다이어리 교환편지를 쓰게 한다. 다이어리에는 친구에게 보내는 메시지, 좋아하는 연예인, 마음에 드는 시 구절 등 온갖 비밀스런 이야기가 다 담긴다. 주기적으로 서로 바꾸어보고 재미있는 것은 양해를 얻어 벽신문에 공개한다. 마음이 섞이면 동화는 쉽다.

상황 4 제 잇속만 챙기는 약빠른 아이

어디 한 군데 약점을 찾기 힘들지만 미운 아이가 있다. 자기 할 일은 깔끔하게 하면서도 환경미화 때는 쏙 빠지고, 교사가 업무상 도움이 필요해서 부탁하면 바쁘다고 당당하게 거절한다. 그렇다고 뭔가 꼬투리를 잡아 견책하기에는 모양새가 사납다.

- 천 교사의 대안 : 잘할 수 있는 학급 일을 찾아서 능력을 인정한 뒤 맡긴다. 잘하는 과목에 대해 시험 기간에 정리 자료를 만들어오게 해서 풀이를 시키거나 나누어준다. 그리고 그 결실을 학급원 앞에서 치하한다 잘 적응하며 조금씩 영역을 늘려간다.
- 임 교사의 대안 : 학생부의 까다로운 동료교사에게 부탁하여 '폐휴지 걷기'나 '교통 캠페인' 같은 프로그램에 부단히 참여시켜서 좀 고생을 하도록 조치한다. 파김치가 되어서 돌아올 때면 급우들 앞에서 칭찬하고, 기회가 되면 봉사상이나 선행상을 준다. 주말이나 방학을 이용해서 청소년단체의 국토 기행, 인성교육 프로그램에 참여시키기도 한다.

상황 5 교사 불신파, 불만파 다스리기

불만파 아이들의 속내를 살펴보면 남들에게 인정받고 싶어하는 욕구를 지닌 경우가 많다. 이들은 자신보다 약해 보이는 아이를 돕거나, 잘할 수 있는 역할을 공식적으로 맡기면 상당한 성취욕을 느끼며 접근하는 특성을 지니고 있다.

학급회의에서 결정된 안건을 추진할 때, 담임이 나서지 말고 진행팀으로 하여금 불만파가 직접 나서서 일을 할 수 있게 공식화하는 방식을 택해보라. 그들과 어울릴 수 있는 임원들도 함께 합류시키면 성과가 배가된다. 점차 불만파 아이들을 학급 일에 적극적으로 동참시키며 동기 부여를 하고 정을 주면 훌륭한 학급 공동체의 일원이 된다.

사례 1
나의 생활지도

나는 아이들을 믿는다

나는 내가 아는 모든 아이들은 착하고 예쁘다는 믿음을 갖고 만난다. 정말 나는 아이들이 예쁘다.

강산이 변한다는 십 년, 교직 경력 십 년에 나도 많이 변했다. 신규 시절에는 자신만만하게 모든 것을 내 기준에 맞추고 아이들이 따라와주기만을 바랐다. 그리고 그것이 옳다고 믿었다. 그러나 나의 오만이 아이들에게 얼마나 큰 상처를 줄 수 있는지, 한 아이를 자퇴시키면서 뼈저리게 느꼈다. 그 뒤로 나의 입장이 아니라 아이들의 입장에서 보고 생각하기로 했다. 그러자 아이들 세계가 좀 더 따뜻하게 다가왔다.

나는 아이들을 믿고 기다린다. 지금은 혼란스러워도 그것은 성장의 한 단계로 당연한 것이며, 시간이 지나면 멋진 모습을 찾으리라는 기대로 아이들을 만난다. 매년 새로운 아이들을 만날 때마다 너무 변화의 폭이 커서 혼란스러울 때가 많지만, 그럴수록 아이들의 생각을 훔쳐볼 방법을 찾으면서 말없이 잠시 웃으며 여유를 갖는다.

아이들을 만나는 것은 인내의 여행

나는 부드러운 분위기에서 아이들을 만나려고 노력한다. 아이들과 생활하면서 지나친 행동이 나오면 한두 번 경고를 준다. 그래도 달라지는 모습이 보이지 않을 때면 어디서 어떻게 만날 것인가를 생각한다. 명랑한 아이들보다는 내성적인 아이들이 더 걱정스러워 먼저 만난다. 상담실에서는 만나지 않는다. 상담실은 멀기도 하지만 특별한 곳이라는 느낌을 준다. 수업이 끝난 뒤 빈 교실이나 휴게실을 이용한다. 이야기할 때는 편하고 다정하게 마주 보고 앉거나 옆자리에 앉아서 이야기한다. 아이들은 선생님이 부르면 일단 긴장한다. 이럴 때 나는 매우 능청스러워진다.

"선생님이 왜 불렀을까? 그 이유가 무엇인지 생각해보렴. 그냥 부른 것이 아니야. 이유가 있으니까 불렀지."

이렇게 말하면 아이들은 더욱 긴장한다. 뭔가 잘못이 있는 아이들은 솔직하게 털어놓는다. 말없이 이야기를 다 들은 후에 나는 아무렇지도 않게 말한다.

"선생님은 너의 잘생긴 얼굴을 가까이서 보고 싶어서 불렀단다."

아차, 속았다는 표정을 짓지만, 대부분의 아이들은 들켰다는 두려움보다는 누군가와 이야기했다는 사실에 편안해한다. 이렇게 교사도 친구가 될 수 있다는 편안함을 심어주려고 노력한다. 개인 신상이나 가정 이야기 가운데 비밀에 속하는 부분은 반드시 지켜준다. 잘못한 것이 있어 불렀을 때는 야단이나 훈계에 앞서, 왜 잘못인지 문답을 통하여 스스로 찾아보게 한다. 그리고 되풀이하지 말 것을 당부한다. 한두 번 이야기했다고 아이들은 쉽게 달라지지 않는다. 그러나 교사가 자신을 신뢰하고 있다는 믿음을 심어주면 행동할 때 주의한다. 때로는 속상하여 체벌을 할 때도 있지만, 효과는 그리 오래가지 않는다.

아이들은 여전히 순수하다. 그 순수함을 지키고 잘 가꾸려면 어른들이 먼저 아이들의 세계로 탐험을 나서야 한다. 탐험은 인내심을 필요로 한다. 가출에 가출을 거듭했던 명철이를 다독여 온갖 고생 끝에 졸업을 시킨 것도, 담임의 관심이 부담스러우니 그냥 내버려달라는 영수의 가슴속으로 간신히 비집고 들어간 것도 사실은 긴 인내의 탐험이었다.

> 라면 국물 한 사발을 희석시키려면 욕조 다섯 개 분량의 물이 필요하다는데, 아이들 가슴에 응어리진 분노와 좌절, 적개심을 없애려면 어쩌면 일년, 아니 그 이상이 걸릴 수도 있다.

너그러운 마음, 사랑하는 마음이 아이들을 키운다

우리는 너무 '편리한 욕심'을 많이 가지고 있다. 자신의 기준으로 판단하고 학생들이 그 기준에 맞춰주기를 바란다. 그러나 개개인은 그 처한 환경이 다르고, 개성이 다르다. 그 다양성을 인정해주고 아이들 입장에 눈높이를 두면 뜻밖에 해결이 쉬울 때가 많다. 또 우리는 아이들이 교사의 한마디를 듣고 금방 달라질 것을 기대한다. 행동의 변화가 금방 나타나지 않으면 쉽게 실망하고 고개를 젓는다. 그러나 교사는 아이들을 기다려야 한다. 사람은 본디 착하다는 믿음을 갖고 지켜보고 기다려주어야 한다. 교사가 자신을 믿고 있다는 신뢰감을 심어주면 아이들은 서서히 변화를 보인다.

이야기 들어주기도 필요하다. 아이들의 생각을 먼저 알고 이해하면 쉽게 다가온다. 행동에 문제가 있을 때는 야단치기에 앞서 그것이 왜 잘못인지에 대하여 스스로 답을 찾도록 하는 것이 좋다. 스스로 이유를 찾게 되면 잘못을 반복하지 않으려고 노력한다. 그것만 해도 얼마나 큰 변화인가.

조금은 너그러운 마음, 사랑하는 마음이 있으면 우리 아이들도 예쁘게 성장할 것이다. 사랑을 주는 만큼 아이들은 성장한다고 믿고 있다. 부쩍부쩍 크는 아이들의 모습을 보면 내 마음도 넉넉해진다. 지금은 다소 혼란스러운 모습으로 서 있지만 어른이 되면 제 몫을 하는 씩씩한 모습으로 살아가리라 나는 믿는다.

박정희 / 강원 북평중 교사

사례 2
나의 생활지도

가출은 병이 아니다

처음 가출을 했던 정민이가 학교에 돌아온 바로 그날, 우리는 회화실에서 마지막 가을 수업을 하고 있었다. 교실 입장권을 대신하여 낙엽을 보여주어야만 입실이 허락되는 가을 수업. 정민이도 학교 동산에서 주웠다며 유난히 붉은 빛이 도는 낙엽 한 장을 나에게 보여주었다. 수업이 끝나고 아이들이 남기고 간 가을 편지에도 정민이 이야기가 많이 들어 있었다. 그 중, 학년초 학교생활에 적응하는 데 정민이의 도움을 크게 받았던 종호의 편지가 얼른 눈에 띄었다.

"정민이가 돌아와서 참 기쁘다. 정민이가 날 꼬셔서 학교에 다니지만 나를 꼬신 지가 학교에 안 나오면 마음에 큰 상처가 생길 줄 알았는데, 이 시간 너무 행복하다. 학년초에 저를 잡아주셔서 좋은 친구들을 사귀게 해주신 선생님, 고맙습니다."

하지만 정민이는 학교에 돌아온 지 닷새 만에 친구들의 기대를 저버리고 다시 학교를 떠나고 말았다. 아이들의 실망은 이만저만이 아니었다. 나도 그를 돌아오게 하기 위해 보낸 시간들이 모두 허사가 된 허탈감을 견디기 힘들었다.

처음 정민이가 집을 나간 것은 어머니와의 갈등 때문이었다. 정민이 어머니는 올 봄에 남편을 잃고 혼자가 되었는데, 호구지책으로 읍소재지에서 간이주점을 경영하면서 남자를 가까이하게 된 모양이었다. 그로 인해 정민이와 말다툼을 하는 시간이 많아졌다고 했다. 첫 가출 후 천신만고 끝에 찾아낸 정민이의 말에 따르면, 어머니는 자기가 동생과 연락하고 있는 것을 다 알면서도 한 번도 찾지 않았다고 했다.

가출학생 지도를 반 전체 학생 교육의 과정으로

정민이가 다시 결석을 시작한 지 사흘째 되는 날, 나는 정민이와 가장 친한 찬식이를 불렀다. 요즘 정민이를 만나냐고 묻자, 그렇다고 대답했다. 정민이가 다시 학교에 나오게 될까 하고 묻자, 그는 말없이 고개를 가로젓는 것으로 대답을 대신했다. 정민이가 학교를 나오지 않는 가장 큰 이유가 무엇이라고 생각하느냐는 질문에는 이런 대답을 해주었다.

"학교에 있으면 밖에 있는 애들하고 놀고 싶어 죽겠답니다."

가정 문제로 가출하는 아이들은 차츰 시간이 흐르면서 행동의 동기가 달라지는 경향이 있는데, 정민이도 예외가 아니었던 것이다. 집을 나와 거리의 친구들과 함께 시간을 보내면서 자기도 모르게 자유롭고 향락적인 생활에 빠져들고 만 것이다. 하지만 잠시 수렁에 빠진 아이들도 따뜻한 가정의 품이 있으면 더 이상의 탈선을 자제하고 돌아올 수 있는데, 정민이는 그럴 만한 부모나 다른 가족의 따뜻한 손길이 없다는 것이 문제였다. 나는 몇 번인가 그의 어머니에게 전화를 걸 생각을 하다가, 수화기를 다시 놓으면서 아무도 돌봐주지 않거나 책임져줄 사람이 없는 결손아동을 지도하는 교사의 한계를 실감해야만 했다. 이런 경우, 담임 교사로서 어디까지 학생에게 관여할 수 있는지 판단하는 것도 쉽지 않다.

그 중에서도 학급 아이들과의 문제는 가장 신경 써야 할 부분이다. 학생들에게 헌신적인 교사들이 저지르기 쉬운 오류 중의 하나가, 문제점이 드러난 몇 명의 아이들에게 매달려 대다수의 보통 아이들을 소외시키는 것이다. 학생의 가출 사고가 발생했을 때 담임 교사 나름대로의 확실한 행동지침을 마련해놓지 않으면 안 된다.

정민이의 결석 일수가 한 달이 가까워지는 어느 날, 나는 조회 시간에 아이들을 향해 조용히 입을 열었다.

"먼저 여러분이 너무 고맙습니다. 여러분이 학급생활을 잘하니까 정민이 문제가 있어도 선생님이 힘이 납니다. 여러분, 정민이가 학교에 나왔다가 다시 가버린 것이 무척 서운하고 괘씸한 생각이 들지요? 선생님도 마찬가집니다. 저 혼자만 힘든 일이 있는 것도 아닌데, 또 요즘에 학교를 나오지 않는 것은 정민이 자신의 잘못이 더 큰 것 같기도 합니다. 하지만 여러분, 누구나 약한 부분은 다 있게 마련입니다. 제가 담임으로서 할 일은 정민이의 부족하고 힘든 부분을 도와주는 일이라고 생각합니다. 그리고 그건 여러분들도 마찬가지라고 생각해요."

나는 아이들에게 정민이 문제를 다음 학급회의의 정식 안건으로 다루어줄 것을 요청하면서, 나는 나대로 담임으로서 해야 할 일을 아이들에게 약속하였다. 그것은 하루에 한 통씩 편지를 써서 찬식이를 통해 정민이에게 전해주는 것이었고, 또 하나는 정민이가 돌아올 때까지 학교에 일찍 나와 교정을 도는 일이었다.

내가 이런 계획을 세우게 된 것은, 우선 정민이가 찬식이를 통해 간접적으로나마 담임인 나의 사랑을 전달받을 수 있는 곳에 있다는 상황을 십분 활용할 필요가 있었고, 그의 마음을 움직이기 위해 어떤 시도라도 해야 한다는 생각 때문이었다. 그리고 더 중요한 이유가 또 하나 있었다. 그것은 정민이 문제를 해결해가는 과정을 반 전체 아이들을 위한 교육의 과정으로 삼자는 생각이었다.

나는 평소에도 문제가 있는 학생들을 지도하면서, 그것을 전체 학생들을 위한 교육의 기회로 삼아야 한다는 생각을 해온 터였다. 예컨대, 가출한 아이를 대하는 교사에게서 그 아이의 문제를 해결해주고자 하는 성실한 태도라든지, 그 아이를 미워하지 않으려고 노력하는 모습이 발견된다면 그것만으로도 아이들의 심성에 미치는 영향이 크지 않겠는가?

돌아온 이후의 문제 — 자기 존중감 심어주기

가출한 아이가 돌아왔다고 해서 모든 일이 끝나는 것은 아니다. 열이면 다섯 이상이 다시 가출을 시도한다는 사실에서도 그렇지만, 가출했다가 돌아온 아이를 방치하게 되면 다른 아이들에게도 좋지 못한 영향을 끼친다는 점에서 주의가 필요하다. 하지만 가출한 아이를 지도하는 과정에서 보여주는 교사의 바른 태도로 그러한 문제들을 상당 부분 해소할 수도 있다.

나의 경우, 가출했다가 돌아온 아이에게 가장 먼저 해주는 일은 자기 존중감을 심어주는 일이다. 대다수의 가출학생들은 가출로 인해 더 이상 파괴되거나 손상될 삶이 없기 때문에 쉽게 가출을 하는 경향이 있다. 종호라는 아이가 그랬다. 그는 새 학년 첫날부터 일주일 내내 모습을 보이지 않더니 어느 날 사복을 입고 학교에 나타났다. 자퇴원서를 쓰러 온 것이었다. 학교에서는 입학 취소를 위해 조회를 하고 있는 중이었는데 제발로 찾아와 자퇴를 하겠다니 잘된 일이 아니냐는 반응이었다.

그러한 종호가 결국 학교를 그만두지 않고 나의 유혹(?)에 넘어가 학업을 계속한 것도, 많은 선생님들과 학생들의 우려를 불식시키고 단 한 번의 결석이나 지각도 없이 겨울방학을 맞이하게 된 것도 그에게 끊임없이 자기 존중감을 심어준 결과이다. 나는 그가 처음 학교에 온 날 이런 말을 해주었다.

"너는 인간에 대한 예의를 아는 아이 같구나. 학교를 그만두는 마당에 이렇게 나를 찾아오다니. 너같이 훌륭한 아이를 이대로 보낼 수는 없구나."

그에게 가출 유혹이 많이 있었다는 것을 나는 알고 있다. 그것은 일종의 병이라고도 말할 수 있었다. 하지만 그가 자기 존중감을 갖게 된 뒤부터 가출은 그에게 병이 아니었다.

한편, 정민이는 내가 그에게 여섯 번째 편지를 전하고 엿새째 아침 일찍 학교에 나와 운동장을 돌던 날 학교에 나타났다. 그 전날 찬식이로부터 전갈이 오기로는 다음 주부터 학교를 나오겠다는 것이었다. 날짜를 보니 다음 날이 12월 1일이었다. 나는 그에게 전하는 마지막 편지가 되기를 간절히 바라면서 이렇게 편지를 썼다.

"정민아, 어둠이 걷히면서 찬식이가 교문에 들어서는 모습이 보였다. 어제까지 나는 아무 말없이 인사만 하고 지나가는 찬식이를 바라봐야만 했다. 그런데 승전보라도 전하듯 네가 다음 주에 온다는구나. 이렇게 기쁜 일이 또 있을까? 그런데 정민아, 내일이 12월 1일인데 네가 깨뜨린 우리 반 무결석을 다시 이어볼 생각은 없니? 너를 사랑하는 친구들에게 좋은 선물이 되지 않겠니? 물론 선생님에게도 그렇고. 결정은 네가 해라. 다만 선생님은 네가 명예로운 모습으로 친구들을 만날 수 있기를 바란다."

나는 정민이에게도 자기 존중감을 심어줌으로써 그와의 긴 싸움에서 승리자가 된 셈이었다.

가출학생 지도가 근본적으로 이루어지기 위해서는 교육제도가 바뀌지 않으면 안 된다. 빌 게이츠나 에디슨과 같은, 자기 분야의 최고가 되는 것만을 교육목표로 삼는다면 우리 아이들은 설 땅이 없다. 쪽지상담으로 가출을 방지한다든지, 가출했다가 돌아온 아이들이 학업에 흥미를 가질 수 있도록 교과서나 공책을 잘 챙겨주는 일 등의 방법론은 그 다음 문제이다. 요컨대, 가난하고 열등한 아이들에게도 꿈을 심어줄 수 있는 교육제도와 교사가 필요하다. 그런데 말이 쉽지 그것이 가능한 일인가?

교육제도는 하루아침에 바뀌지 않을 것이다. 그렇다면 남는 건 교사의 문제이다. 그러나 가출학생 지도의 경우 교사의 한계를 벗어나는 일이 생길 수밖에 없다. 그럼 이것은 어떨까? 우리 아이들에게 '좋은 아버지(혹은 어머니)'가 되는 꿈을 갖게 해 주는 것이다. 누구나 부모가 될 수 있고 노력만 하면 좋은 부모가 될 수 있다. 그리고 좋은 부모가 되는 것은 에디슨이 되는 것보다 결코 덜 중요하지 않다.

나는 가출했다 돌아온 아이들에게 좋은 부모가 되는 꿈을 가져보라고 권하는 것을 잊지 않는다. 그리고 좋은 부모가 되기 위해서는 참을성도 있어야 하고 어느 정도는 공부도 해야 한다는 것을 말해준다. 대개는 좋은 부모를 두지 못해 가출한 아이들이 많기에 그들에게 좋은 부모가 되라는 나의 권고는 설득력을 갖기가 쉽다.

끝으로, 가출학생에 대한 문제는 교사와 학부모의 긴밀한 협조 속에 이루어지는 것이 바람직하다. 아니, 엄밀히 말하면 교사보다는 부모에게 자녀에 대한 우선적인 책임을 맡기는 것이 옳고 효과적이다. 지금까지 나는 대부분의 가출 사고를 해당 학생의 부모의 손에 넘겨서 해결해왔다. 물론 학교로 돌아온 아이가 잘 적응할 수 있도록 배려하는 것은 교사의 일이다. 문제는 그럴 만한 가정이 없는 아이들의 경우인데, 이때 교사는 반 아이들과의 합의 속에서 도움이 필요한 아이를 돕는다는 자세로 임하는 것이 바람직하다고 본다.

안준철 / 전남 효산고 교사

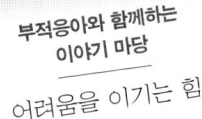

부적응아와 함께하는
이야기 마당

어려움을 이기는 힘

한 송이 꽃을 피우기까지

길가에 민들레 꽃씨 하나가 떨어져 있었다.

봄이 와서 민들레가 마악 떡잎을 내밀었을 때였다.
참새가 날아와서 떡잎들 중 하나를 쪼아 먹어버렸다.

민들레는 떡잎 하나만으로 간신히 속잎들을 펴냈다.

이슬비가 보슬보슬 내리던 날이었다.
이번에는 무심한 소의 발굽에 밟히고 말았다.

민들레는 흙탕에 처박힌 고개를 드는 데
며칠이 걸렸는지 모른다.

드디어 꽃망울이 부푼 어느 날이었다.
깔깔거리며 장난질 치고 가는 아이들 발에
꽃대가 부러지고 말았다.

마지막 꽃대가 올라왔다. 금단추 같은 노오란 꽃을 피웠다.

열 배, 백 배의 꽃씨를 띄워올리는 민들레에게
이웃의 씀바귀가 물었다.
"어떻게 하면 그런 수확을 할 수 있는지요?"

민들레가 대답했다.
"꿈을 포기하지 않는 것이야. 그리하여
어떤 역경이 닥치더라도 거듭거듭 새로 시작해야 하지."

"꿈을 포기하지 않는 거야.
 그래서 어떤 어려움이 닥치더라도 늘 새로 시작하는 거지."

> 부적응아와 함께하는 이야기 마당
> 운명을 이기는 의지

불멸의 음악가 베토벤

불멸의 음악가 베토벤은 17세 때 어머니를 잃었다고 한다. 28세 때에는 청각장애자가 되었다. 음악을 전공하는 사람으로서 결코 없어서는 안될 청력을 잃어버린 베토벤은 32세 때 자살을 결심했다. 인생은 그에게 더 이상 의미가 없는 듯했다. 스스로 목숨을 끊으려는 순간 어머니의 모습이 어른거렸다. 그는 울음을 터뜨리며 유서를 찢어버렸다.

베토벤은 결심했다. 인류를 위해서 새로운 음악을 만들겠다고. 이 결심은 결국 베토벤을 독일을 대표하는 음악가이자 악성(樂聖)으로 만들었다. 또 베토벤은 음악의 신동 모짜르트로부터 극찬을 들었으리만치 타고난 천재였지만 지독하게 노력하는 집념의 음악가이기도 했다.

베토벤은 젊은 시절 그리 풍족하지 않아서 남의 집 2층에 세들어 산 적이 있었다. 어느 날 1층 주인집 천장에 물이 새서 떨어졌다. 주인은 참다못해 위층을 향해 물이 샌다고 고함을 질렀다. 그러나 물방울은 그치지 않았다. 주인은 화가 나서 하녀를 올려보냈다. 따지러 올라간 하녀는 눈앞에 벌어진 장면 때문에 입을 다물지 못했다.

베토벤은 누가 들어오는 줄도 모르고 정신없이 피아노를 치고 있었는데, 거의 손가락이 보이지 않을 정도였다. 그런데 베토벤의 피아노 옆에는 양동이가 하나 놓여 있었다. 그는 피아노를 치다 손가락이 아프면 양동이에 손을 담갔다가 통증을 식히고, 어느 정도 가라앉으면 얼른 물을 털어버리고 피아노를 치고 있었다. 그가 털어버린 물이 바닥에 고여 아래층으로 스며든 것이었다.

이런 그였기에 청각장애를 딛고 일어서, 사람들의 영혼을 울리는 음악을 남길 수 있었던 것이다.

생각해봅시다

별로 즐거울 것 없는 우울한 하루하루를 보낼 때, 친구들과의 사귐에서 절망할 때, 집안 식구들의 불화로 가슴이 답답할 때, 우리는 문득 삶이 싫어진다. 그러나 좌절을 딛고 일어나 우리가 다른 이의 빛이 되어 사는 길을 찾아보자. 나의 의지는 삶의 어둠을 물리칠 또 다른 '운명교향곡'이 될 테니까.

예상하지 못한 결과

부적응아와 함께하는 이야기 마당
고통을 이기는 힘

　흑인으로 역사상 최초로 남아프리카 공화국의 대통령이 된 넬슨 만델라(Nelson Mandela)는 여러 가지 화제를 불러일으킨 인물이다.
　백인 정부에 의해서, 세계에서 거의 전례를 찾아볼 수 없을 정도로 오랫동안 감옥생활을 한 만델라가 감옥에서 풀려나자 사람들은 그의 건강에 큰 관심을 보였다.
　젊은 시절에 감옥에 들어갔다가 백발이 희끗희끗해서야 풀려나게 된 만델라는 사람들의 예상보다 훨씬 더 건강했다.
　만델라는 그 비밀을 자신의 자서전에서 이렇게 소개했다.
　남들은 죄수들에게 주어지는 중노동을 하러 나갈 때면 원망스러운 마음으로 끌려갔다. 하지만 자신은 좁은 감옥보다 넓은 자연으로 나간다는 즐거움에, 몸은 노동으로 힘들어도 하늘을 보고 새 소리를 듣는 기쁨으로 일했다는 것이다.
　남들이 감옥에서 좌절과 분노를 삭이지 못하고 있을 때 만델라는 감옥 뒤뜰에 채소를 가꾸며 생명 창조의 신기함을 기쁨으로 삼으면서 26년을 보낸 것이다.

생각해봅시다
세상의 불행과 행복은 언제나 받아들이는 이의 몫이다. 자신이 처한 상황을 어떻게 받아들이냐에 따라 아주 다른 결과를 낳을 수도 있다.

부적응아와 함께하는
이야기 마당
진실한 속죄의 힘

굴

젠카이는 일본 무사(武士)의 아들이었다. 그는 에도 지방을 여행하다가 한 고관 집에 고용되었다. 거기서 고관의 부인과 사랑에 빠졌는데 마침내 고관에게 들켰다. 젠카이는 제 몸을 지키려다가 그만 고관을 죽여버렸다.

두 남녀는 도망을 쳤다. 그러다가 둘은 하는 수 없이 도둑이 되었다. 그런데 여자가 너무 탐욕스러워 젠카이는 견딜 수가 없었다. 결국 그는 여자를 내버려두고 멀리 부젠 지방을 떠돌아다니다가 비렁뱅이가 되었다.

젠카이는 잘못 살아온 과거를 보상하는 뜻에서, 목숨이 붙어 있는 동안에 뭔가 좋은 일을 하기로 마음먹었다. 그는 한 마을에 가파른 벼랑길이 있는데 사람들이 그 길로 다니다가 상처를 입거나 목숨을 잃는 일이 자주 있음을 알고 그 산에 굴을 뚫기로 했다. 낮에는 음식을 빌어먹으면서 밤에는 굴을 파기 시작하였다. 30년 동안 계속 굴을 파니 이제 2년만 더 파면 굴이 완성될 것 같았다. 그런데 젠카이가 죽인 고관의 아들이 나타났다. 그는 당장 젠카이를 죽여 아버지 원수를 갚으려 했다. 젠카이가 그에게 애원을 하였다.

"이 일만 끝내게 해다오. 일이 끝나면 두말없이 네 칼을 받겠다."

그래서 고관의 아들은 기다려주기로 했다. 몇 달이 지나도록 젠카이는 계속 굴을 팠다. 고관의 아들은 아무것도 하지 않는 것이 지루해 그를 도와 같이 굴을 파기 시작했다. 그렇게 일년쯤 지나자 그는 젠카이의 강한 의지와 성품을 존경하게 되었다. 마침내 굴이 완성되자 사람들은 편안하게 그리로 다닐 수 있게 되었다.

"자, 이제 내 목을 치게. 일은 다 끝났으니."

젠카이가 말했다.

그러자 젊은이는 눈물을 흘리며 대답하였다.

"제가 어떻게 스승의 목을 칠 수 있겠습니까?"

생각해봅시다

이 이야기를 어떻게 이해하느냐는 사람에 따라 다를 것이다. 하지만 우리는 이 이야기를 통해 잘못을 뉘우치고 용서받는 길이 어디에 있는가를 깨닫는다. 자신이 더할 나위 없이 추한 인간이라고 느껴질 때, 너무나 큰 잘못을 했다고 여겨질 때 이 이야기를 기억하자. 속죄 못할 죄는 없다.

몸살 앓는 조개

부적응아와 함께하는 이야기 마당

고통의 아름다움

바닷속 물의 나라는 아주 아름다운 곳이었다. 곱고 깨끗한 모래가 깔려 있었고 그 곳에 뿌리를 내린 푸른 미역과 다시마가 물결 따라 춤을 추기도 했다. 그리고 산호가 꽃처럼 피어 있기도 했다.

이 아름다운 물의 나라에는 물고기도 살고 게도 산다. 이들 물의 나라 식구들은 아주 사이좋게 살고 있었다. 그리고 모두 훌륭한 재주를 가지고 있었다. 그러나 맨 아래 모래 위에 웅크리고 있는 조개는 별 재주가 없었다.

'나는 왜 물고기처럼 지느러미가 없을까? 아, 나도 헤엄치고 싶은데. 나는 왜 다리가 없을까? 아, 나도 뜀뛰기를 하고 싶은데…….' 조개는 물고기와 게와 새우를 보면 기가 죽기까지 했다. 풀이 죽은 조개가 가여워서 물고기와 새우와 게는 우정 어린 위로의 말을 했다.

"조개야, 너의 껍데기는 얼마나 단단하고 멋지니, 내 톱날 달린 집게발로 아무리 가위질을 해봐도 꿈쩍 않는걸. 그리고 그 껍데기를 마음대로 열었다 닫았다 할 수 있다는 건 얼마나 멋진 재주냐?"

"그래, 너는 우리가 흉내 낼 수 없는 더 멋진 재주를 가지고 있을지도 몰라."

그러나 조개는 자기를 위로해주기 위해 친구들이 빈말을 한다고 생각했다. 그래서 조개는 마음의 병을 얻었다. 그 마음의 병은 곧 몸의 병으로 옮겨갔다. 처음에는 그저 속살이 찌뿌드드한 몸살이었다. 이내 그 몸살은 몸을 찢는 듯한 아픔으로 변해 마침내는 정신을 잃을 정도의 괴로움이 되고 말았다. 때맞추어 바다도 앓는 듯 물결을 뒤치며 무서운 파도를 일으켰다. 그 서슬에 조개는 이리저리 정신없이 굴렀다.

그리고 얼마의 시간이 흘렀는지 모른다. 정신을 차린 조개가 굳게 닫았던 껍데기를 열고 보니 어느덧 파도는 가라앉고 눈부신 햇살이 물 속까지 비쳐들고 있었다. 그때 조개는 보았다. 아팠던 속살에 영롱하게 박혀 있는 아름다운 진주를…….

생각해봅시다

고통 없이 아름다울 수 있는 것이 어디 있으랴. 비록 지금은 보잘것없는 자신이지만, 그 속에 내가 가진 장점을 발견하고, 어렵지만 그것을 지켜나가는 것이 좋다. 언젠가는 영롱하게 맺힐 진주이니까. 고통을 이겨낸 사람만이 진주를 품을 수 있다.

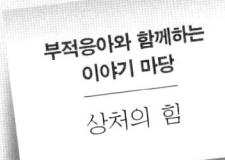

상처 없는 새가 어디 있으랴!

상처를 입은 젊은 독수리들이 벼랑으로 모여들기 시작했다. 날기 시험에서 낙방한 독수리, 짝으로부터 따돌림을 받은 독수리, 윗독수리로부터 할큄당한 독수리.

그들은 이 세상에서 자기들만큼 상처가 심한 독수리는 없을 것이라고 생각했다. 그들은 사는 것이 죽느니만 못하다는 데 금방 의견이 일치했다.

이때 망루에서 파수를 보고 있던 영웅 독수리가 쏜살같이 내려와서 이들 앞에 앉았다.

"왜 자살하려고 하느냐?"

"괴로워서요. 차라리 죽어버리는 것이 낫겠어요."

영웅 독수리가 말했다.

"나는 어떤가? 상처 하나 없을 것 같지? 그러나 이 몸을 봐라."

영웅 독수리가 날개를 펴자 여기저기 찢기고 할퀸 상흔이 나타났다.

"이건 날기 시험 때 솔가지에 찢겨 생겨난 것이고, 이건 윗독수리한테 할퀸 자국이다. 그러나 이것은 겉에 드러난 상처에 불과하다. 마음의 빗금 자국은 헤아릴 수도 없다."

영웅 독수리가 조용히 말했다.

"일어나 날자꾸나. 상처 없는 새들이란 이 세상에 태어나자마자 죽은 새들이다. 살아가는 우리 가운데 상처 없는 새가 어디 있으랴!"

생각해봅시다

여러분은 몸과 마음에 어떤 상처를 안고 살아가고 있는가? 그 상처를 치료하기 위해 어떤 노력을 하고 있나?

사람을 찾습니다

부적응아와 함께하는 이야기 마당
사람다운 사람

어느 날 이솝의 주인이 말했다.
"얘, 이솝아, 목욕탕에 가서 사람이 많은지 보고 오너라."
이솝은 목욕탕으로 갔다. 그런데 목욕탕 문 앞에 끝이 뾰족한 큰 돌이 땅바닥에 박혀 있는 것이었다. 그래서 목욕탕으로 들어갔던 사람이나 목욕하고 나오는 사람 모두가 그 돌에 걸려 넘어질 뻔했다. 어떤 사람은 발을 다치기도 하고 어떤 사람은 코가 깨질 뻔했다.
"에잇! 빌어먹을!"
사람들은 돌에 대고 욕을 퍼부었다. 그러면서도 누구 하나 그 돌을 치우는 사람이 없었다. '사람들도 한심하지. 어디, 누가 저 돌을 치우는가 지켜봐야지.'
이솝은 목욕탕에서 그것만 지켜보고 있었다.
"에잇! 빌어먹을 놈의 돌멩이!"
여전히 사람들은 돌에 걸려 넘어질 뻔하고는 욕설을 퍼부으며 지나갔다.
얼마 후에 한 사나이가 목욕을 하러 왔다. 그 사나이도 돌에 걸려 넘어질 뻔했다. 이솝은 여전히 그 사나이를 지켜보고 있었다.
"웬 돌이 여기 박혀 있담!"
그 사나이는 단숨에 돌을 뽑아냈다. 그리고 손을 툭툭 털더니 목욕탕 안으로 들어갔다.
이솝은 그제서야 일어나 목욕탕의 사람 수를 세어보지도 않고 그냥 집으로 달려갔다.
이솝은 주인에게 이렇게 말했다.
"주인님, 목욕탕 안에 사람이라곤 한 명밖에 없습니다."

생각해봅시다

만일 여러분이 목욕탕에 가는 사람이라면 그 돌을 어떻게 했을까. 만일 여러분의 친구를 괴롭히고 슬프게 하는 일이 있다면 여러분은 어떻게 행동할까. 사람다운 사람이 되는 길은 어려운 것이 아니다. 귀찮다고 지나치지 않고, 나와 상관없는 일이라고 지나치지 않는 것. 그것이 우리를 '사람'으로 만든다.

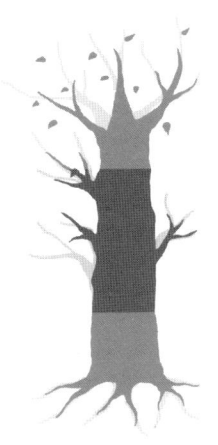

셋째 마당

학부모 만나기

학부모 첫만남

약이 되는 이야기
학년초 학부모회 꾸리기
학부모와 같이 읽기
사례 ● 학부모 통신 활용

학부모 만남 넓히기

학부모와 함께하는 다양한 학급활동
사례 ● 학부모 만나기
가정방문, 어떻게 할까
사례 ● 나의 가정방문
학부모 만남을 위한 정보쌈지

약이 되는 이야기

이제 교사만의 교실이 아닙니다

많은 사람들이 점점 넓게 열리고 있는 학부모의 교육(교실) 참여를 두고 은근히 걱정을 하고 있습니다. 그간 경험했던 몇몇 폐해를 우려해서 하는 걱정입니다. 아닌 게 아니라 그간 잘못 세워진 교육열 때문에 학교가 이리저리 대신 끌려다니며 우롱깨나 당한 꼴이니 그 피해의식은 충분히 이해가 됩니다만, '교실 개방'에 관한 우려는 좀 다른 식으로 볼 필요가 있습니다.

학부모의 문제는 단순히 학부모의 교실 참여라는 현상적인 문제로만 볼 것이 아니라 좀 더 확대해서 지역사회와 관련지어 따져볼 문제입니다. 우리가 몸담고 있는 자본주의의 진행 방향을 통찰하는 조직적 시선으로 봐야 할 문제입니다. 그런 관점에서 보면 우리의 준비가 많이 늦었다는 생각이 듭니다. 진작에 진지하게 검토하고, 진작에 크게 열었어야 할 문제입니다.

난삽하게 말을 풀기보다 다음의 짤막한 인용글 두 편으로 이야기를 대신하고자 합니다.

화두를 다루는 방식과 주제에 현격한 차이가 있음에도 우리는 이 글을 통해서 동일한 느낌의 놀라움과 시사점을 발견하게 됩니다.

앞의 글은 인도 출신의 생태운동가이자 교육자인 사티쉬 쿠마르가 어느 주제 모임에서 한 이야기를 부분 인용한 것입니다. 물질과 자본이 가져온 교육의 폐해를 '삶 교육'의 방식으로 극복하려는 진정한 대안의 노력을 보여줍니다.

두 번째 글은 대량 생산 체제가 해체되는 지금, 학교는 어떻게 변해야 하는지에 대한 다급한 모색입니다. 교육의 변화는 단순히 윤리적인 문제가 아니라, 생존의 문제라는 성찰이 바탕을 이루고 있습니다.

음미하여 읽어보시면 학교를 둘러싼, 아니 좀 더 좁혀 '교실 개방'을 둘러싼 공동체적 상상력에 도움이 되리라 믿습니다.

1

하트랜드 마을은 하나의 공동체로, 번창하고 아름답고 전통이 살아 있는 좋은 영국 마을입니다. 지금 이 마을에는 도자기를 굽는 사람, 집을 짓는 사람, 농사를 짓는 사람, 정원을 돌보는 사람, 음악가, 미술가, 시인, 작가들이 있습니다. 모두가 마을에 있습니다. 우리가 학교를 시작할 때 나는 마을의 도공에게 가서 말했습니다.

"우리는 학교를 시작합니다. 정규 도자기 선생님을 모실 여유가 없습니다. 일주일에 한 번 오셔서 우리 아이들을 가르쳐주시겠습니까?"

그 사람은 대답했습니다.

"네, 기쁘게 하지요. 날마다 도자기만 만드는 게 지루해졌습니다. 하루를 비워서 아이들을 가르치겠어요."

그런 겁니다. 그 사람에게 하루분의 돈을 주면 됩니다. 그저 푼돈이지요.

이런 식으로 농부와 집 짓는 이, 목수 같은 마을 사람들을 찾아다녔습니다. 그 사람들은 하루나 반나절 또는 필요한 시간만큼 옵니다. 와서 실제로 필요한 것을 가르칩니다. 마을 사람들은 자기들이 관여하고 있기 때문에 학교가 자기들의 학교라고 느낍니다. 아이들은 선생님들 모두를 저마다 잘 압니다. 그저 정보를 배우는 것이 아닙니다. 도공이 도자기를 만들고, 전시하고, 팔고, 도자기에 대해 장부를 정리하는 예를 볼 수 있습니다. 얼마나 생생한 모범인지 상상해보십시오.

선생님은 그저 교실에 와서 몇 가지를 가르치고는 자기 집으로 달아나버리고, 아무도 그 선생님이 어디에 있는지조차 모르는 그런 것이 아닙니다.

그래서 하트랜드의 작은 학교에서 우리는 마을 전체가 우리의 학교라고 말합니다. 학교 모임이 있고, 부엌(이 학교는 스스로 밥을 지어 먹는 부엌이 있습니다.)이 있고, 선생님들이 있는 그 건물만이 학교가 아니라는 말입니다. 마을 전체가 학교, 우리의 학교입니다. 그러니까 학교를 공동체의 중심에 두고 아이들과

약이 되는 이야기

어른들 사이에 그렇게 친밀한 관계를 맺을 수 있으면, 그러면 당신은 심성교육을 향해 가고 있는 것입니다.

— 《녹색평론》 통권 13호

2

제네럴 일렉트릭사는 새턴 자동차 제작 시스템을 모방하여 학교를 세웠습니다. 그런데 이 학교의 교육 방법이 우리를 당황하게 합니다. 그 학교에는 수업이라는 것이 없습니다. 교실도 없습니다. 학생들만 있을 뿐입니다. 아이들은 아침에 나와 오늘은 무엇을 공부할까를 의논합니다. 암이라는 것에 대해 알아보기로 합의했다면, 먼저 학교 또는 동네 도서실로 가서 기본적으로 익혀두어야 할 지식을 습득합니다. 대충 정리가 되면 병원에 전화를 겁니다. 아무개 전문의와 직접 통화를 해서 오늘 몇 시에 방문할 테니 협조해달라고 부탁합니다. 아이들은 소형버스를 함께 타고 병원으로 향합니다. 의사를 만나 궁금한 점을 묻고 병원이 돌아가는 것도 둘러봅니다.

그 다음 날은 소방서, 그 다음 날은 관청, 박물관 등. 학생들은 지역사회 안의 시설들을 마음대로 이용하며 문제를 해결하는 교육 시스템을 갖추고 있습니다. 여기서 교사는 친절한 안내자와 보조자일 뿐입니다. 감시자의 권위는 보이지 않습니다. 마을이 학교이며, 마을의 어른이 교사입니다. 이상주의자나 제안할 만한 이 학교는 놀랍게도 미국 교육개혁의 모델로 제시되고 있습니다. 창의력이 칠판으로 복사되고 암기될 수 없다면 참여의 덕성도 교실 안에서 경험될 수 없다는 것입니다. 아테네가 학교였듯이 현대교육의 방향은 지역사회를 학교로 삼고 학생 스스로 의미 있는 경험을 통해 의문을 해결해나갈 것을 강조합니다.

중앙집중적인 보편교육이 깨어져나가는 이유는 안팎으로 다양합니다. 학교의 독점교육은 힘을 잃고 다양한 교육기관이 교육을 대신 담당하는 '탈학교시대'가 멀리 보이고 있습니다. …… 미래 사회는 급속한 중앙권력의 축소와 아울러 다수의 참여를 통한 문제 해결 방식이 중심을 이루게 됩니다. 복종보다는 자발적인 참여가 주요한 덕목으로 강조됩니다. 그런데 현재의 컨베이어벨트식의 집단적 학교는 참여의 덕성을 불러일으키지 못합니다. 주어진 교과 과정을 반복하는 교사도 참여를 경험하지 못합니다. 이러한 문제의 해결은 결국 학교의 통제를 누그러뜨리고 교육 주체들에게 많은 권리를 넘겨줌으로써 참여의 기회를 확대하는 것에 있습니다.

  교육 주체는 국가에서 지역사회로 옮겨지고, 학교는 지역사회로 확장됩니다. 지역사회의 주체들은 학교의 문제에 적극적으로 참여하고 학생들은 지역사회를 교육의 장으로 삼습니다. 지역사회로부터 아이들을 떼어냄으로써 평등교육을 달성하고자 했던 학교는 다시 지역사회로 열리게 되는 것입니다.

— 《여백의 질서》(김찬호, 오태민 외) ■

학부모 만나기
학부모 첫만남

학년초 학부모회 꾸리기

최근 교육계를 둘러싼 뚜렷한 변화 가운데 하나는 학부모 참여가 좀 더 적극적으로 강화되고 있다는 점이다. 학교운영위원회로 물꼬를 튼 학부모의 교육 참여는 이제 방과후 수업이나 클럽활동, 상담의 영역까지 넓어지면서 그동안 단순히 '학교 재정의 보조자'에 머물던 고정된 모습에서 벗어나고 있다. 이러한 추세는 교육의 한 축을 담당하는 주체로서 교사, 지역인사와 함께 학교교육의 내용과 틀을 고민하고 토론하여 그 방향을 바로잡는 본연의 기능을 회복하게 되었다는 점에서 매우 긍정적이다.

그러나 입지가 강화되고 있음에도 학교와 학부모를 잇는 통로는 여전히 좁고 제한되어 있다. 학교운영위원회가 의사집적 기능을 한다고 하지만, 전체 학부모의 다양한 의견을 수렴할 수 있는 일상적인 교육 공간으로 자리 잡기에는 여전히 그 토대가 열악하기 때문이다. 많은 학부모에게 학교는 여전히 부담스럽고 '턱이 높은 곳'이다. 정·부반장 부모 중심의 교육 참여, 촌지 문화 등 기존의 입시 문화가 빚어낸 골깊은 장애가 그들을 묶고 있는 것이다.

'학급 학부모회'는 이런 불편한 고정관념에서 벗어나 좀 더 자연스럽고 건강한 만남을 재생산해낼 수 있는 기본 통로이다. '아이들의 올바른 성장'이라는 목표를 전제하면 교사와 학부모는 같은 길을 가는 동반자이다. 동반자로서 두 주체의 대등한 교육활동은 성장하고 있는 아이들의 균형적인 인격 형성에 결정적인 역할을 한다.

가정은 학교에 우선하는 일차적인 학교이며, 부모는 교사보다 우선하는 교사이다. 가정교육을 뛰어넘는 학교교육은 존재할 수 없다. 가정교육과 조화를 이룰 때 좀 더 내실 있는 교육 효과를 거둘 수 있다. 이런 의미에서 학급 학부모회는 교사와 학부모가 좀 더 인간적인 교육 방법과 지혜를 모을 수 있는 공간이다. 학부모는 '불편한 구경꾼'이나 감시자가 아니다. 물꼬를 터주기에 따라 학부모는 교실을 든든하게 보호하고 받쳐줄 협조자로, 학급운영 설계를 공유하는 동반자로 거듭날 수 있다.

아이들과의 만남이 자연스러운 교사는 학부모를 만나는 데도 스스럼이 없다. 굳이 큰 격식이나 장벽을 설치하지 않는다. 학급 학부모회를 꾸리는 교사의 마음가짐도 가볍고 경쾌해야 한다.

학부모 첫만남
학부모 첫만남 이끌기

학부모와의 첫만남을 위한 준비

3월말에서 4월초로 접어들면, 학교는 당해년도 총학부모회 조직을 위한 차비를 갖춘다. 총학부모회를 조직하기 위한 기초 단위로 구성하는 학급 학부모회는 담임 교사와 학부모가 공식적으로 만나는 첫자리가 된다. 이 첫모임을 구성할 때 마지못해 나서기보다 좀 더 적극적인 자세로 꾸려낼 필요가 있다. (그동안 교사들은 학부모회 꾸리는 것을 상당한 부담으로 여겨 기피했다. 그러나 학부모를 여전히 지원 역할에 머무르게 하느냐, 당당하게 참여하게 하느냐는 전적으로 교사에게 달려 있다. 학부모들은 변하고 있다. 그들은 언제든 학교 문턱을 부담 없이 넘을 준비가 되어 있다.) 교사가 하기에 따라 그들은 학급운영을 돕는 보조 교사가 될 수도 있고, 아니면 아이들보다 한결 더 까다로운 교실 감시자로 변할 수도 있기 때문이다.

대부분의 교사들은 학부모와의 첫만남에서 사전 준비를 하지 않아 진땀을 뺀 경험을 가지고 있을 것이다. 준비 없이 회의를 이끌다보면 (참석한 학부모가 소수라 하더라도) 논의의 초점이 맞지 않아 이야기가 겉돌기 일쑤고, 그러다 보면 몇몇 말 잘하는 학부모들의 이야기잔치로 씁쓸하게 끝을 맺게 되는 것이다.

아이들과의 첫만남이 중요하듯 학부모와의 첫만남도 중요하다. 미리 준비를 해서 임할 때 이야기가 깊이 있게 진행될 수 있으며, 솔직한 인간적 교류도 가능해진다.

짧은 시간이지만, 교사가 학급을 이끄는 '리더'로서 어떤 준비를 하고, 어떤 입장을 드러내느냐에 따라 학부모의 신뢰가 결정된다. 물론, 짧은 만남을 통해서 담임에 대한 전폭적인 신뢰를 형성하는 것은 불가능하다. 그러나 첫만남에서 쌓인 신뢰감은 잘 무너지지 않을 뿐 아니라, 그 신뢰감을 바탕으로 학급운영의 멋진 동반자로 거듭나게 되는 것이다. 이러한 '준비된 첫만남'은 단순한 학급 참여를 뛰어넘어 학교 운영에 대한 건강한 참여의식을 이끌어낼 수 있다는 점에서도 매우 중요한 일이다.

준비 1 학급운영 안내장 보내기

첫 총학부모회를 개최할 때 대부분 학교에서는 가정통신문을 발송한다. 학교 단위의 통신문은 범위가 크고 다소 추상적이어서 학부모의 관심과 호응을 이끌어내기 어렵다. 학급 학부모회를 효과적으로 꾸려내기 위해서는 이에 덧붙여 담임이 따로 통신문을 보내는 준비 작업이 필요하다. 아무래도 학부모들에게는 담임의 직접적인 호소가 설득력이 있다.

학년초에 학부모에게 담임 통신문을 보내지 않은 경우라면, 이때 학교에서 나가는 가정통신문에 덧붙여, 학부모회의 참뜻과 담임 인사와 소개, 일년 학급활동 계획, 담임의 교육관을 소개하는 것이 좋다. 담임에 대한 충실한 소개가 곁들여진 통신문은 학부모들의 참여의욕을 불러일으키고 흥미를 이끌어낼 수 있다. 학급 학부모회를 효율적으로 꾸리기 위해서는 첫모임에 많은 학부모들이 참여하게 하는 것이 중요하다.

준비 2 　**설문지와 학부모를 위한 자료 준비**

가정통신문이 나간 뒤 하루 이틀이 지나면 참여 학부모의 수가 대략 잡힌다. 이때 그 숫자만 파악하는 데 그치기보다는 구체적으로 학부모들을 맞을 차비를 갖추어야 한다. 아무런 준비 없이 학부모를 맞으면 이야기가 중구난방 엇갈리기 쉽다. 학부모들이 구체적으로 학교나 학급에 대해 무엇을 알고 싶으며, 무엇이 궁금한지, 아이들에 대해 어떤 점을 상의하고 싶은지, 무엇을 이야기하고 싶은지 미리 파악해서 이야기의 흐름을 잡아가면 한결 깊이 있는 논의와 정보 공유가 이루어진다.

설문지를 활용하는 방식은 두 가지가 있다. 하나는 학년초에 미리 수합해둔 학생 파악용 학부모 설문(《빛깔이 있는 학급운영》1권 39쪽 참고)을 정리해 활용하는 것이고, 또 하나는 참가 희망 학부모를 대상으로 설문지를 만드는 방법이다.(〈예시 7〉참고) 설문 내용을 바탕으로 회의를 진행하면, 알찬 시간을 운용할 수 있다.

설문지와 함께 회의 당일 학부모와 함께 볼 자료를 준비한다. 학년초인 만큼, 자료의 내용은 '생활지도' '학업 태도' 등 학부모들이 관심을 가지고 있는 주제를 선택한다. 학부모는 뜻밖에 아이들에 대한 정보가 편협한 경우가 많다. 아이들의 의식 구조나 학교에서 보여주는 생활 등을 소재로 하면 관심을 끌어내는 데 효과적이다. 교사가 손수 만든 자료는 이후 학급 학부모 모임에 지속적으로 참여하게 할 수 있는 좋은 매개체가 된다. 어떤 상황에서든 준비된 교사는 설득력이 있다.

학급 학부모회 회의 진행

회의가 시작되기 전, 교사는 미리 칠판에 회의 순서를 적어 학부모에 대한 안내를 돕는다. 첫모임 때는 서로 잘 모르는 상황이므로 누구의 어머니(아버지)라는 이름표를 달고 회의에 임할 수 있게 한다. 이름표는 참가 희망 회신서를 확인하여 미리 만들어놓는다.

학부모 첫만남
학부모 첫만남 이끌기

〈예시 7〉 학급 학부모회 참여 대상 학부모 설문

설 문 지

( )번 학생 이름( ) 학부모( )

이 설문지는 ○월 ○일 개최될 학급 학부모회를 좀 더 알차게 운영하기 위해 마련한 것입니다. 구체적으로 써주시면 소중한 상담 자료로 활용하겠습니다. 이 설문은 학급 학부모회 면담과 토론 자료 외에 다른 곳에 쓰이지 않습니다.

1. 지난해 학년초 학부모 총회 외에 학교를 방문하신 적이 있습니까? (사유까지)

2. 올해 총학부모회 임원으로 활동하시고 싶은 의향이 있으십니까?
　　예( )　　아니오( )　　기타( )

3. 부모님께서 보시는 자녀의 가장 큰 장점은 무엇입니까?

4. 자녀의 어떤 점이 가장 걱정스럽습니까?

5. 학급 학부모회에서 꼭 같이 이야기하고 싶은 주제가 있다면 어떤 것입니까?

6. 학급운영에서 담임이 어떤 점에 역점을 두어 지도했으면 좋겠습니까?

7. 담임에게 하고 싶은 말씀은?

8. 학교에 대한 건의사항은?

※촌지나 선물은 받지 않습니다. 저의 소신이며 학교의 방침입니다.

행사 당일 참석하는 학부모의 수에 따라 ㄴ자, ㄷ자, ㅁ자 등으로 자리를 배치해서 학부모와 교사가 자연스럽게 마주 볼 수 있게 하는 것이 효과적이다. 학생들처럼 교사를 향해 앉는 방식은 은연중에 담임의 권위가 강조되어 학부모와의 자유로운 대화를 막기 쉽다. 모든 내용에 대해 담임이 상담하고 방법을 일러주기보다는 사안에 따라서는 학부모들끼리 문제를 공유하고 서로 대안을 모색하는 것이 생산적일 때도 있다. 서로 마주 보게 하는 자리 배치나 학부모 사이의 공간을 좁히는 것은 이러한 대화 분위기를 만드는 데 매우 효과적이다.

회의는 일반적으로 다음과 같은 순서로 진행한다.

진행 1 학부모 인사

먼저 학부모들이 순서대로 돌아가며 자기 소개를 한다. 이때 담임은 임시 사회자가 되어 학부모들의 자기 소개를 돕고, 상황에 따라서는 해당 학생의 특성을 간단하게 덧붙여 소개해주며 학부모의 말문을 터준다. 처음엔 어색해도 금세 자연스러워진다. 학부모들도 옛날에는 다 학생이었다.

예) "호광이 어머님께서 인사를 하셨습니다. 혹 아시는 분이 있을지 모르겠는데, 호광이는 아주 재미있는 아이예요. 반장도 아닌데, 수업 중에 아이들이 떠들거나 장난치는 것을 못 봐요. 얼마나 잔소리를 하고 혼내는지 별명이 '이장님'이에요. 어떤 선생님은 호광이가 반장인 줄 알 정도지요. 아이들 사이에 평도 좋아요. 모둠장으로 아주 화끈하거든요."

진행 2 담임 인사

학부모 인사가 끝나면 이어 담임 소개를 한다. 간단하게 경력을 소개한 뒤, 3월 한 달 동안 관찰한 학생들의 모습이나 인상을 곁들여 학급운영 방침을 설명한다. 자세하고 친절한 소개는 학부모에게 믿음을 줄 수 있다. 원론이나 원칙을 지나치게 앞세우거나, 담임으로서의 권위를 내세우는 것은 대화를 진행하는 데 큰 장애로 작용할 수 있으므로 주의한다. 오히려 분위기에 따라 자신의 학창 시절 경험이나 가정 이야기를 소재로 활용하여, 함께 자녀를 키우는 사람으로서의 자연스러운 공감대를 형성하며 이야기를 이끄는 편이 훨씬 설득력이 있다.

진행 3 학교 특성과 학교 운영 방침 소개

부모들은 학급 못지않게 학교 운영 방침에도 관심이 높다. 특히 1학년인 경우에는 더욱 그렇다. 어떤 특성을 지닌 학교인지, 올해 학생을 대상으로 벌이는 중점 사업은 무엇인지, 학사 일정은 어떠한지, 교칙 가운데 특히 염두에 두어야 할 항목은 어떤 것인지 등 가정에서 아이들 교육에 대한 계획을 짜거나 지도하는 데 도움이 될 기본 정보를 토대로 안내한다. 교사가 따로 준비하기보다는 학교 차원에서 자료를 준비해서 배부할 수 있도록 사전에 주무 부서와 상의하는 것이 좋다.

진행 4 　학부모 토론과 상담

교사 소개와 학교 소개가 끝날 즈음에는 어느 정도 얼굴도 익고, 분위기도 익숙해진다. 자연스럽게 주관심사인 학생 문제로 접어들면 집중력이 높아진다. 학생 문제로 들어가기 전에 미리 준비한 자료를 나누어주고 같이 읽어본다. (학부모들이 자료를 읽는 동안 교사는 잠깐 휴식을 취할 수도 있다.)

학부모 상담과 토론은 미리 받아둔 설문지를 바탕으로 진행한다. 같이 공유할 수 있는 문제를 먼저 이야기하고 개별적인 문제로 접어드는 것이 효과적이다. 전체 문제로 거론되는 주제(예: 아이들에게 어떻게 해주어야 열심히 공부할 수 있나, 게임에만 빠져 있는 아이는 어떻게 하나, 이성 친구는 어떻게 배려하는 것이 좋은가 등)를 이야기하다보면 자연스럽게 개개인의 문제가 소화될 수 있기 때문이다. 전체 문제는 우선 담임의 설명이 필요한 부분과 협의가 필요한 부분으로 나누어 진행한다.

개별 문제를 다룰 때, 교사가 모든 것을 다 상담해주기보다는 일정 부분 다른 부모에게 답을 구하는 형식으로 운용을 하면 좀 더 현실적인 대안을 폭넓게 모색할 수 있다. 비슷한 또래이기 때문에 개인의 문제는 곧 전체의 문제인 것이다.

진행 5 　마무리

토론과 면담이 어느 정도 진행되었다 싶으면 다음을 약속하는 것으로 마무리한다. (개별 상담에 치중하다보면 회의가 어느 특정인에 치우치거나 시간이 지나치게 많이 소요되므로 적당한 선에서 마무리하는 것이 좋다. 특별히 개별 상담을 요청하는 경우라면, 회의 후에 따로 하거나 다음 날을 약속한다.)

회의를 마무리하면서 학급 학부모회의 운영안에 대한 의사를 타진한다. 학급에서 자체적으로 학부모회를 운영한다면 참석 의사가 있는지, 어떤 내용으로 진행했으면 좋겠는지, 횟수 조절은 어떻게 하는 것이 좋겠는지를 협의한 뒤, 학부모들의 긍정성 여부를 따져 곧 가정통신문을 통해 구체적인 내용과 일정을 알리겠다는 점을 약속한다. (미리 설문지에서 학급 학부모회 운영에 대한 의사를 묻고, 회의 안건으로 처리하는 방법도 있다.)

학급 학부모회 꾸리기 (연간 활동)

> 학급 학부모회는 이제 선택이 아니라 필수의 문제다. 총 학부모회 조직을 위한 임시 구성이 아니라, 아이들의 조화로운 성장을 위해 반드시 필요한 지원 조직이라는 인식의 전환이 필요하다. 학급 학부모회 구성은 아이들을 좀 더 인간적으로 키워내기 위한 첫 작업 가운데 하나다.

학급 학부모회의 활성화 여부는 학부모들의 자발성을 바탕으로 했느냐에 달려 있다. 학교의 방침상 어쩔 수 없이 챙긴다는 입장을 앞세우면 제대로 된 내용과 실속을 갖추기 어렵다. (이런 태도는 학부모들이 먼저 알아차린다.) 학급 학부모회의 생명은 교사가 얼마나 치밀하게 준비하고, 여유 있게 접근하느냐에 따라 좌우된다.

첫 학부모 모임이 충실한 준비를 바탕으로 이루어진 경우라면 대부분 학부모들은 학급 학부모회 구성에 기꺼이 찬성한다. 혹, 구성 과정에서 '학급 학부모회'라는 공식적인 명칭 때문에 일반 학부모들이 참여를 부담스러워한다면 '학부모 이야기 마당'이라는 식으로 이름을 바꾸어, 자연스럽게 학부모들이 모여 이야기를 주고받는 모임이라는 성격을 내세워 참여를 유도한다.

학급 학부모회 구성에 대한 합의가 이루어지면 우선 연간 계획을 세워야 한다. 이 계획과 실천 여부가 학부모 모임을 일회성으로 그치게 하느냐, 아니면 실질적인 모임으로 발전시키느냐를 결정하는 시금석인 만큼 신중하게 결정해야 한다.

우선 설문조사를 통해 추려낸 학부모들의 공동 관심사를 뼈대로 학급 학부모회 연간 계획을 세운다. 학부모들은 대개 아이들의 예절 지도, 학습 태도나 진학에 관한 문제, 사춘기 자녀를 대하는 부모들의 바람직한 태도, 용돈 관리, 텔레비전 시청, 컴퓨터 사용, 학원 수강, 학교생활, (이성) 친구 관계 지도 등에 많은 관심을 보인다. 이러한 주제를 다달이 하나씩 골라 꾸준히 모임을 꾸려가다보면 아이들의 교육을 공통분모로 한 공감대가 형성될 수 있다. 공감대를 바탕으로 할 때, 학부모회는 바람직한 상설 조직으로 자리 잡게 된다. 자칫 학부모와 의사소통이 제대로 이루어지지 않아 서로의 교육 방침이 어긋나는 경우, 아이들은 상당한 혼란을 겪게 된다.

다음 표는 월별로 함께 해볼 만한 주제들을 가려 뽑은 것이다. 이 주제들은 매달 모임을 통해 더 시급하고 필요한 것으로 바꾸어갈 수 있다. 얼마나 충실하고 현실적인 주제를 다루느냐에 따라 학부모들의 참여도가 달라진다.

학급 학부모회는 쉽게 말하면 아이들에 대한 이해와 성장을 돕기 위해 교사와 학부모, 학부모와 학부모들이 서로 대화를 통해 발전적인 대안을 모색하는, 일종의 '이야기 모임'이다. 모임이 정례화되고 발전되면 학교 운영에도 참여할 수 있다. 모임이 지속적으로 이루어지려면 이러한 목적을 분명하게 해야 한다.

〈예시 8〉 학급 학부모회 월별 토의 주제

월	주제	준비물	비고
4월	담임의 일년 지도 계획 학교폭력과 친구 사귀기	이름표, 학급운영 계획표 학교폭력에 관한 자료, 얼굴 익히기 놀이	
5월	학습 태도 바르게 지도하기 공정한 평가를 위한 안내와 토론	학습 관련 지도 자료 복사 — 각 과목 교사가 권하는 학습 방법, 학교 실기평가 기준	
6월	사춘기 아이들을 키우는 부모의 고민과 해결 방법 토론, 가족신문 만들기	관련 자료와 비디오, 가족신문 견본	
7월	방학을 어떻게 보낼 것인가	방학생활 지도 지침서, 토론 자료 아이들과 함께 가볼 만한 여행지 자료	
9월	책읽기 지도	청소년 권장도서 목록	외부 강사 혹은 국어 교사를 강사로 초빙
10월	성문제, 어떻게 할 것인가	학생 성의식 설문 결과와 관련된 자료	외부 강사 혹은 양호 교사를 강사로 초빙
11월	아이들의 적성과 흥미 지도 어떻게 할 것인가		지능, 적성, 흥미 검사 관련 강사 선정, 옆 반 학부모와 합동 모임을 개최할 수 있다.
12월	아이들과 함께 만드는 학급문집 2학기 마무리잔치 계획	기존에 발간된 학급문집 자료	
2월	평가와 소감 나누기	설문지, 감사의 편지	

모임 횟수는 격월로 한 번 정도가 적당하다. 다만 학부모회 모임의 주인은 참석하는 학부모 전체와 교사이기 때문에 따로 '대표'성을 띤 학부모를 두지 않는 것이 좋다. 교사와 학부모가 만난다는 특성 때문에, 대표가 만들어지면 오히려 어색하게 되고, 의무적이거나 강제성을 띠는 모임으로 변질되기 쉽다. 언제 어떻게 모임을 개최할 것인가에 대한 안내는 담임 교사가 가정통신문을 통해 알려주는 형식을 취한다.

모임 장소는 교실이 가장 좋다. 학부모들은 아이들이 꾸며놓은 게시판이나 자녀들의 생활 흔적이 남아 있는 교실에 친근감을 갖고 있다. 비디오를 본다든가 강사를 초빙하여 강연회를 개최하는 경우는 미리 학교 시청각실 등의 장소를 섭외해둔다. 음식점이나 가정에서 개최하는 방법도 있지만, 분위기가 산만해지고, 경제적인 부담이 만만치 않으므로 되도록 피하는 것이 좋다. 교실에서 정식으로 개최하는 이야기 모임 외에 부담이 가지 않는 범위 안에서 산행이나, 문화 활동 등을 곁들이는 방법도 생각해볼 만하다. ■

학부모와 같이 읽기

엄마 아빠, 저희 말 좀 들어주세요

스트레스를 주는 부모의 말 한마디

- 공부도 열심히 안 하는데 공장에 가서 취직이나 해라. (물론 진심이 아니시겠지만 가슴에 남아 잊혀지지 않는다.)
- 옆집 연정이는 반에서 5등 안에 든다더라. 너는 뭐 했니?
- 네가 잘못되면 엄마만 욕먹어. 너는 내 희망이야.
- 텔레비전 끄고 빨리 공부나 해라. 저런 것이 뭐가 재미있다고 퍼질러 앉아서 보냐? (달려와서 텔레비전을 확 끈다.)
- 내 능력에 맞지도 않는 직업을 택하라는 아빠의 말, "판사나 의사가 되거라."
- 공부도 못하는 게 매일 텔레비전만 파먹냐? (억울하다. 주말에만 보는데도 난리다.)
- 잘못했어, 안 했어? 잘못했으면 가서 강아지 목욕이나 시켜!
- 너 대학 나와야 사람대접받는다. 연고대는 가야지. 재수할 생각 절대 하지 마라.
- 제발 도움이 되는 친구를 사귀어라. 너 깡패 될래?
- 동생 반만 닮아봐라.
- 핸드폰에 신경 쓰는 것 반의 반만 하면 공부 1등 하겠다. (핸드폰을 압수한다.)
- 너는 안되겠다. 일찌감치 포기하고 아빠 회사에 나와서 바닥부터 쓸어라.
- 아주 얌전한 것 같으면서 속으로 호박씨 까고 할 짓 다하고 돌아다니네.
- 넌 여자가 되어서 왜 그리 오도방정이야.
- 너 고등학교 졸업하고 시집이나 가라. 여자가 공부하면 뭐 하냐.
- 네가 동생한테 져줘야지 어쩌겠니? (어제는 오빠한테 양보하라고 하더니……)
- 너 솔직히 말해봐. 공부에서 손 뗐지? 글러먹었군.
- 난 너만 할 때 이러지 않았다. 집에서 힘든 일, 험한 일 혼자 다 하고도 공부했다.
- 아버지는 죽 먹어가면서 그 공부 다 했어. 넌 뭐가 부족하니? 한번 굶어봐야 정신을 차리지.
- 넌 너무 뚱뚱해. 도대체 누굴 닮았냐?
- 네가 아들로 태어났으면 얼마나 좋았겠니?
- 용돈 준 지 며칠 되었다고 또 손을 벌려? 가서 오빠 밥이나 차려줘.
- 그만 좀 먹어라. 꼭 사육 돼지 같구나.

- 학원을 다녀도 그 모양이냐? 들어가서 잠이나 자라.
- 내가 너를 믿은 것이 잘못이지. 아무짝에도 쓸모없는 놈 같으니라구.
- 나는 너희들만 믿고 산다. 너희들이 내 인생의 전부야.
- 이 새끼, 저 새끼, 놀고 있네. 주제에 끼어들기는…….
- 그럼 네가 하는 일이 그렇지. 널 믿은 내가 바보지.

힘을 주는 부모의 말 한마디

- 너는 열심히만 하면 공부 잘할 텐데……. (내가 머리는 좋다는 뜻이다.)
- 오, 놀라운데!
- 오늘 밤은 외식이다.
- 용돈 안 모자라니?
- 역시 네가 최고야. 넌 할아버지를 닮았어. (아버지를 닮았다는 말보다 훨씬 좋다.)
- 오늘은 일찍 자라. 건강이 중요하지, 공부가 중요하겠니?
- 네 할 일은 네가 알아서 해라. 너를 믿는다.
- 같이 볼링 치러 가자. 네 덕분에 아빠 체면이 섰다.
- 조금만 참아라. 이제 며칠 안 남았다. 최선을 다하자.
- 아빠는 네 편이다. 소신껏 밀고 나가라. (눈물이 쏙 빠진다.)
- 오늘 힘들었지? 좋은 꿈 꾸어라.
- 사랑한다, 괜찮아.
- 힘들지? 놀면서 해라. 넌 할 수 있어.
- 지금부터 시작해도 늦지 않다. 누구 딸인데. 넌 마음만 먹으면 뭐든지 잘할 수 있을 거야. 나는 걱정 안 한다. 힘내.
- 결과보다는 과정이 중요한 거야. 너무 집착하지 말고 여유를 가져라.
- 엄마는 너를 믿어. (늦게 들어갔을 때, 이런 말 들으면 나쁜 짓을 하기가 힘들어진다.)
- 나도 학창 시절 때 공부 잘하지 못했다. 실망하지 말고 하는 데까지는 열심히 하자. (이렇게 말씀해주시면, 정말 존경스럽다.)
- 누구나 실수는 할 수 있는 거야. 넌 아직 어리잖니?

부모님, 이런 행동은 제발 고쳐주세요

- 밖에서 짜증 나는 일이 있었다고 집에 와서 화풀이하시는 것.
- 남한테 내 얘기를 이러쿵저러쿵 하고 다니시는 것.
- 내가 보는 앞에서 두 분이 내 문제를 갖고 다투시는 것.
- 나는 나예요. 다른 사람하고 비교하지 마세요.
- 조금 실수한 것을 가지고 두고두고 야단치시는 것.
- 공부하다 깜박 잠들었을 때, "넌 매일 잠만 자니?" 하며 꼬집고 두드려 깨우시는 것. 빈말씀이라도 "아이구, 얼마나 피곤했으면 이러고 잠이 드니." 이러실 수 없나?
- 사소한 일 갖고 야단치신다. 예를 들면 밥 먹을 때 밥풀 흘린다고.
- 만화책은 무조건 나쁘다고 빼앗아 찢어버린다.
- 툭하면 뺨을 때리고 늘 남과 비교하면서, 어쩌다 술 드시고 오시는 날엔 예쁘다고 내 엉덩이를 두드리는 그런 아빠가 밉다.
- 내가 전화하면 쪼그만 게 뭔 말이 그렇게 많냐며 갖가지 다 참견하면서 전화기만 붙잡으면 하루 종일 끝이 없는 엄마의 너스레.
- 매일 돈, 돈, 타령하는 부모님. 정말이지 돈 얘기 나올 때마다 왜 사나 싶다.
- 아이들 다 보는 앞에서 교실 문 열고 들어와 도시락을 전달해주시는 것. 아들 걱정하시는 심정은 알겠지만 창피하다. 한 끼쯤 라면으로 때운다고 이 아들이 죽나?
- 고래고래 소리 지르며 부부 싸움을 할 때는 자식들도 안 보이나 보다.
- 야단맞을 때 하고 싶은 말을 좀 했을 뿐인데 말대꾸한다고 흥분하시는 부모님.
- 너는 세상을 몰라도 한참 모른다면서 무릎 꿇려놓고 한 시간을 넘게 설교하시는 아버지. 아버지는 내 인생 최대의 강적이다.
- 술, 담배와 사돈을 맺으셨는지 일요일도 밥상머리에서 술을 드시고 담배를 피우신다. 식구는 안중에도 없으시다. 아빠 혼자 사는 집 같다.
- 늘 형만 위해주신다. 장남이 뭐 최고인가? 나도 아들이다.
- 네가 뭘 알아? 그러면서 말머리를 자르고 윽박지르는 것.
- 엄마는 당신 생각대로만 말한다. 도대체 세대 차이가 나서 답답하다. 걱정도 걱정 나름이지 아무 데도 못 가게 집에만 붙들어둔다. 우리 빼놓고 세상이 막 돌아간다.

엄마 아빠, 저희 말 좀 들어주세요

학부모와 같이 읽기

- 너는 여자라서 안 된다는 말은 늘 나를 주눅들게 한다.
- 감기만 들어도 뭔 사내 자식이 이렇게 약해 어쩌구 하시며 무시하고 깔보는 아빠의 말투는 정말 부자지간의 애정을 식게 만든다.

부모님, 이런 행동은 정말 멋있어요

- 밤늦은 시간에 노크를 하고 들어오셔서 간식을 함께 먹으며 오손도손 기분 좋은 이야기를 해주고, 용기를 북돋워주실 때 정말 가슴 찡하다.
- 비 오는 날 우산을 들고 교문 앞에서 기다리는 엄마를 보면 감동해서 눈물이 난다.
- 저희와 같은 입장에서 생각해주시고, 뭐든 안 된다는 그런 편견을 갖지 말고 진실한 대화를 통해 풀어나갔으면 합니다.
- 용돈을 무조건 조금 준다고 절약하는 습관이 생기는 것은 아니다. 합리적인 면에서 신축성 있게 조정해주는 슬기로움을 가지셨으면 좋겠다.
- 가족끼리 운동을 함께 배우러 다녔으면 좋겠다. 오락 시간도 충분히 갖고 남 못지않게 화목하게 살았으면 한다. 행복하게 사는 일이 그렇게 어려운 것인가요?
- 내가 가고 싶은 대학의 학과를 갈 수 있도록 밀어주셨으면……
- 내가 완벽하지는 않지만 믿고 밀어주는 넉넉함을 기대한다.
- 우리 비위를 좀 맞춰주시고, 많이 이해해주세요. 우리는 어른이 아니라고요.
- 가끔 외식도 하고, 수영도 같이 가고, 싸우지 않으며, 도란도란 말씀 나누며 상의하는 엄마 아빠의 모습은 정말 보기가 좋다. 마음이 정말 편해진다.
- 우리의 음악과 춤을 이해해주세요. 무조건 야단치지 말고 너그러움을 보여주세요.
- 내 방에 붙은 배우 사진을 떼지 않고 "음, 나도 너만 할 때는 김지미를 좋아했지." 하시며 다정하게 웃는 아빠의 모습. 우리를 인정하는 어른은 멋있다.
- 내 사생활을 침해하지 않고 존중해주셨으면 좋겠다.
- 용돈 잘 주시고, 늦게 들어와도 걱정 안 하시며, 날 믿어주시고 웬만한 일에는 참견하지 않으셨으면 좋겠다.
- 버스에서 할아버지 할머니에게 자리를 양보해주시는 엄마는 천사처럼 보였다.
- 아빠 엄마가 서로 뜨겁게 사랑하는 모습을 보고 싶다.

사례 1
학부모 통신 활용

학부모 통신의 위력

서먹서먹하고 어려운 관계에서 서로 신뢰감을 쌓는 가장 실용적이고 실현 가능한 방법은 편지를 쓰는 것이다. 나는 교직 첫해부터 학부모에게 편지를 써왔다. 학년초부터 쓰기 시작하여 한두 달에 한 번 정도 쓴다. 그러니 일년에 네다섯 번 정도 쓰는 셈이다. 나를 솔직하게 드러내는 방법으로 편지를 택한 것이다.

편지라고 해서 일일이 손으로 쓰는 것은 아니고, 컴퓨터로 작업을 해서 마지막에 이름만 바꿔 쓰는 정도로 하고 있다.

편지의 내용은 매번 달라지나, 대체로 요즘 아이들의 생각과 학교에서 생활하는 모습들을 중심 소재로 한다. 학교 학사 일정과 학급 행사도 소개한다. 어떤 때는 월간지나 신문 등에 실린 교육 관련 글을 다시 컴퓨터로 입력하고 편집해서 편지에 덧붙여 보내기도 한다.

이 편지의 위력은 대단하다.

첫 번째 편지에는 첫인사와 함께 학급운영 원칙과 교직관을 비교적 자세하게 적어놓는다. 마지막 부분에는 집 주소와 전화번호, 휴대폰 번호, 이메일 주소 등 나와 연락할 수 있는 모든 통로를 적어놓는다.

편지를 보낸 후 일주일 정도면 집으로, 학교로 전화가 오기 시작하고 찾아오기도 한다. 학부모들은 말한다. 여태껏 이런 담임 선생님은 처음이라고. 전화로 먼저 인사를 하는 것이 죄송하지만 편한 마음으로 한다고. 한번 직접 만나보고 싶었다고. 물론 처음에는 반신반의하는 기색도 엿보이지만, 편지가 몇 번 나가면서 그런 의심과 경계는 쉽게 사라진다.

어떨 때는 학부모들이 답장을 써서 보내기도 한다. 이렇게 서로 편지를 주고받는 과정 속에서 학부모들은 학급운영의 동반자가 되기도 하고, 후원자 역할을 자청하고 나서기도 한다.

담임은 자신의 활동이 거의 공개되기 때문에 하나라도 소홀히 할 수 없으며, 편지를 쓸 때마다 마음을 다잡곤 한다.

조장희 / 서울 신일중 교사

학부모님께.

이제 더위가 무르익어갑니다. 운동이 끝난 후 수돗가에서 떠날 줄을 모르고, 점심 시간 후에는 꾸벅꾸벅 졸고 있는 아이들이 눈에 자주 띄기도 합니다.

지난 스승의 날에 보여주신 학부모님들의 고마움에 감사를 드립니다. 아이들을 위해서 아무것도 한 것이 없으니 부끄러울 따름입니다. 이 더운 여름날 조그만 교실에 45명의 아이들을 모아놓고 8시부터 4시까지 계속 똑바로 정신 차리라고 요구하는 것 자체가 무리라고 생각합니다. 나름대로 이런저런 지혜를 동원해보지만, 늘 부족함을 느끼곤 합니다. 그러나 언제나 새롭게 번득이는 아이들의 눈빛과 몸짓에서 힘과 의욕을 얻습니다.

중간 고사 성적표를 받아보셨지요?

중학교에 올라와서 처음 보는 시험인 만큼 학생이나 부모님들이나 많이 긴장하고 걱정을 했으리라 짐작합니다. 성적이 올라간 아이도 있고, 떨어진 아이도 있습니다. 등수를 매기면 자연히 1등부터 꼴찌까지 나오게 마련입니다. 내 아들이 1등을 했다고 해서 진정한 1등짜리 아이가 아니며, 꼴찌를 했다고 해서 진짜 꼴찌 아이는 아닙니다. 아이들은 각자 나름대로의 능력이 있으며, 학교가 그 능력을 모두 평가해주는 것은 아닙니다. 어쩌면 학교에서 평가해주지 못하는 더 훌륭한 능력을 갖고 있을지도 모르는 일입니다.

아이들은 "공부하라."는 소리에 진저리를 칩니다. 집에서는 부모님이, 학교에서는 선생님이 귀에 못이 박힐 정도로 "공부하라."고 주문을 합니다. 생각해보십시오, 듣기 좋은 소리일지라도 누가 옆에서 매일 반복해서 강요한다면, 그것처럼 지겹고 힘든 일이 또 어디 있겠습니까? 자녀에게 공부하라 공부하라 하며 강요하는 것보다는 용기를 북돋우어주는 것이 필요합니다.

우리 아이들이 능력이 있건 없건 간에 100점에서부터 0점까지의 결과는 나옵니다. 성적 결과를 대할 때 공부를 잘하면 잘하는 대로 못하면 못하는 대로 걱정이 앞서지요. 자녀들을 몰아붙이기보다는 좀 더 넉넉한 마음을 가지고, 다음에 도전해볼 수 있게 용기를 북돋우어주는 일이 꼭 필요합니다. (부모님들께서는 자녀를 몰아붙이는 일이 전혀 없다고 강조하시지만, 사실 당사자들은 상당한 정도의 압박감을 느낀답니다.)

아이들에게 올바르게 살아가는 일이 무엇인가를 가르치기 위해 노력하지만, 부족함 때문에 실패하며 낙담할 때가 많이 있습니다. 학부모님께서 늘 지켜봐주시고, 잘못된 일은 언제든지 지적해주십시오. 안녕히 계십시오.

○○○○년 5월 20일 담임 조장희 드림

사례 2
학부모 통신 활용

마음을 움직이는 편지

10년 만에 담임을 맡았다. 오랜만이라 마음도 설레지만, 걱정이 이만저만이 아니었다. 그래도 내가 담임을 안 맡을 때에는 다른 사람들에게 "아이들을 맡는 교사는 이렇게 저렇게 해야 한다."고, "땀내 나게 아이들과 뒹굴며 지내야 한다."고 입에 침이 마르도록 얘기했는데, 이를 어떻게 하지? 늘 조언하고 충고하던 처지였는데 이제 내가 그 일을 해야 한다니, 눈앞이 캄캄하였다. 앞일을 생각하고 늘 조심스럽게 얘기해야 하는데 그 화살이 나에게 왔다. 더구나 요즘 아이들이 어떤 아이들인가. 너무나 빨리 변하고, 쉽게 어른처럼 행세하는 이런 아이들을 어찌 대할 것인가. 넓은 마음 그릇을 가지지도 못한 내가 어찌 담임 일을 할 수 있을까. 정말 자신이 없었다. ― 이런 마음으로 40여 명의 아이들과 살림을 시작했다.

먼저 할 일은 아이들을 올바로 아는 일이었다. 아이들을 키우는 부모들과 가까워야 이런저런 이야기를 들을 수 있을 것 같아서 우선 편지를 보내기로 했다. 한 달에 한 번, 아이들이 학교에서 어떻게 지내는가에 대해 이야기를 했다. 담임을 맡은 교사가 어떤 생각을 갖고 날마다 아이들을 만나고 가르치는가에 대해 자세히 써보냈다. 부모님께 부탁하는 말도 썼다.

이렇게 한 번 두 번 편지를 보내니, 부모님들이 참 좋아했다. 미덥잖던 농공고에 아이를 보내고 나서 걱정을 많이 했는데 고맙다며 전화를 해주는 부모도 계셨다. 그러면서 자연스럽게 아이의 생활 이야기, 속 썩는 이야기를 들려주었다.

'집에 한 번 오시라.'는 부모들이 있어 일곱 집을 찾아가기도 했다. 서너 시간 마주 앉아 이야기를 나누니, 거기에서 아이에 대한 모든 것을 알 수 있었다. 아이들도 좋아하는 분위기였다. 아이 방에 들어가 책상에 앉아보기도 하고, 방의 '환경미화' 상태도 둘러보았다. 아이들을 새롭게 만나는 기분이었다.

편지를 매달 보내니 기다리는 부모님도 계셨다. 편지를 여러 번 되풀이해서 읽으며, 소중하게 여기고 잘 간직한다는 분도 있었고, 당신 아이와 그 친구 이야기를 들으며 아이들 삶에 대해 깊이 생각하는 계기가 되었다는 부모님도 있었다. 간곡하게 상담을 요청하는 부모님도 있었다.

지난해 여덟 차례 편지를 보냈다. 이제 길에서 처음 만나 인사하는 부모님도 나를 아주 오래 전부터 알고 있는 사이인 것처럼 다정하게 대했다. 이럴 때의 기분은 참 좋다. 길에서라도 자연스럽게 아이 이야기를 하게 되었다. 잘하는 일보다 못하는 일을 더 많이 이야기하는 부모님에게, 나는 가능하면 그 아이가 잘하는 일을 들려주었다. 환해지는 부모님 얼굴을 보는 것도 큰 기쁨이었다. 이렇게 부모님과 친해지니, 아이들도 내 말에 귀를 기울였고 잘 따랐다. 아이들은 자기 삶에서 고칠 일이 있으면 한 번 더 생각하고, 고치려고 애를 썼다.

편지는 아이를 가운데 두고 교사와 학부모를 잇는 다리가 되었다. 일년을 보내면서 생각해보니 다리 놓는 일, 편지 쓰는 일을 잘한 것 같다. 솔직하게 마음을 담아 정성껏 쓰면, 학부모의 마음을 움직일 수 있다. 글을 잘 쓰고 못 쓰고는 문제가 아니다. 마음을 움직이는 것은 마음이다. 교사가 작은 마음 그릇을 내보이니 부모님들은 별다른 경계 없이 아주 친근하게 다가서주었다. 우리가 만나는 아이들은 앞날을 이끌어갈 귀한 사람들이다. 하늘처럼 귀하게 대해야 할 사람들이다.

황금성 / 충남 부여여고 교사

※ 이 글은 필자의 전임지인 충남 홍산농공고에서의 이야기입니다.

처음 글을 드린 지 벌써 한 달이 훌쩍 지났습니다.

잘 지내셨는지요? 저는 잘 지냅니다. 아이들을 아침에 잠깐 보고는, 뭐가 그리 바쁜지, 어느 때는 아이들 얼굴 한 번 제대로 못 보고 금방 저녁이 됩니다. 종례 마치고 환한 얼굴로 돌아가는 아이들 뒷모습을 보고 있으면 참 미안한 마음이 많이 들어요. 저 아이들이 학교라는 곳에 와서 하루 종일 뭔가를 생각하고 배울 텐데, 뭘 얼마나 배우고 깨우치는지, 또 나는 저 아이들에게 꼭 도움이 되고 필요한 사람인지, 되돌아봅니다.

지난 한 달 동안 우리 반 아이들과 지낸 일을 생각나는 대로 말씀드리겠습니다.

- 3월 19일 : 교실 뒷게시판에 아이들이 읽을 만한 시와 신문 글을 붙여놓았습니다. 우리 반에 담배 피우는 아이들이 십여 명이나 되기에 "나는 왜 어른이 되어도 담배를 피우지 않는가?"에 대해, 제가 겪은 일을 말해주었습니다.
- 3월 20일 : 우리 반 급훈을 '친구를 내 몸처럼'으로 정했습니다. 친구와 학급, 자신을 위해 한 가지씩 날마다 할 일을 찾아서 하자고 했습니다. 오토바이를 타다 다친 옆 반 아이 이야기를 해주었습니다. (우리 반도 세 명이나 탑니다.)
- 3월 22일 : 상연이가 컴퓨터로 번호표를 만들어 신발장과 서랍장에 붙였기에 칭찬해주었습니

다. 학교 오가는 길에 아이들이 때와 장소를 안 가리고 담배를 피워, 학교로 항의 전화가 와서, 우리만이라도 그러지 말자고 했습니다.

- 3월 25일 : 자기 삶에 대해 깊이 생각하는 습관을 들이기 위해서 '글쓰기 공책'을 하나씩 준비했습니다. 글은 일주일마다 한 편씩 쓰기로 했습니다. 나중에 이 글을 모아 학급문집을 펴내려고 합니다. 자기 생각을 분명하고 야무지게 표현하는 아이들이 참 많더군요.
- 3월 28일 : 연무대공고에서 김재천이란 아이가 전학을 와서 모두 반갑게 맞이하였습니다. 성완이는 재수해서 들어온 아이인데 자주 학교를 빠져, 어머니가 대신 학교에 오셔서 상담하고 가셨습니다. 효광이는 놀다가 허리를 삐끗했다고 해서 제가 수지침을 놓아주었습니다. 한결 나아졌답니다.
- 3월 31일 : 아이들이 8시 30분까지 학교에 와서 아침자습을 해야 하는데, 지각을 하도 많이 해서 회의를 하니 벌금을 내자고 하더군요. 제가 말렸지요. 돈으로 해결하는 것은 좋지 않다구요. 아침마다 깨우느라 고생하시는 부모님은 저에게 전화주세요. 따로 또 얘기하겠습니다.
- 4월 1일 : 교련과 수학 시간에 우리 반이 많이 떠든다고 지적을 받아 앞으로 잘하자고 다짐했습니다. 교복을 학교 규정대로 입지 않고 아무 옷이나 입는 아이들이 여러 명 있습니다. 저도 그냥 지나치지 않고 슬쩍슬쩍 지적합니다만, 집에서도 잘 챙겨주십시오.
- 4월 7일 : 우리 반 아이들 몇 명이서 부여 시내 어느 술집에서 술을 먹다가 경찰에게 걸려 학교로 연락이 왔습니다. 그 사건으로 요즘 날마다 반성문도 쓰면서 저와 상담하고 있습니다. 너무 걱정하지는 마십시오. 아이들이 잃어버린 명예를 되찾으려고 많이 애쓰고 있습니다.
- 4월 8일 : 학교 행사로 폐품을 가져오는 날인데, 정말 믿기지 않을 정도로 단 한 명도 가져오지 않았습니다. 모두 잊은 거지요. 알고도 귀찮아서 안 가져오기도 했고요. 할 일을 제대로 챙기지 않는 버릇을 고쳐주려고 애쓰겠습니다.
- 4월 11일 : 준희가 감기로 학교를 빠졌습니다. 우리 반 아이 가운데 감기 몸살을 앓고 있는 아이가 12명입니다. 잘 씻고 잘 먹을 수 있도록 보살펴주시기 바랍니다.
- 4월 12일 : 며칠 결석을 하던 영달이가 학교를 나와 반 친구들이 반갑게 맞이했습니다. 누구나 살아가면서 힘든 때가 있으니 혼자 고민하지 말고 같이 의논해서 해결하자고 했습니다.
- 4월 14일 : 성구가 감기 몸살로 병원 갔다가 늦게 학교에 왔습니다.
- 4월 16일 : 재천이가 교복이 찢어져 세탁소에 맡기고 대신 사복을 입고 왔기에 지금 당장 찾아 입고 오라고 했습니다. 그랬더니 집에 가서 교복을 입고 왔습니다. 무리한 방법이지만 학교 다니면서 지켜야 할 것은 분명히 해야겠기에 그랬습니다.

- 4월 17일 : 학급에 물컵이 필요해서 혹시 집에 안 쓰는 것이 있으면 가져오라고 부탁을 했더니, 충복이가 예쁜 컵 두 개를 가져왔습니다. 지금 잘 쓰고 있습니다.
- 4월 18일 : 북한동포들이 굶고 있다는 신문 기사를 보여주었더니 아이들이 회의를 해서 모금하기로 정했습니다. 4월 24일까지 10,100원이 모금되어 내일쯤 적십자사로 보내려 합니다. 아이들 마음이 참 곱고 대견스러웠습니다.
- 4월 19일 : 관혁이가 며칠 빠지다가 마음을 잡고 다시 등교했습니다. 아이들이 내 일처럼 기뻐했습니다. 관혁이도 따뜻하게 반겨주는 친구들이 고맙다고 했습니다.
- 4월 21일 : 영수가 감기로 아프다기에 조퇴를 시켰습니다. 나중에 쓴 글을 보니 영수는 중학교 때 결석을 자주 했는데 고등학교 들어와서는 절대 학교는 안 빠지기로 했다면서, 오늘도 억지로 꾹 참고 왔다고 했습니다. 든든한 우리 아이들입니다.
- 4월 23일 : 협진이가 여러 날 아파서 못 왔는데 어젯밤 저에게 전화했더군요. 내일 꼭 나오겠다고요. 호성이가 자기 용돈을 아껴 학급에서 쓸 편지 봉투를 600원어치 사왔습니다. 남을 위해 자기가 가진 것을 조금이라도 나누는 마음은 아주 귀하고 큰 마음이라고 말해주었습니다. 급훈대로 실천한 것이지요.

우리 반 아이들과 함께 지낸 한 달이었습니다. 같이 마음을 나누고 뒹구는 동안 훌쩍 한 달이 지났습니다. 이젠 아이들 눈빛만 봐도 어느 정도 아이들 마음을 읽을 수 있습니다.

눈에 띄게 아이들은 커갑니다. 마음씀씀이가 비록 세련되지는 못하지만 그게 그렇게 큰 문제는 아니지요. 마음꼴이 제대로 자리 잡으면 이 다음에 커서 자기 일을 스스로, 다 잘해 나가겠지요. 넉넉한 마음으로 아이들을 바라보면 참 귀한 보물들이고 재주꾼들입니다. 화사한 꽃을 피우기 위해 꽃봉오리 모습으로 잠시 웅크리고 있다는 생각을 해봅니다. 조금 더 가까이에서 아이들 얘기를 귀담아 들어주시고 믿어주시길 바랍니다.

뭘 생각하고 고민하고 있는지, 어느 날 가만히 한번 들어봐주세요. 아마 기다렸다는 듯 마음을 활짝 열어 보일 것입니다.

이제 5월입니다. 언제 가까운 날, 훌쩍 한번 찾아뵙겠습니다. 만나면 저도 드릴 말씀이 많을 것이고 부모님께서도 저에게 하실 말씀이 많을 것입니다. 우리 아이들을 위한 일이라면, 우리가 만나는 때가 빠르면 빠를수록 좋겠지요.

따뜻한 봄날, 늘 건강하시고 보람찬 나날이 이어지시기를 바라며 이만 줄입니다.

○○○○년 4월 25일 담임 황금성 드림

학부모 만나기
학부모 만남 넓히기

학부모와 함께하는 다양한 학급활동

> 참여하지 못하는 학부모가 느끼는 소외감, 그릇된 교육열을 가진 일부 학부모의 자기 과시 등 문제 소지도 없지 않지만, 서로 믿음을 바탕으로 생각을 모아나간다면 활동 과정에서 빚어지는 불협화음은 충분히 극복할 수 있다. 구더기 무서워 장 못 담그는 경우는 없어야 한다.

교사와 학부모 사이에 '어떻게 아이들을 키울 것인가' 하는 교육 방향에 대해 공감대만 형성되면, 학부모는 어떤 형태로든 학교나 학급의 교육활동에 참여할 수 있다. 학부모의 학교교육 참여는 우수한 인적 자원의 활용이라는 효과 외에도 아이들의 조화로운 성장을 도울 수 있다는 점에서 특히 긍정적이다.

매체 활동에 참여하기

1) 뒷게시판에 학부모란 만들어 꾸미기 : 교실 환경 꾸미기를 할 때 학부모란을 두어 그들 스스로 꾸며갈 수 있게 하는 방법은 학부모의 교실 참여를 돕는 좋은 계기가 된다. 아이들과 함께할 수 있는 일 찾기, 부모로서 겪는 아픔과 기쁨 등을 주제로 한 달에 한 번씩 게시물을 만들어 붙이면, 아이들에게 부모의 생각을 이해시킬 수 있는 그야말로 '사랑방' 구실을 톡톡히 하게 될 것이다. 이런 행사는 자연스럽게 아이들의 교실 꾸미기 활동을 활성화시키는 또 다른 효과를 거둘 수도 있다.

학부모란의 주제는 '너희들에게 꼭 들려주고 싶은 이야기' '우리들이 너희만 할 때에는' '우리는 이럴 때 가슴이 아프단다' 등 아이들과 교감할 수 있는 내용으로 구성한다. 정기적으로 학부모회를 꾸리는 경우에는 스스로 주제를 결정하게 한다.

2) 학급문집(신문) : 학급문집이나 신문을 만들면서 학부모 참여란을 배치하는 것도 아이들과 학부모를 잇는 좋은 다리 역할을 한다. 많은 준비와 계획이 필요하지만 이러한 참여를 즐거워하는 부모들이 의외로 많다는 것은 교사에게 큰 기쁨이 된다. 학부모의 문학 작품을 싣기도 하고, 자식들에게 평소에 하고 싶었던 이야기를 편지 형태로 모아서 싣는다. 좀 더 발전된 형태라면 학부모 문집을 따로 만들 수도 있다.

다양한 일일 명예교사 활용하기

지금처럼 특별한 날 하루 와서 수업을 하는 것보다 필요한 때 일일(혹은 한 시간) 교사로 초대하는 방법을 생각해보자.

한 달에 한 번 정도, 학급회의 시간을 이용해 아이들이 가장 듣고 싶은 이야기(설문조사를 통해 주제를 정하고, 학부모를 물색한다.)를 정하고, 그 주제를 잘 소화해 낼 수 있는 학부모를 모셔다 들려주는 방법을 먼저 생각할 수 있다. 교과별 활용도 가능하다. 향토사나 국어를 공부할 때, 학부모 가운데 향토사학자를 초대한다든가, 판소리에 조예가 깊은 부모를 모시는 등 찾기에 따라 얼마든지 다양한 방법이 있다.

문화 활동 함께 하기

학교 밖에서 학생·학부모와 함께 문화 활동을 벌이는 것도 신선한 자극제가 된다. 이런 학교 밖 문화 활동은 자연스럽게 교사와 학생, 학부모 사이의 대화 공간을 만들어주기 때문에 서로 신뢰감을 쌓을 수 있는 계기가 된다.

나는 학부모와 함께 주기적으로 연극 관람을 한다. 이 연극 관람은 학부모와 관계를 한결 돈독하게 해줄 뿐만 아니라, 교사와 학부모, 아이의 관계를 대등하게 연결하는 고리 역할을 톡톡히 해낸다. 우선 원하는 학부모가 참여할 수 있도록 가정통신문을 발송하여 미리 예약을 한다. 일년 동안 약 네 번 정도 연극을 관람한다. 관람이 끝나면 간단히 저녁을 먹는다. 저녁 식사 자리에서는 허물없이 이런저런 이야기가 오간다. 자발적인 문화 모임이므로 분위기도 좋고, 학급활동에 대한 의견 개진도 활발하다. 작년에 처음 해보았는데, 반응은 폭발적이었다. 학부모들은 진솔한 대화를 통해 서로의 거리감을 좁힐 수 있다는 것만으로도 매우 만족해했다. 자기 자식과 담임이 한데 모여 연극도 구경하고, 이야기도 하고, 저녁도 먹는 자리는 흔한 기회가 아니기 때문이다.

조장희 / 서울 신일중 교사

작은 학급 행사와 알뜰시장 함께 열기

한 해 동안 담임 교사가 의욕을 보여 독서 토론회, 모둠별 장기자랑, 모둠 체육대회, 시화전 등 다양한 학급 행사를 펼치는 학급도 많다. 이런 행사에 학부모를 활용하면 기대 이상의 효과를 거둘 수 있다.

모둠별 독서 토론회 사회자로 나서서 토론을 이끌 수도 있고(요즘 학부모들은 독서 지도에 특히 관심이 많기 때문에 호응도가 높다.) 모둠 체육대회 때 자리를 같이 할 수도 있다. 아이들과 함께 그림과 글로 패널을 제작하여 학급 시화전을 개최하는 것도 재미있다.

알뜰시장은 학부모가 가장 부담 없이 참여할 수 있는 학급 행사이다. 알뜰시장에 낼 물품을 함께 준비해서 교환할 수 있도록 한다. 남은 이익금을 불우한 이웃을 돕는데 쓰거나 학급문고 구입 등 학급운영 경비로 쓴다면, 하나의 행사를 통해 우리 이웃에 대한 관심까지 가질 수 있어, 남다른 보람을 느끼게 된다. 대신 행사는 학부모와 교사, 아이들이 공동으로 주최하도록 하고, 논의를 통해 사전에 역할을 분담하도록 한다.

학급활동 도우미로 참여하기

1) **봉사활동 안내하기** : 아이들의 봉사활동 과정에 학부모가 참여하면 아이들로 하여금 봉사의 참뜻을 깨닫게 하는 데 큰 도움이 된다. 자원하는 학부모로 팀을 꾸려 운영하되, 이 학부모들은 봉사활동 장소를 물색하고, 아이들을 안내하는 역할을 담당한다. 경로당이나 고아원 같은 경우는 학부모가 동행하여 지도할 수 있도록 배려한다. 아이들과 학부모가 함께하는 봉사활동은 무엇보다 형식적인 활동에서 벗어날 수 있다는 장점이 있다.

2) **'어머니 상담실' 열기** : 아이들 상담에 관심 있는 학부모가 있다면, 어머니 상담실을 꾸릴 수 있다. 선생님에 비해서는 아무래도 부담이 덜하기 때문에 비공개 원칙만 보장된다면, 많은 아이들이 이용하게 된다. 게다가 어머니들은 자녀를 키워본 풍부한 경험을 덧붙여 자상한 상담을 해줄 수 있다는 장점을 지니고 있기 때문에 담임 교사가 일정 관리만 잘 배려하면 뜻밖의 성과를 거둘 수가 있다. 이때 담임 교사는 상담을 담당한 학부모와 상담 교사가 주기적으로 간담회를 가질 수 있도록 자리를 주선하는 것이 바람직하다.

모둠일기 함께 쓰기

학부모에게 아이들의 학교생활과 친구 관계, 고민 등에 대한 구체적인 육성은 '최고급 정보'에 속한다. 모둠일기를 함께 써보자. 이를 잘 활용하면 학부모에게 '자녀 읽기'를 통한 신뢰감은 물론, 그들을 교실로 끌어들일 수 있는 아주 유용한 통로가 된다. 이때 아이들에게 미리 동의를 구하는 밑작업이 필요하다.

그런 뒤 먼저 '모둠일기 같이 쓰기'에 대한 취지와 안내를 담아 가정통신문을 보낸다. 쓸 차례가 된 아이들이 집으로 가져가 일기를 쓴 뒤 부모에게 보여준다. 부모는 일주일 동안(대부분 모둠이 6, 7명 안팎이므로 일주일에 한 번 일기를 볼 수 있다.)의 일기를 읽은 뒤 덧붙여 쓴다. 어떤 특정한 아이의 일기에 대한 답이어도 좋고, 일기를 읽은 전체 소감을 써도 좋다. 아니면 어머니로서 하고 싶은 말을 써도 상관없다. 아이들에게는 이 글이 대단한 읽을거리다. 내 글에 대해 낯모르는 어떤 어머니가 답장을 했는데 어찌 건성으로 읽어넘기겠는가. 어머니끼리도 선을 이을 수 있다. ■

사례
학부모 만나기

학급 홈페이지로 시작한 학부모 만남

나는 올해(2003년) 뜻한 바가 있어 '남통장네집(www.freechal.com/nam-tong)'이라는 학급 카페를 개설했다. 3월에 문을 열었는데, 12월말 조회 수가 4만에 이르고 있으니, 이 정도면 활동력이 매우 왕성한 편이라고 할 수 있다. 현재 고등학교를 졸업한 제자들도 참여하고 있는 이곳에서 나는 우리 반 학부모들을 만난다. 학부모들이 모두 회원으로 가입한 것이다.

회원으로 가입을 해야 활동력이 높아진다

사실, 학급 홈페이지가 있다고 부모님들이 모두 들어오는 것은 아니다. 뭔가 일종의 '구속력'을 갖추고 있어야 한다. (특히 부모님들이 인터넷 환경에 익숙하지 않은 세대이기 때문에 더욱 그러하다.) 그래서 나는 아이들을 통해 학급 홈페이지 주소를 알려주고, '즐겨찾기'에 추가해놓게 하는 등의 준비 과정을 거쳐, 모든 부모님들이 각자의 아이디를 만들어 회원으로 가입하게 했다. 컴퓨터 사용 능력이 떨어지는 부모님들은 아이들의 도움을 받게 했다. 사실, 홈페이지는 회원 가입과 로그인을 하지 않아도 대부분의 내용을 읽을 수 있게 돼 있지만, 소속감과 참여율을 높이기 위해 전원 가입을 권유한 것이다. 이렇게까지 학부모들을 끌어들인 것은, 학급 홈페이지야말로 학급을 둘러싼 세 주체가 언제든 만나서 깊이 있는 이야기를 나눌 수 있는 공간으로 매우 적합한 데다, 이런 의사소통 구조가 살아나야 서로에 대한 이해와 신뢰도 회복될 수 있다는 믿음 때문이었다.

부모님들도 하고 싶은 말이 많다

'남통장네집'에서 부모님들이 주로 참여하는 공간은 '부모님 말씀'이라는 꼭지다. 처음에는 낯선 환경 때문에 참여율이 저조했지만, 차츰 호전되어 현재 60여 편의 글이 올라와 있다. 아이들은 부모님들의 글을 읽으면서 그 목소리에 담긴 진실을 읽기도 하고, 삶의 지혜를 배우기도 한다. 바쁜 일상 속에서 가족 사이에도 점점 대화가 적어지고, 그에 따라 관계도 소원해지는 현실을 감안하면, 부모가 참여하는 학급 홈페이지는 아쉬운 대로 그 다리 노릇을 톡톡히 하고 있는 것이다.

영하에게! 한가위 연휴의 마지막 날이구나. 어제는 너도 오랜만에 만난 사촌 형, 누나들과 즐거운 시간을 가졌겠지. 어제 우리 집을 다녀가신 친지 분들이 이제는 네가 나보다 체구가 더 크다고들 하실 때는 참 흐뭇했단다. 그렇지만 이렇게 외적인 성장보다 더 나를 뿌듯하게 한 건 '납통장'에 올려져 있는 네 글을 읽고서란다. 지난 몇 년간 바쁘다는 핑계로 너와 대화를 많이 나누지 못했지. 그런데 네가 올린 글을 읽어보니, 그동안 우리 영하가 책도 많이 읽고 내적으로도 많이 성장했더구나. 이렇게 사춘기를 잘 넘겨주고 있어서 정말 고맙다. 요즘 공부하느라 무척 힘들지? 학교 수업이 끝나고도 학교 도서관, 학원을 거쳐 자정이 넘어서야 잠자리에 드는 너의 모습이 무척 안쓰럽단다. 하지만 몇 년 전 네 생일에 말해주었듯이 공부 못지않게 중요한 것이 건강이다. 학교 수업에 지장이 없도록 충분히 잠을 취하고(잠하고 싸우는 사람이 제일 어리석다고 생각한다.) 이제는 일요일에 가까운 계양산이라도 꼭 같이 오르자꾸나. (후략)

9월 12일, 영하 아버지 씀, '부모님 말씀'란에서

이렇게 부모님들과 대화를 나누다보니, 아이들에게는 말 못할 어른들만의 고민도 많다는 사실을 알게 되었다. 그래서 '어른들 세상'이라는 비밀 고민상담실을 따로 두었다. 여기는 어른들만 가입할 수 있는 곳으로, 말하자면 아이들 몰래 부모와 교사가 밀담을 나누는 공간인 것이다. 여기에서 '우리'는 아이들을 키우는 애환, 교육 방향에 대한 고민과 대안을 솔직하게 의논할 수 있는 가능성을 확인하고 있다.

'온라인에서 오프라인으로' — 학부모 초대의 밤을 열다

아무리 인터넷이 유용하다지만, 더 중요한 것은 실제로 만나는 것이다. 온라인 상의 만남과 오프라인 상의 만남은 그 격이 다르다. 만남은 구체적일수록 진실에 가까워진다. 이런 믿음에서 추진한 것이 '학부모 초대의 밤'이다.

'학부모 초대의 밤'은 올 들어 네 번에 걸쳐 이루어졌다. 1학기 때는 중간, 기말고사 기간을 활용했고, 2학기 때는 가을소풍 때와 기말 고사 기간을 이용했다. 만나는 시간은 퇴근 시간대로 잡았다. 맞벌이 가정이 50%를 넘기도 했지만, 내심 아버지들을 끌어들이고 싶은 욕심 때문이었다. 가정교육의 '실세'이면서도 막상 학교 울타리에서는 가장 멀리 떨어져 있는 존재가 아버지 아니겠는가.

첫만남은 5월 9일에 이루어졌다. 모임 약 20일 전부터 아이들에게도 이 모임의 중요성을 누누이 설명하고, 학급 홈페이지에 학부모 초대의 글도 써서 올리는 등 부지런을 떤 덕분인지 모두 서른여섯 분이 참석을 했다. 아이들이 서른일곱 명인데 서른여섯 분이 참석을 하셨으니 참석률이 꽤 높았다고 볼 수 있다.

공식적인 만남은 처음이었으므로 우선 서로 인사를 나눈 뒤, 나의 학급운영관을 안내했다. 그리고 학급 홈페이지에 대해서도 상세하게 소개하고 참여를 당부했더니, 많은 부모님들이 고개를 끄덕이며 수긍을 했다. 저녁은 아무래도 드시지 못하고 오는 분들이 많을 듯하여, 부모님 한 분께 미리 간식거리를 부탁해서 해결했다. 그 비용을 서로 십시일반 나누어내니 크게 부담이 되지 않았다.

바쁘신 시간에도 많이 참석하신 부모님들. 뵙게 되어 반갑고 즐거웠습니다. 제 욕심 같아서는 두어 달에 한 번 이런 자리가 마련되었으면 하는데 무리일까요? 선생님! 오늘 모임, 보석처럼 빛나고 값진 자리였다고 생각합니다. 애 많이 쓰셨습니다. 감사드립니다. 그리고 영관이 어머니! 제가 직장생활 한답시고 준비하는 데 도움 못 드려 죄송합니다. 이렇게 마음만 먹으면 들어와서 글도 남기고 둘러볼 수도 있는 걸 너무 무성의하지 않았나 반성해봅니다. 앞으로 자주는 아니더라도 가끔 흔적 남기도록 노력하겠습니다.

5월 9일, 효준이 어머니, '부모님 말씀'란에서

두 번째 만남은 기말 고사가 있던 7월 8일. 모두 스물일곱 분의 부모님들이 참석을 했다. 이날은 부모님들의 의견을 수렴하여 '인터넷에 중독된 아이들, 어떻게 해야 하는가?' 라는 문제를 이야기 주제로 올렸다. 반장 어머니가 준비해온 음식을 나누어 먹으며 인터넷에 빠져 있는 아이들에 대한 경험담을 서로 나누기도 하고, 같이 대안을 모색하기도 했다. 이야기 마무리로 학교 급식 문제며, 아이들의 생활 태도 등에 대해서도 서로 편하게 생각을 주고받았다. 물론 이날도 저녁 비용을 서로 나누어냈기 때문에 식사에 관한 한 누구도 부담을 느끼지는 않았을 것이다.

가을소풍날 저녁에 이루어진 세 번째 모임은 형식을 달리하여 잔치 형식으로 치렀다. 이름하여 '가을 학부모 초대의 밤'. 일정은 부모님께 저녁 식사 대접하기, 입시 자료 분석, 재롱이 잔치(장기자랑), 들판 밤나들이 순서로 진행되었다.

우선, 각 조별로 부모님들과 음식을 만들어 먹고, 아이들이 설거지를 하는 시간을 이용하여 입시좌담회를 진행했다. 이어 열린 장기자랑 시간엔 학급 구성원 37명 모두가 고루 참여할 수 있도록 프로그램을 구성해서, 특별활동 등을 통해 배운(좀 어설프면 어떤가?) 마술, 수화, 클래식 기타 연주, 춤, 비트박스 등을 섞어 공연하였다.

마지막 차례에는 부모님들이 아이들 앞에 나와 '남행열차'를 합창했는데, 얼마나 신이 났는지 그 흥이 하늘을 찔렀다.

마지막 행사인 '들판 나들이'는 이날 밤의 하이라이트. 밤 들판을 거닐며 부모 자식 간에 격의 없는 대화를 나누어보라는 취지에서 마련한 기획 행사였다. 사정상 참석하지 못했거나, 도중에 일찍 간 분들이 계셨기 때문에 아이들 둘 셋에 부모님 한 분씩 짝을 이루었다. 이런 심야 대화에 내 아이 남의 아이가 따로 있겠는가. 부모님과 아이들이 짝을 이루어 차 불빛 하나 보이지 않는 어두운 가을 들판 속으로 이야기 산책을 떠나갔다.

(전략) 산책을 위해 행렬을 갖추며 학생들을 나눴다. 학생 세 명에 학부모 한 명. 녀석더러 애들을 데려오라 했더니 홍승현, 이름하야 타이슨이라는 친구 한 명만 달랑 델꼬온다. 다른 애는? 녀석은 쭉 둘러보더니 없단다. 녀석의 교우 관계가 드러나는 대목이다. 아이고! 이 녀석 분명 뭔가 문제 있는 놈임에 틀림이 없음을 확인하고서야 무거운 발길을 재촉한다. 같이 걷던 타이슨이 형일이의 과거사를 묻는다. 과거엔 공부 잘했냐고. 암~ 잘했었지. (잠시 회상. 그땐 아들 키우는 맛이 대단했었는데……. 누굴 닮았을꼬…… 해가면서.) 녀석은 언제부턴가 성적이 떨어지기 시작했다. 과외 반대파인 애비와 과외 사수파인 엄마 사이에서 그래도 애빈 녀석을 믿는다. 녀석도 과외 수업을 원인으로 생각하지는 않기 때문이다. 타이슨이 이어서 말을 건넨다. 자기는 조련사가 되고 싶다고. 아님 수의사가 되든지. 동물에 관심이 많다나? 그런데, 수의사는 대학 수의학과를 선택하면 될 것인데 조련사는 글쎄? 지식의 한계를 절감하며 터벅터벅. 그때까지 아들 녀석은 자기에 관한 얘기는 일절 내뱉지 않고 때맞춰 사진 찍는 녀석에게 신경 집중! 잘 나와라, 와라~~~짤칵!

10월 3일, 형일이 아버지, '부모님 말씀' 란에서

올해 공식적인 마지막 만남은 아이들이 기말 고사 보는 날(12월 6일)로 정했다. 이날은 20여 명의 부모님들과 함께 학교 근처 식당에서 만났다.(역시 참석자 각출) 일년 생활의 마무리 자리였는데, 서로 아쉬움이 컸다. 어쨌거나 공식적인 모임은 끝난 셈이지만, 그러나 그 인연은 길게 이어질 것 같다. 어떤 부모님은 학급 홈페이지의 부운영자를 맡아주시기로 약속을 했고, 또한 겨울방학을 이용하여 아이들과 부모, 교사가 함께 떠나는 동해 여행(1월 12일)도 예정되어 있다. 참석 의사를 밝힌 분 가운데 한 분은 회사에 월차를 내고서라도 꼭 같이 가겠다고 다짐을 했다.

학부모와 함께하며 얻은 것들

학급 홈페이지는 웬만한 CCTV보다 훨씬 효과적이다.

CCTV는 겉모습만을 볼 수 있지만 홈페이지는 교사와 아이들의 살아 있는 정신과 모습을 그대로 담을 수 있다. 서로에 대한 격려와 교감이 담기는 학급 홈페이지는, 교사에겐 더 나은 교육을 향해 매진케 하는 계기가 되며, 부모님들의 자발적인 참여를 이끌어내는 발판이 되기도 한다. (교실 안 교육만으로 학부모들의 참여를 이끌어내기란 여간 어렵지 않다.) 부모님들이 참여가 왕성해지는 순간 학급 홈페이지는 그 폭과 질의 수준이 달라진다. 부모님들이 짬 나는 대로 올리는 솔직한 경험과 고백, 지혜를 읽으면서, 또한 자신들의 글에 붙는 조언이나 댓글을 읽으면서, 부모를 외면할 아이들은 없다. 이해와 신뢰의 기틀이 마련되는 것이다.

물론 과제도 있다. 아무래도 학급운영의 주도축이 교사이다보니 시간이 흐르면서 부모의 참여도가 떨어지는 경우도 있다. 이것은 담임의 지속적인 관심과 배려로 극복해야 할 부분이다. 또, 만에 하나 참여하지 못하는 부모와 자녀들이 갖게 될지도 모를 위화감도 반드시 염두에 두어야 할 일이다. 모임을 갖고 나면 반드시 그 결과를 홈페이지에 올린 것도 사실은 그런 부분을 조금이라도 줄여보려는 판단에서였다. 교육에서 소외만큼 큰 상처가 또 어디 있겠는가.

일련의 과정을 진행하면서 가장 큰 아쉬움으로 남았던 것은 좀 더 다양한 만남을 주선하지 못했다는 점이다. 예긴대 부모님과 함께하는 등산이라든지, 체육대회 같은 행사가 곁들여졌더라면 얼마나 좋았겠는가. 내년에는 이런 내용을 반드시 프로그램으로 만들 생각이다.

아이와 부모, 교사가 하나 되는 교실은 그다지 멀리 있지 않다. 우리 학급 부모님과 만난 두 번째 자리에서 이런 말을 했던 기억이 난다.

"어떤 사람들은 이렇게 한밤중에 집에도 안 가고 부모님들이랑 이야기하는 게 이해가 되지 않나 봅니다. 그런데 제 생각은 조금 달라요. 이건 제가 부모님께 희생을 한다거나 하는 게 아니거든요. 부모님과 제가 이렇게 하나가 되면 말이지요. 신뢰가 생기잖아요. 그렇게 되면 제가 어떤 일을 하더라도 부모님들은 제 편을 들어주실 거라고 생각해요. 그것보다 강한 힘은 없지요."

더 나은 교육은 결국 이론이 아니라 실천에 달려 있다. 아이와 부모, 교사가 하나 되는 교실은 결국 교사도 살리고, 부모도 살리고, 아이들도 살리는 길이라고 나는 믿는다. 진정한 교육의 부활도 여기서부터 비롯되지 않겠는가.

남무현 / 인천 대인고 교사

학부모 만나기
학부모 만남 넓히기

가정방문, 어떻게 할까

가정방문은 아이들을 깊이 있게 이해하고 지도하기 위하여 담임으로서 해야 할 기본적인 활동이다. 열 번의 면담보다 한 번의 가정방문이 낫다. 면담은 이야기를 나눈 그 수준의 상상에 머물기 일쑤지만, 그 학생이 현재 살고 있는 환경을 직접 보고 학부모와 대화를 나누는 것은 그 학생을 확실하게 이해하는 데 큰 보탬이 된다.

가정방문으로 생기는 문제가 없는 것은 아니다. 심할 경우, 촌지를 요구하는 것으로 오해하는 학부모들에게 냉대를 받기도 하고, 가정방문을 가는 날짜에 아예 자리를 피해 불편한 속내를 노골적으로 드러내는 학부모도 있다.

학생들도 적나라한 자신의 모습이 드러나는 것에 대해 두려움을 가지고 있다.

"안 오시면 안돼요?" 이런 식으로 안 왔으면 좋겠다는 의사를 솔직하게 밝히는 학생도 있다. 어려운 가정 형편에 있는 아이들의 열등의식도 가정방문을 두려워하는 요인이다. 결손가정의 아이들은 더욱 심하다.

이런 여러 가지 어려움이 있지만, 그런 어려움을 극복하기 위해서라도 가정방문은 꼭 필요하다. 부담을 가지는 가정일수록 자주 방문하여 자연스럽게 대할 수 있도록 할 필요가 있다. 처음이 어려울 뿐이지 한 번 공개하고 나면 마음이 편해진다. 오히려 열등의식에서 벗어날 수 있는 좋은 기회가 되기도 한다. 그런 자리가 바로 제대로 상담을 할 수 있는 자리다. 더 이상 숨길 것이 없는 자리, 편안하게 자신의 이야기를 할 수 있는 자리를 만드는 것, 그것이 바로 가정방문의 핵심이다.

〔 대도시 사례 〕

대도시 사례 ▥ 원칙 1 평범한 아이일수록 가정방문을 한다

> 조장희 선생님(서울 신일중)의 사례를 중심으로 대도시 학교의 담임 가정방문의 원칙과 유의점, 효과를 짚어보았다.

가정방문의 가장 큰 어려움은 교사가 시간을 내기 쉽지 않다는 데 있다. 가뜩이나 바쁜 3, 4월을 매일 저녁 가정방문으로 보낼 수는 없는 노릇이다. 하루에 두세 집 정도를 방문한다고 해도 한 달 내내 여기에 집중적으로 시간을 쏟아부어야 한다.

그래서 꼭 필요한 학생만 골라 방문하는 선생님도 있다. 그러나 나는 모두 방문한다는 원칙을 정해놓고 되도록 다 찾아간다. 특히, 성적이 뛰어난 것도 아니고, 이른바

학부모 만남 넓히기
가정방문

말썽을 일으키는 문제아도 아니고, 그렇다고 아이들에게 주목을 받는 것도 아닌 극히 평범한 아이의 집에는 꼭 가려고 노력한다. 눈에 띄는 녀석들은 이러저러한 과정을 거치며 대화할 기회가 많고, 하다못해 부모와 전화 통화라도 할 기회가 있다. 그러나 눈에 띄지 않는 평범한 아이와는 대화할 기회가 적다. 무사히 잘 지내는 것처럼 보인다고 해서, 문제를 일으키지 않는다고 해서 문제가 없는 것은 아니다. 그 아이들도 당장 담임의 살가운 시선이 필요한 아이들이다. 모든 집을 방문하는 것은 어려운 일이지만, 틀림없이 도움이 되기 때문에 기간을 길게 잡더라도 모두 방문한다.

대도시 사례 ▮▮▮ 원칙 2   반드시 '가정방문 기록장'을 챙긴다

40여 군데의 집을 다 방문하려면 계획을 잘 짜야 한다. 교사가 가능한 시간을 미리 정해서 가정통신문을 보낸다. 그러면 부모는 적당한 날짜와 시간을 적어 보내고, 교사가 조정해서 다시 아이 편에 약속을 한다. 일정을 짤 때는 같은 지역의 아이들을 되도록 한 날짜에 묶는다.

가정방문을 하면 주로 어머니가 이야기 상대가 된다. 그러나 나는 되도록 아버지도 일찍 들어오셔서 같이 이야기할 것을 권한다. 부모와 함께 이야기를 나누어보면 집안 분위기를 금세 파악할 수 있다.

부모와 같이 만나서 대화를 나누는 것이 가장 좋지만, 부모가 집에 없는 가정을 방문하는 것도 의미가 있다. 우리 학교에는 가정 형편이 어려운 학생이 많다. 그래서 상당수의 부모가 맞벌이 생활을 하기 때문에 부모를 함께 만나기가 쉽지 않다. 부모와 함께하지 못하더라도 예정된 집은 꼭 찾아간다. 아이가 거처하는 환경을 보는 것만으로도 아이에 대한 이해가 쉬워진다. 이런 집에는 라면을 사들고 간다. 달걀은 아이더러 사라고 우기면서 같이 간다. 같이 라면을 끓여 먹으면서 학교에서와는 다른 환경에서 이야기를 하게 되는 것이다. 어떤 경우에는 근처에 사는 녀석들까지 모두 몰려와서 그야말로 라면잔치가 되어버리기도 한다. 부모를 찾아 일터로 갈 때도 있다. 그럴 때는 꼭 약속을 하고 가야 한다.

가정방문을 하기 위해서 미리 준비해야 할 일은 특별히 없다. 대부분 동료들은 방문 전에 아이에 대한 여러 가지 기록을 찾아 읽지만, 나는 되도록 이런 기록을 읽지 않고 간다. 아이에 대한 선입견은 여러 면에서 부작용을 초래할 위험성이 있기 때문이다. 대신 가정방문 때 꼭 챙기는 것이 있다. '가정방문 기록장'이다. 많은 선생님들은 교무수첩에 대충 적거나, 아니면 그것도 준비하지 않고 이야기만 하고 나오는 경우가 대부분이다. 그러나 항목별로 방문 결과를 꼼꼼히 메모하는 것이 무엇보다 중요하다. 방문한 집을 나서자마자 기록한 것을 정리하고 느낀 점, 특이한 점, 가정의 분위기 등을 꼭 기록한다. 많은 집을 한꺼번에 다니기 때문에 자세하게 기록해두지 않으면 이리저리 뒤섞여 나중에는 누가 누구의 부모인지도 뒤죽박죽 되어버린다.

대도시 사례 ▮ 원칙 3 아버지의 역할에 주목한다

가정방문에서 제일 중요하게 여기는 것은 부부 사이의 화목 정도와 집안 분위기이다. 부모가 원만한 관계를 유지하고 있는지 아닌지를 아는 것은 나중에 아이와 상담을 하는 데 결정적인 역할을 하게 된다. 학교에서 부적응 현상을 보이는 아이들을 살펴보면 그 뒤에 원만하지 못한 부부의 모습이 자리 잡고 있는 경우가 대부분이다. 한 반에서 20% 정도는 결손가정이거나 부모의 별거, 또는 아버지의 폭력이 벌어지는 가정의 아이다. 부부 사이의 관계는 분위기라든가 대화를 통해서 미루어 짐작할 수밖에 없지만 단도직입적으로 물어볼 때도 있다. 취지를 설명하고 물어보면 대부분 솔직하게 대답을 해준다.

그리고 또 하나 내가 가정방문에서 주목하는 것은 집안에서 아버지의 역할이다. 아이들은 집안 분위기에 심리적인 영향을 많이 받는다. 특히 권위적인 아버지인가 아닌가가 중학교 학생에게는 매우 중요하다. 학교에서 아이들의 행동을 보면 그 중요성을 알 수 있다. 소극적이거나 매사에 주눅이 들어 있는 아이를 보면 거의 권위적인 아버지와 관계가 있다. 조울증을 보이거나 일탈행동을 하는 아이의 경우에도 그런 가정 환경과 관계가 있다. 그래서 아버지를 만나는 경우에는 이런 이야기를 꼭 해준다.

특이한 경우가 있었는데 아버지가 적극적으로 선생님을 만나려고 하는 경우였다.

학교로 전화를 해서 미리 약속을 잡고 저녁을 먹으면서, 술 한 잔 하면서 이야기를 하였다. 만나지 않을 경우에도 학교로 자주 전화를 해서 자식에 관해 이것저것 물어보았다. 생각하기에 따라서 자녀에 대해 각별한 애정을 갖고 있다고 판단할 수 있으나, 이 아버지는 너무 꼼꼼한 분이어서 오히려 아이를 피곤하게 하는 경우였다.

이야기를 나누어보면 이 아버지는 아이에 대해 상당히 많이 알고 있는 듯했다. 학교에서 어떻게 생활하고, 집에서 어떻게 공부하고 있는지 거의 다 알고 있었다. 그러나 정작 아이가 어떤 생각을 하고 있는지, 어떤 고민에 시달리고 있는지는 잘 알지 못했다. 말하자면, 아이의 모든 생활을 다 간섭하고 통제하려 드는 '깐깐한 아버지'였다. 아이에게 넉넉한 틈을 허락하지 않는, 아이 입장에서 보면 매우 피곤한 부모였던 것이다. 이 아버지도 어떤 면에서는 치료 대상이다. 교사가 다 해결할 수 없지만, 최소한 아버지가 지닌 문제점을 정직하게 지적해주는 '악역'을 감수해야 한다.

부모에게 자식의 정확한 모습을 알려주는 것도 꼭 필요하다. 아이들 가운데 일부는 학교에서의 행동과 집에서의 행동이 다른 경우가 있다. 학교에서는 명랑하고 활발하게 자기 표현을 잘하는데 집에서는 식구에게 말도 걸지 않는 과묵한 아이가 있는가 하면, 그 반대의 경우도 있다. 공부 잘하는 모범생의 경우, 부모는 자식의 단점에 대해 잘 모른다. 여태까지 자식의 장점과 칭찬을 듣는 데에만 익숙한 부모에게 아이의 단점에 대해 이야기를 하면 매우 놀란다.

대도시 사례 ▏ 원칙 4　촌지나 선물은 절대 사양한다

대부분의 교사들이 가정방문을 할 때 제일 어려운 것으로 촌지 문제를 꼽는다. 돈봉투는 물론이고 선물 등을 내놓기 일쑤다. 신뢰가 없으면 대화는 없다. 교사가 철저히 거절하는 모습을 보여주어야 한다. 교사에 대한 평가는 학부모들 입을 타고 아주 빠르게 전파된다. 신뢰가 없는 교사에게 집안의 소소한 이야기며, 아버지에 관한 이야기 등을 자세히 이야기할 어머니는 한 사람도 없다. 신뢰는 촌지 거절로 어느 정도 쌓을 수 있다. 돈은 안 되고 선물은 된다는 식으로 얼버무리면 실패하기 딱 좋다. 명확한 입장을 지키는 것이 실패하지 않는 가정방문의 지름길이다. 그리고 촌지 수수 문제는 아이들도 잘 알고 있다. 촌지 수수 여부에 따라 아이들의 신뢰도 결정된다.

가정방문이 끝나면 그 과정의 기록을 정리해야 한다. 물론 매일 컴퓨터에 그 내용을 입력해놓지만, 특이한 사항은 따로 관리한다. 가정에 문제가 많은 아이들은 특별히 신경을 쓴다. 그 아이들은 아무 데도 의지할 곳이 없는 아이들이기 때문이다.

이러한 기록을 바탕으로 아이들과의 대화를 한 단계 끌어올린다. 가정방문이라는 것은 결국 아이들을 더 잘 이해하기 위한 하나의 장치이기 때문이다. 학부모와의 관계는 가능하면 가정방문에 그치지 말고 학부모 집단상담이나, 부모와 함께하는 학급 행사와 연계하여 지속성을 갖추는 것이 바람직하다.

【 농어촌 사례 】

농어촌 사례 ▏ 원칙 1　호구조사를 미리 해둔다

가정방문을 하기 전에 면담을 통해 가정 환경 기초조사를 하는 것은 반드시 거쳐야 할 작업이다. 설사 '호구조사'처럼 딱딱하고 귀찮은 작업이라 하더라도 기본적으로 알아두어야 할 사항은 꼼꼼하게 점검을 해두어야 한다. 보통 학교생활기록부에 포함될 내용이 중심을 이루겠지만 자연스럽게 자신의 이야기가 나올 수 있도록 유도하

> 가정 환경이 도시에 비해 열악한 농어촌 가정방문의 방법을 이상훈 선생님(경북 상주여중)의 사례를 통해 살펴보았다.

는 것이 필요하다. 특별히 한 아이에게 몇 분의 시간을 할애해야 한다는 원칙은 염두에 두지 않아도 된다. 자연스럽게 이야기가 진행된다면 시간을 길게 쓰면 되고, 반대의 경우라면 간단하게 마무리를 지으면 된다. 아이와 억지로 대화를 이어가려고 애쓸 필요는 없다.

기본적으로 아이들 자신에 대한 사항 — 음력이든 양력이든 실제로 챙기는 정확한 생일, 출신 학교, 장래 희망, 건강, 가족 구성원 정도는 반드시 파악해야 한다. 학부모에 대해서는 나이, 직업, 건강 정도를 파악해둔다. 친부모가 아닐 경우 그런 이야기까지 자연스럽게 나올 수 있으면 성공적인 면담이라 할 것이다.

가정방문을 했을 때, 집안 내력을 어느 정도 파악하고 있다는 인상을 심어주면 학부모와 이야기가 훨씬 자연스럽게 풀린다. 이것이 바로 사전 면담이 필요한 이유이다. "큰 따님은 뭘 하고 있습니까?"라는 질문보다 "큰 따님은 대학에서도 공부 잘하고 있습니까?"라는 질문이 서로의 거리를 좁히는 가정방문 대화법이다.

가정방문 전에 해야 할 일 가운데 또 하나는 미리 가정통신문을 보내는 일이다. 폭넓은 생활지도를 위해 아이를 파악하는 일은 반드시 필요한 일이라는 것을 명시해서 가정방문을 자연스럽게 받아들이도록 배려한다. 가능하다면 '촌지는 담임에게 실례가 되는 행위'라는 문구도 넣으면 좋겠다.

구체적인 방문 일정은 이웃에 사는 아이들을 몇 명씩 묶어서 계획하는 것이 좋다. 함께 가서 가까운 곳부터 들러 한 바퀴 돌아나온다든가, 먼 곳을 먼저 갔다가 차례차례로 거쳐서 나오도록 계획을 세우면 된다.

농어촌 사례 ▒ 원칙 2   이웃의 이야기를 중요하게 여긴다

가정방문을 끝내고 나오면서 다른 아이들에게 듣는 그 집 형편도 때로는 아주 도움이 된다. 가까이 사는 이웃을 통하여 그 집 사정을 들을 수 있다면 그것도 놓치지 말아야 할 기회이다. 학부모 스스로 할 수 없는 이야기를 오히려 이웃에서 더 상세하게 들려줄 수 있기 때문이다. 가정방문 때 해당 학부모가 없을 경우 고려해볼 만한 일이다. 주위에 있는 가게에 들러 물건을 사면서 자연스럽게 이야기를 걸면 오히려 학부모에게 직접 듣는 것보다 세밀하게 집안 내력을 알게 되는 경우도 있다.

학부모와 만나서 자세한 이야기를 나누는 것이 가장 좋은 가정방문이 되겠지만 이처럼 이웃을 통하여 듣기도 하고, 그렇지 않은 경우 가정 환경을 둘러보고 학생의 방에서 이야기를 나누는 것만으로도 의미가 있다. 학교에서 하는 것보다 자연스럽게 이야기를 나눌 수 있기 때문에 활용하기에 따라 훌륭한 상담 자리가 된다.

학부모 만남 넓히기
가정방문

| 농어촌 사례 | 원칙 3 | **냉수라도 한 잔 청해서 먹고 온다** |

가난하다든가 결손가정이라는 판단이 서면 오히려 냉수 한 잔이라도 청해서 먹고 나오는 것이 그 아이를 위하는 것일 수도 있다. 담임이 아무 거리낌없이 맛있게 먹어주는 물 한 잔이 아이들의 기를 살리는 일이 되기도 한다.

가정방문은 학년초에는 골고루 한 번씩 해야 할 기본적인 일이지만, 이후에는 담임의 판단에 따라서 횟수를 달리 한다. 가정방문을 부담스러워하는 가정일수록 자주 들러보아야 한다. 학생과 학부모, 교사가 하나가 되었을 때, 교육이 제대로 될 수 있다는 인식을 심어줄 필요가 있다. 처음에는 거리를 두고 대하던 학부모도 방문이 이어지면 자연스럽게 벽을 허문다. 결손가정도 마찬가지다. 가정방문의 형식을 갖추지 않고 지나는 길에 들리는 것처럼 자연스럽게 자주 만나는 것이 필요하다. 교육의 기본은 대화라고 생각한다. 대화는 만남으로써만이 가능하다. 가정방문을 부담스러워하는 학부모와 결손가정의 학부모는 대화를 필요로 하는 사람들이다. 그래서 가정방문이 필요하다.

가정방문 후에 해야 할 일이 하나 있다. 피치 못할 사정으로 촌지를 거부하지 못하고 받았다면 반드시 되돌려주어야 한다. 아이들 앞에 떳떳하지 못할 뿐만 아니라, 그 학부모와 관계도 부자연스러워진다. 되돌려주기가 어려울 경우에는 아이들 앞에서 "누구의 부모님이 우리를 위하여 후원금을 주셨다."고 공개하고 학급 공동으로 사용한다. 물론 이데에 어떻게 썼는지 그 학부모에게 알리는 것도 꼭 해야 할 일이다.

40명 정도 되는 학급 구성원들의 집을 모두 방문하는 데는 수업이 끝난 오후를 이용한다고 했을 때, 보통 일주일이 걸린다. 여유 있는 가정방문을 위해서는 보름 정도를 잡아야 한다. 어느 집을 가든 이야깃거리는 있게 마련이다. 가정방문을 하면서 있었던 일 가운데서 인상 깊었던 점을 아이들에게 이야기해주는 것도 교육적인 측면에서 생각해봄직하다. 서로에 대한 이해를 돕고, 더 친해지는 계기를 만들어주기도 한다. 따돌림을 받는 아이의 경우라면 더욱 필요한 일이다.

"철수네 집에 갔더니 어머니가 계시지 않는데도 집안이 정말 깨끗하더라."
"영순이는 얼마나 밝게 사는지 아빠가 계시지 않은 걸 어제서야 처음 알았다."

가정방문은 만남의 자리요, 대화의 자리다. 만나서 이야기를 하는 동안 감추어진 어두운 부분을 알 수 있고, 그를 통해서 아이를 바르게 이해할 수 있다. 아이들을 제대로 알지 못하면서 어떻게 담임 업무를 제대로 해낼 수 있겠는가? 그런 의미에서 가정방문은 생활지도 이전에 담임으로서 반드시 선행해야 할 작업이다. ■

사례 1
나의 가정방문

집에 가면 아이들이 보인다

가정방문, 아이들 이해의 첫걸음

　산 너머에 무엇이 있는지 알려면 그 산 너머에 직접 가봐야 한다. 아이들 입장에서도 마찬가지이다. 그들은 언제나 산 너머에 웅크리고 앉아서, 그 누군가가 찾아와 따뜻한 이해의 손길을 펼쳐주기를 고대하고 있는 것이다. 하긴 그 누군가에게 이해받기를 바라는 것이 어디 아이들뿐이랴. 세상 어느 누구든, 저마다의 가슴속에 높다란 울타리를 치고 살면서도, 실은 다정스런 목소리로 부르는 자신의 이름을 듣고 싶고, 그 이름 부른 이에게 값진 한 송이 꽃이 되기를 갈망하며 하염없이 흩날리는 것을. 그러기에, 누가 누구를 진정으로 이해한다는 것은 이 세상에서 가장 아름다운 선물이자, 사람과 사람 사이의 진정한 관계 맺음을 가능하게 하는 가장 강력한 힘이 된다고 믿는다.

　새로운 만남과 헤어짐이 가장 빈번하고 대규모로 이루어지는 곳이 바로 학교라 할 수 있다. 동시에 그 구성원들 사이가 실로 가장 인간적이면서도 깊은 이해로 맺어져야만, 비로소 의미를 띄기 시작하는 곳이기도 할 것이다. '왕따' 문제도 결국 이러한 관계 맺음이 어그러진 데서 생겨난 일이 아니던가.

　나는 산골 중학교에서 교직의 첫발을 디뎠는데, 특유의 소심증 탓인지 몰라도 새로운 아이들과의 집단적 만남이 가슴 한쪽을 설레게 하면서도, 한편으로는 어떤 막연한 두려움으로 다가오곤 했었다. 새로 인연을 맺은 아이들, 그 중에서도 특히 담임 반 아이들은 왠지 모르게 부담스럽고 어려웠다. 그런 아이들 앞에서 난 '담임이 아버지'라고 엉터리없이 우겨댔는데, 지금 생각해보면 호기심 반 경계심 반으로 무장한 100여 개의 눈동자들이 쏟아붓는 중압감을 덜어내기 위한 일종의 혼자만의 자기 최면이지 않았나 싶다.

　아무튼 나는 초년병 특유의 강렬한 의욕을 가지고 아이들을 향하여 돌진, 또 돌진해나갔다. 그러나 교육이 의욕 하나만으로 이루어질 일이던가. 금세 아이들에 대한 밑천이 드러나고, 불타오르지만 어설프기 짝이 없는 내 사랑은 여기저기에 상처만 보태기 일쑤였다. 허탈한 마음으로 교실 문을 닫고 교무실로 향하는 발걸음이 무거워지는 날이 많아지면서, 교사로서의 자질에 대한 회의마저 들었고, 한편으론 마음을 알아주지 않는 애들이 참 야속하기도 했다.

이렇게 한숨과 술만 늘려가던 풋내기 교사에게 짐짓 구원의 빛이 날아든 것은 4월 무렵의 어느 날이었다. 술 한 잔 하자며 내 처진 어깨를 잡아끈 선배가 왜 요즘에 얼굴이 그러냐고 하길래 고민을 털어놓았더니, 당장 내일부터 아이들 집을 다녀오라고 하는 것이었다. 그래 맞아, 바보같이 왜 진작에 그 생각을 못했던가.

산 너머에 있는 아이들 찾아가기

그러나 가정방문이란 게 말처럼 쉬운 것은 아니어서, 당장 교통편이 문제가 되었다. 하루에 한 번밖에 버스가 다니지 않는 마을이 많았고, 심지어는 30리가 넘는 곳에서 학교를 다니는 아이들도 있었다. 생각 끝에 오토바이를 사야겠다는 생각이 들어, 한 달치 봉급을 털어 중고 오토바이를 한 대 장만했다.

수업이 끝나면 오늘은 어느 동네로 가정방문을 갈 것인지 말하고는, 그 마을에 사는 한 아이를 오토바이 뒤에 태워 길 안내자로 삼았다. 한 마을엔 대개 서너 명씩 있게 마련인 애들 집을 찾아 돌아다니다보면, 별수 없이 술이 얼큰해지기 일쑤였다. 처음엔 어색하기 짝이 없던 가정방문이 횟수가 거듭되면서 나이 차이가 많은 학부형들과도 별 스스럼없이 여러 얘기들을 나눌 수 있게 되었고, 어쩌다 선생님들에 대한 신앙적 가세를 가지고 있는 할머니들을 만나기라도 할라치면 그야말로 한껏 선생이 된 기쁨에 젖기도 했다.

그러나 정작 중요한 것은 가정방문의 효과가 아닌가. 그랬다. 한 번 집에 다녀온 아이들은 당장 그 다음 날부터 분명히 뭔가 달라진 느낌으로 다가오기 시작했다. (어쩌면 그 아이들의 눈에는 제 선생님이 다르게 보이기 시작했을 것이다.)

아이들과의 관계에 있어 교사가 가장 경계해야 할 것이 바로 아이들을 한 덩어리로 묶어서 보고 판단하는 자세일지도 모른다. 그런 교사의 태도가 아이들과 벽을 만드는 주원인이 되기 때문이다. 그런데 한 번 그 집에 다녀오게 되면서, 그동안 공부를 잘하느냐 못하느냐, 행동이 착실하냐 말썽을 피우느냐 등 몇 개의 묶음으로 보이던 아이들이 제각기 따로따로 보이기 시작했다. 교실에서 마주치던 아이들의 모습이 마치 지폐에 그려진 그림처럼 건조한 것이었다면, 그 가족과 사는 형편을 보고 들어서 알게 된 아이들의 모습은 배경이 풍부한 한 폭의 풍경화를 보는 것 같다고나 할까. 자연히 묻고 대답할 얘깃거리가 많아지게 되고, 그러는 가운데 서로 간에 마음의 벽이 엷어지면서, 이해와 믿음이 싹트게 되는 것이다.

걸림돌 치우기

하지만 이렇듯 여러 가지 면에서 좋은 점이 많은 가정방문이 말처럼 쉽지 않은 것이 현실이다. 우선 사십여 명 가까이 되는 아이들 집을 일일이 돌아다니자면 적어도 2주일 이상의 시간을 내야 하는데 그러기가 여간 어려운가. 더구나 통근을 한다거나 퇴근 후에 가사를 담당해야 하는 여교사일 경우엔 정말 여간한 정성이 아니고서는 엄두를 내기조차 어려울 것이다. 거기에다 아이들은 생리적으로 교사의 가정방문을 달가워하지 않는 경향이 있다. 머리통이 제법 굵어진 중·고등학생들이고 보면, 학년초의 탐색기에 서로의 관계를 웬만큼 닦아놓지 않고서는 방문 거절을 당하기 일쑤거나 아이가 아예 줄행랑을 놓아버리는 경우도 적지 않다. 또한 괜히 부담스러워하는 학부모들이 많다는 것도 가정방문을 주저하게 만드는 요인이다. 자발적(?)으로 촌지 봉투를 들고 학교를 찾아나설 만큼 열의가 있는 학부모라면 여러 가지 면에서 좋은 기회다 싶어 반가워할지도 모르지만, 아직 교사들에 대한 전통적(?) 인식에서 벗어나지 못한 부모들이나 가정 형편이 어려운 분들은 담임이 '혹시나' 해서 오는 것은 아닌가 싶어 경계하는 경향이 많다.

그럼에도 가정방문은 가야 한다고 나는 믿는다. 먼저 시간과 관련된 문제는 이렇게 해결책을 모색해본다. 3월말에서 4월초쯤에 가정방문 주간을 1~2주 정도 두고, 담임들이 단체로 출장을 나가는 방법이다. 방과후 시간만으로는 부족하다면 5분 정도 단축 수업을 하거나 오전 수업만 하고 가정방문을 나가는 것이다. 가정방문이 학교에서의 학습 시간보다 오히려 중요할 수 있다는 관점을 학교장과 공유할 수 있다면, 그런 제도를 충분히 이끌어낼 수 있을 것이다. 다만 일률적 시행에서 오는 부작용(말하자면 촌지 수수 같은)도 있을 수 있는데, 이에 대해서는 뾰족한 대책이 따로 있을까마는, 가정방문 지침 같은 것을 만들어 활용하는 것도 한 방책일 수 있을 것이다.

다음으로 학생들의 거부감 문제인데, 이는 결국 학생들과 열린 관계를 지향하는 교사라면 그다지 큰 문제는 아니라고 생각한다. 아이들의 눈이란 거의 레이저에 가까워서, 우리 담임이 어떤 사람인가 하는 것은 단 며칠만 겪어보면 다 알게 마련이다. 따라서 순수한 열의를 가진 교사라면 별문제 없이 극복해나갈 수 있을 것이다.

'뭐 애들 집에 가본다고 교육하는 데 별다른 도움이 되겠어?' 하고 생각하는 분들이 있다면 이미 이 글을 거들떠보지도 않을 테니까 별로 문제 삼을 필요가 없을 것이다. 혹시 옛날의 나처럼 열의는 있으되 방법이 서툴러서 아이들과의 관계가 껄끄러운 경우라면, 조금 무리를 해서라도 가정방문을 다녀오는 것이 관계 개선에 더할 나위 없이 도움이 되리라 확신한다.

가장 난처한 것이 학부모의 거부감을 줄이는 일인데, 다음과 같은 방법이 비교적 효과적일 수 있다. 학년초에 학부모들에게 미리 인사 편지를 내어 자신의 교육관을 밝히는 계기를 마련하는 동시에, 가정방문의 필요성을 얘기하고 어느 때쯤에 한 번 찾아갈 것이라고 미리 알리는 것이다. 학부모들도 내 아이의 담임이 어떤 사람인가를 예의 주시하고 있게 마련인 바, 이미 아이의 말과 행동을 통하여 담임에 대한 정보를 어느 정도 가지고 있을 터인데, 거기다가 뜻하지 않게(?) 구구절절한 담임의 편지를 받는다면 기꺼운 마음으로 담임의 방문을 기다리고 있을 수도 있지 않을까?

아이들 배경 속으로 들어가기

지난해엔 실업계 고등학교 3학년 담임을 했는데, 절반 정도의 아이들밖에 가정방문을 못했다. 통근을 하게 되는 바람에 시간이 여의치 않았고, 따라서 주로 부적응 행동을 보이는 아이들 집을 위주로 방문했다. 언젠가는 주로 속을 많이 썩이는 놈들을 골라 낚시할 준비를 시킨 뒤, 물고기보다는 모닥불에 둘러앉아 밤새도록 술잔과 얘기를 낚기도 했는데, 그때 함께 어울렸던 아내는 "어찌 그런 좋은 애들이 문제아일 수 있냐?"며 의아해하기도 했다.

그때 그 애들은 다 무사히(?) 졸업을 해서 진학을 하거나 취업을 해 열심히 살고 있다. 엄마와 갈등이 많아, 자주 집에 안 들어가던 천식이네 집에 가서 아들과 어머니의 대화를 트게 했던 일, 아버지와의 관계가 힘들어 방황했던 민삼이네 집으로 아이들과 함께 몰려가 먹었던 삼겹살과 소주 맛이 특히 생각난다. 농촌 학교에 근무하는 행복일지 모르지만 도시는 도시 나름의 맛과 재미가 있을 성싶다.

아이들은 언제나 저 홀로 존재하지 않는다. 그들은 일정한 배경 속에서 자라왔고, 여전히 어떤 배경을 딛고 있거나 혹은 힘겹게 지고 서 있다. 배경이 모든 것을 말해주지는 않지만, 땅 없이 자라는 나무가 없는 것처럼, 교사들의 가정방문은 아이들 이해에 필수조건이자 가장 빠른 지름길이기도 하다. 그동안은 보충수업, 야간자습, 학원 등으로 인하여 가정방문을 하고 싶어도 못했지만, 여러 여건이 바뀌게 되면 앞으로는 점차 그런 기회가 늘어나리라 생각한다.

아이들과 더불어 살면서 희망의 싹 같은 것을 틔워보고자 하는 당신이라면, 잠시 바쁜 발길을 돌려 아이들의 배경 속으로 함께 걸어 들어가보자. 아울러 가끔씩 내 울타리 안으로 아이들을 불러들여서, 소주잔 잡는 법 한 수 가르칠 수 있다면 이 또한 즐거운 일이 아니겠는가.

류지남 / 충남 청양정산고 교사

사례 2
나의 가정방문

"가정방문, 안 오시면 안돼요?"

"선생님 떴다!" 하면서 가방에 도시락통까지 들고 앉아 있는 범석이. 그러나 얼굴이 붉게 달아오른 근식이는 그때까지도 분이 풀리지 않았는지 씩씩거리며 앉아 있다. 근식이는 오늘 세 탕(싸움)을 했단다.

"전부 눈 감고 오늘 학교생활을 생각해봐!"

나도 눈을 감고 생각해본다. 하루에 두세 번 10분 정도 들러보는 것이 전부인 내 학급운영, 그리고 많은 것을 시도하고 주입하려 했던 내 욕심이 근식이에게 어떤 의미가 있을까. 근식이는 거칠고 아이들과 다툼이 잦다. 그 애가 맡은 화장실 청소를 함께 하면서 친해지려고 노력도 해보았지만, 무슨 생각을 하고 있는지 제대로 알 수가 없었다.

아이들은 어떻게 살고 있는가

오늘 마구평 쪽으로 가정방문을 간다고 선언하니까, 그 방향에 사는 아이들이 놀라서 서로 손짓을 한다. 교무실에서 가정 환경 조사서와 가방을 가지고 내려오니까 아이들은 매점 공중전화에 매달려 뭔 사건이라도 난 것처럼 집으로 전화를 하느라 야단이다. 그러나 근식이는 시무룩하다.

진환이 집은 시내에서 20분 떨어진 곳에 있다. 골목에 차를 세우자 진환이가 급히 집으로 뛰어들어간다. 공부방엔 아직 이불이 그대로이고, 책상 위에는 책이 어질러져 있다. 어머니가 진환이의 초등학교 때 친구 관계 얘기를 하니까 진환이는 머리만 긁적인다.

이제는 내가 이야기할 차례이다. 진환이의 한 달 학교생활을 지켜보니 청소도 잘하고 친구를 도울 줄도 안다면서 칭찬을 하니까 좋아하신다. 그리고 전등과 책상과의 거리 문제, 방안의 텔레비전을 다른 방으로 치울 것과 컴퓨터는 거실에 내놓고 동생과 함께 사용할 것, 그리고 책상 정리하기 등을 약속한 뒤 진환이의 허락을 받고 서랍을 열어봤다. 초등학교 때 보던 만화책이 쌓여 있다. 이것도 정리할 것을 다짐시켰다. 30분 정도 머물렀다가 일어섰다. 진환이가 따라나오면서 웃는다.

"지난주에 친구와 싸운 거 어머니께 말씀드릴 줄 알고 떨렸어요."
"그랬니? 네가 잘한 점 이야기해주니까 좋으냐?"
"네."
진환이의 환한 웃음에서 어떤 믿음의 표시 같은 것이 느껴진다.
근식이네 집을 찾아간다. 비탈을 오르며 뒤를 보니까 넓은 들과 논산 시내가 멀리 보인다. 엄마는 아침 일찍 떡방앗간 일 나가시고, 아버지는 늦게 오실 것이니 집에는 아무도 없을 거란다.
집에 도착하자 근식이는 부엌으로 가 연탄불을 보고 개밥을 준다. 안방이 전부인데 책상과 책꽂이가 있을 리 없다. 근식이는 아버지 이야기를 먼저 했다.
"아버지는 월남전에도 참전했어요. 그런데 거의 매일 약주 드시고 나를 때려요. 술 드시고 주무셔야 내가 잘 수 있어요."
"정말 힘들겠구나."
"집에 일찍 오기 싫어요. 아빠가 무서워요. 그래도 엄마는 잘해줘요. 음식 솜씨도 좋구요."
하면서 엄마 자랑을 했다. 마루에 앉아 둘이서 이야기를 나누었다.
"이렇게 집안 일손도 잘 도와주고, 엄마 생각을 많이 하니 참 대견스럽구나! 그런데 지난주에 국어 선생님께서 찾아낸 담배는 어떻게 된 거니?"
근식이는 고개를 수인다. 방안에 있는 아버지 담배 몇 개비를 필통에 넣고 갔다가 들킨 거란다. 가끔 피우냐니까, 저녁 먹고 심심하면 아버지 담배를 갖다가 피운다고 했다. 지난번엔 아빠한테 들켜서 무식하게 맞았단다.
"그랬구나! 그리고 학급에서 아이들이 너를 자꾸 괴롭히니?"
"아니에요. 내가 심심해서 자꾸 아이들을 건드리는 거예요."
그러면서 말문이 터진다. 초등학교 담임 선생님이 자신을 의심하고, 아이들이 따돌린 얘기에서부터 얼마 전 국어 선생님과의 관계, 그리고 집안 이야기까지 줄줄 털어놓았다. 나는 고개를 끄덕이며, "그래, 그랬구나, 힘들었겠구나." 하면서 이야기를 들었다.
이야기를 나누고 보니, 근식이에 대한 의심이 사라지고 정말 예뻐 보였다. 앞으로 부모님, 친구들에게 바르게 생활해야겠다며 자기 반성까지 하는 표정이 너무 진지했다. '정말 몰라도 너무 몰랐구나!' 싶었다. 근식이가 아이들과 다투는 것마저 이해가 되고, 매일 학교에 나오는 것이 고맙기까지 했다. 가정방문을 안 갔더라면 몰랐을 집안 사정이었다.

선규가 가르쳐준 약속

"선규야. 너 또 도망갈래?"

종례를 마치고 선규를 교무실까지 데리고 왔다. 3월말에서 5월말까지 가정방문을 마치도록 계획되어 있었지만 가정방문 때마다 선규는 약속을 지키지 않고 먼저 도망을 쳤다.

시내 변두리에 살고 있는 선규네 집은 골목길 옆집이었다. 한글을 제대로 읽지 못하는 데다 학교생활마저 적응을 잘하지 못하는 선규가 내내 안타까웠지만, 이런 환경인지는 몰랐다. 공부방이 없는 안방에서 선규 어머니는 이렇게 말씀하신다.

"4월 중순부터 선규가 이상해요. 자리에 누워 있다가도 골목에 차가 지나가는 소리가 들리면 창문을 열고 '선생님 오신다.' 하면서 야단이에요."

선규와 가정방문 약속을 했지만, 그때마다 번번이 도망을 쳐서 꾸짖었던 것이 4월 중순이었나 보다. 사실 따지고 보면 일방적인 약속이었다. '아무리 작은 것이라도 아이가 동의하지 않는 일방적인 약속은 이런 결과를 가져올 수 있구나.' 생각하니 정신이 번쩍 들었다. 그래 놓고 아이들 가정방문 다 했다고, 이제는 제대로 된 학급운영을 할 수 있게 되었다고 동료들에게 자랑을 했으니, 참 부끄럽고 죄송스러웠다.

담임으로서 나는 구체적으로 아이들을 얼마나 이해하는가? 또 얼마나 이해하려고 노력하는가? 선규도 가정방문을 하지 않았다면 '가끔 힘자랑 좀 하고 기초학습이 부족하여 숙제를 안 해 오는 아이'란 인상이 전부였을 것이다. 교실 상담만으로는 선규 동생 둘이 공주에 있는 특수학교에 다니고, 어머니마저 다리가 불편한 장애인이라는 사실도 알 수 없었을 것이다. 담임이 한 아이의 가정 환경을 구체적으로 안다는 것은 아이의 삶을 좀 더 구체적으로 이해하고 다가갈 수 있는 통로에 들어섰다는 것이다. 이제 선규에게 특수학교에 다니는 동생들에 대해 스스럼없이 물을 수 있다. "토요일엔 동생들 왔니? 뭐 하면서 지냈어?" 이렇게 말이다.

땅문서만큼 소중히 여기는 아들 편지

4월 중순경엔 준호네 집을 갔다. 준호네 부모님은 슈퍼마켓을 한다. 아이들 네 명과 함께 갔지만 집에 아무도 없었다.

공부방을 둘러보고 준호와 이야기하고 있는데 준호 아버지께서 서둘러 오셨다. 준호 아버지는 인사를 건넨 후, 안방에 들어가시더니 장롱 속에 들어 있는 땅문서, 집문서 등 여러 서류뭉치를 찾아왔다. 그리고는 그 뭉치 속에서 준호 편지를 꺼내놓았다. 학부모 통신을 보낼 때, 담임 편지와 부모님께 올리는 아이 편지를 같이 부치는데, 그 편지를 받고 아버지는 감동한 것이다. 준호가 그렇게 엄마 생각을 하고 형 걱정까지 할 줄 몰랐다면서 흐뭇해하셨다.

아이의 모둠일기 당번날, 부모님의 격려 한마디 코너를 만들어 참여하게 하면, 교사나 학부모로서도 아이들을 이해하는 데 도움이 된다. 학부모가 보내는 쪽지글도 아이들의 생활을 알려주는 좋은 지침이 될 수 있는 것이다.

가정방문할 때 유념해야 할 것들

학년초 아이들과 관계가 서먹할 때 가정방문은 많은 도움을 준다. 하지만 가정방문에 대한 담임의 원칙이 없으면, 얻는 것만큼 잃는 것도 많다. 오해를 받기도 한다. 아래 원칙들은 그동안 학급원 전원에 대한 가정방문을 해온 경험에서 나름대로 축적된 것이다.

1) 3월 중에 아이들에게 가정방문에 대한 원칙과 필요성을 이해시키고, 그 방법에 대해 구체적으로 알려준다. 그리고는 가정 환경 기초조사서를 구체적으로 작성하게 하고 집 약도를 그리게 한다. 부모님께는 학부모 통신을 통해 담임의 학급운영관과 가정방문 계획을 미리 예고한다. 가정방문은 '얼마나 잘살고 있나를 살피려는 게 아니라 아이들의 학습과 생활 환경을 구체적으로 이해하기 위해서이며, 아울러 부모님께 아이들을 일년 동안 잘 지도하겠다는 인사를 드리러 다니는 것' 이라고 설명한다.

2) 촌지 문제에 대해서는, "방문 때 담임에게 음료수 대접도 안 된다."고 아이들과 학부모 통신을 통해 당부한다. (이렇게 당부했지만 간단한 다과를 차려 내오면 먹지 않을 수 없다. 그러나 저녁 밥상을 차려오면 일어서는 결단이 필요하다.)

3) 3월말부터 시작해서 5월말까지 실시한다. 변두리부터 시작해서 시내 중심 쪽으로 지역을 정한다. 일주일에 2회에 걸쳐 그날 종례 시간에 마을 방향을 정하고 3~4명씩 퇴근 후에 실시한다. 며칠 전부터 예고하면, 아이들이 긴장하고 부모님 또한 부담스러워한다.

4) "방문을 할 때 아이들(3~4명)과 함께 간다. 당일 예고하고 가는 것이기 때문에 학부모 혼자 계실 수도 있고, 아이들에게는 친구 집을 자연스럽게 방문하여 친해질 수 있는 계기가 되기 때문이다. 가능하면 부모님이 계신 집부터 먼저 들르되, 부모님이 조금 늦게 퇴근하는 경우에는 아버지까지 면담할 수 있다.

5) 집을 방문하면, 먼저 공부방으로 가서 책상, 책꽂이 정리 상태, 조명의 밝기 등 공부방의 환경이 잘 되었는지 살피고 부족한 점, 필요한 환경에 대하여 이야기한다.

학습이 부진한 경우에는 반드시 원인이 있게 마련이다.

6) 대화는 공부방에서 아이, 부모와 함께한다. 가능한 한 아이의 학교생활을 칭찬하고, 부모에게 아이의 성장 과정을 들어본다. 학부모와 상담할 때 실패하기 쉬운 일은 아이를 빼놓고 상담한다는 것이다. 칭찬도 꾸지람도 아이가 있는 자리에서 터놓고 이야기해야 불신이 사라지게 된다. 만약 아이가 듣기 어려운 이야기라면, 아이에게 허락을 받고 잠깐 자리를 비켜달라고 할 수 있다.

7) 가정방문 때 얻은 각종 정보는 꼼꼼하게 정리했다가 추후 지도에 참고한다. 강아지는 잘 크는지, 화분의 장미는 무슨 색깔로 피었는지 등 아주 사소한 것일지라도 담임이 기억했다가 물어보면 아이는 감동한다. 그것이 다 신뢰의 밑바탕이 된다.

8) 가정방문 이후 일주일 안에 꼭 개별 상담을 한다. 가정방문 느낌이 어땠는지도 물어보고, 부모님과의 관계 변화, 담임과의 약속 등을 더 구체적으로 설명한다. 늦게 일어나는 일은 어떻게 해결할 것인지, 아버지와 상의한 공부방 환경은 어떻게 바꾸기로 했는지 등.

9) 가정방문을 통해 알게 된 아이의 개별적인 사항이나 비밀은 반드시 지켜주되, 지속적으로 해당 아이에 대해 관심을 갖고 격려한다.

10) 학급원 전체를 다 가정방문 할 수 없는 조건이라면 먼저 관심을 가져야 할 5~8명을 선별하여 실시할 수도 있다. 아이들마다 환경이 모두 다르기 때문에 간혹 거부하는 아이들이 생길 수 있다. 그럴 때는 사유를 충분히 이해시킨 후에 실시한다. 정 안되는 아이가 있다면 먼저 신뢰 관계를 쌓는 데 주력한다.

평생 믿음의 관계로 발전되어야

지각한 아이들을 똑같이 나무라는 것은 어쩌면 교육이 아닐 수도 있다. 성현이는 늦잠 때문에, 할머니와 단 둘이 사는 필수는 다친 할머니 대신 아침밥을 차리고 점심밥 준비까지 해놓고 오느라 늦었는데, 똑같이 싸잡아 나무라면 아이들은 멀찌감치 강을 건너가버리고 만다.

아이를 구체적으로 이해했을 때 비로소 생활이나 학습 지도가 가능한 것이 아닐까. 가정방문은 담임 교사에게 꼭 필요한 밑바탕 그림을 제공한다. 그 바탕 그림이 규모가 잡히고 풍성해야 그 위에 아름답고 풍요로운 관계의 그림을 그려갈 수 있지 않겠는가. 그래야 평생 믿음의 관계로 발전할 수 있다. 내가 15년간 담임을 하면서 가정방문을 기본 원칙으로 삼는 이유도 여기에 있다.

조한일 / 충남 대건중 교사

학부모 상담을 위한 6계명

하나, 학부모는 교사를 '내 아이 하나를 위한 사람'으로 인식함을 기억하라

교사는 학급원을 고루 보살피는 사람이다. 하지만 학부모 입장에서 교사는 '하나뿐인 내 아이를 보살피는 사람'이다. 당연히 요구사항이 많을 수밖에 없음을 이해하자.

둘, 모든 학부모를 내 편으로 만들 필요는 없다

상담을 하다보면 당신 생각만 고집하는 학부모를 만난다. 그럴 때 끝까지 학부모를 납득시켜 내 편으로 만들겠다고 다짐하기보다는, 교사의 판단과 견해를 분명하게 밝히는 선에서 마무리 짓는 것이 상처를 줄이는 길이 된다. 서로의 다름을 인정하자.

셋, 촌지, 그 자리에서 퇴짜 놓자

선배들의 잘못된 조언을 듣고 촌지를 들고 학교를 찾는 학부모들이 여전히 있다. 촌지의 개념을 어디까지로 정의하느냐는 교사 개개인의 판단이겠지만, 일단 촌지라고 판단되면 과감하게 뿌리치고 돌려보내자. 아이를 통해 돌려보내는 것은 좋은 방법이 아니다. 교사가 들려주는 봉투의 의미를 눈치 빠른 아이는 이미 알아채기 때문이다.

넷, 부모의 피해의식을 인정하자

학부모가 '불려온' 경우에는 교사 앞에서 움츠러들고 예민할 수밖에 없다. 이런 때는 교사의 말 한마디에도 과민하게 감정 대응을 하기 쉽다. 이는 교사 개인에 대한 불만이라기보다는 자신이 놓인 상황에서 느끼는 불안감이므로 가슴에 담아두지 않는 것이 좋다.

다섯, 문제 상황일수록 면담 이전에 사전 절차를 두라

말썽, 사건과 관련하여 상담을 요구할 때는, 면담 사유를 밝힌 간단한 메모나 편지를 아이 손에 들려보낸다. 전화는 피하는 것이 좋다. 담임의 급작스런 전화는 부모에게 부담감을 안겨줄 뿐이다. 사전 준비는 좀 더 차분한 만남을 가능케 한다.

여섯, 학부모 통신 같은 적극적인 소통 방식을 활용한다

정기적으로 학부모 통신을 내보낸다. 정기적으로 학부모 통신을 통해 아이들의 생활과 교사의 학급운영 방법을 알리면 학부모들의 신뢰가 높아지므로 만남이 한결 수월해진다. 왜곡과 오해도 줄어든다.

— 2003년 〈교육희망〉에서

학부모 만남을 위한 정보쌈지 **1** 학부모와의 상황별 대응법 Q&A

초보 교사를 위한 학부모와의 상황별 대응법 Q&A

천성적으로 학부모들과의 관계를 잘 풀어나가는 교사도 있고, 풍부한 경험과 노련미로 어떤 상황에서도 학부모에게 신뢰감을 심어주는 교사도 있는데, 나는 어쩐지 아직도 학부모 만나는 것이 겁난다. 평소부터 신뢰 관계를 쌓고 아이들에 대한 정보를 공유해야 한다고 생각은 하지만 첫 시도는 언제나 힘들게 마련. 대응법에 정답은 있을 수 없다 해도, 이런 상황에 이런 식으로 대응했더니 적절하더라는 베테랑 교사들의 충고를 참조점으로 용기를 내보는 것은 어떨까? 나만의 대응법 리스트가 만들어지기 전까지는 든든한 벗이 되어줄 것이다.

Q 아이가 공부도 잘 못하고 집안 형편도 별로 좋지 않은 편이라 학교 오기를 부담스러워하는 학부모가 태반이다. 첫만남이 반이라는데, 어떻게 다가가야 할까?

A ●● 그런 분들과 담임 교사가 처음 만나게 되는 것은, 누구와 싸웠다거나, 급식비를 떼어먹고 PC방 비용으로 썼다거나 했을 때인 경우가 많다. 그렇지 않아도 학교에서 온 전화라 마음이 움츠러들었는데, 이야기 주제도 그 모양이라 학부모로서는 여간 민망스럽지 않을 것이다.
이런 분들에게 담임 교사가 할 말은, "학교는 어려운 곳이 아닙니다. 한 번 찾아오십시오."가 아니다. 학교를 부담스러워하는 분에게는 학교에 오지 않아도 아이에 대해 얼마든지 상의할 수 있다고 말해야 물꼬가 트인다. "학교에 찾아오지 않으셔도 됩니다. 바쁘신데요. 그리고 학교에 오시면 부담스럽잖아요. 아이에 대해 해주실 말씀이 있거나 학교에 물어볼 게 있을 때는 제 휴대전화로 편하게 연락해주세요. 전화번호 알려드릴게요."
이렇게 나가면, 기죽던 학부모도 마음이 편해진다. 학교를 부담스러워하는 학부모를 억지로 불러봐야, 대부분 오지 않는다. 어쩌다가 온다 해도 하고 싶은 말도 제대로 못하고 선생님 얼굴만 구경하고 돌아가기 십상. 무슨 일이 있을 때 편하게 전화를 걸 수 있는 상황만 되어도, 교사와 학부모의 만남은 '만나지 않더라도' 일단 '절반의 완성'인 셈이다.

Q 큰 마음을 먹고 가정방문(혹은 개별 상담)을 진행하기로 했다. 나도 긴장이 되지만, 학부모들이 더 긴장해서 분위기가 불편해질까 봐 염려된다.

A ●● 아이의 문제에 대한 직접적인 이야기보다 학부모의 고민에 공감하는 내용으로 대화를 시작하면 대화 분위기가 훨씬 더 자연스럽게 형성된다. 아이 키우시느라 힘들지 않느냐, 부모님 마음만큼 커주는 자식이 어디 있느냐, 아이들 공부는 다 자기 하기 나름이라는 등 일상적인 화제를 중심으로 대화를 시작한다. 아이의 좋은 점을 찾아서 적극적으로 칭찬해주고 학급 안에서 이런 역할을 해주면 좋겠다고 기대감을 보여주는 것도 중요하다. 아이가 문제 상황에 있으면 있는 대로, 공부를 잘하면 잘하는 대로, 교사의 나이나 결혼 여부와는 상관없이 아이에 대한 고민은 같은 선상에 있다는 것을 느끼게 해주고 공감대를 형성하면 학부모도 생각보다 편안하게 받아들이고 문제의 진실에 접근하게 되어 아이들 지도에 효과적인 밑바탕이 형성된다.

Q 학부모가 수행평가 결과에 항의하면서 내 아이 점수가 이렇게 나온 이유가 뭐냐며 기준을 설명해달라고 따지러왔다.

A ●● 대부분 공부를 잘하는 학생의 경우 이런 반응을 한다. 학부모도 학생에 대한 욕심이 많다. 이럴 때는 일차적으로 "○○가 왜 이런 점수를 받았는지 저도 참 섭섭하네요. 기대를 많이 했는데……."라고 말문을 열어가면서 대화를 시작한다. 기준을 증명할 수 있는 문서나 증거 자료를 보여주고 아이가 보는 앞에서 이러한 성적이 나오게 된 이유를 설명해준다. 아이가 없는 상태에서 이야기하면 집에 가서 아이가 또 다른 거짓말을 둘러댈 수 있기 때문에 오해가 해소되지 않는다.

이유를 설명하고 나서는 그 아이의 학습 태도나 공부 방법을 긍정적인 측면에서 조언해주면 오히려 신뢰 관계가 형성될 수 있다. 아이의 학교생활에서 아쉬운 점에 대한 지적을 하거나, 아이에게 필요한 것은 성적보다 다른 무엇이라고 조언하는 일은 신뢰 관계가 형성된 후에나 가능하다.

Q 아이들끼리 사소한 싸움을 했는데, 맞은 아이의 부모가 정색하고 상대방 아이의 처벌을 요구해왔다. 어떻게 처리해야 좋을까?

A ●● 항상 피해자의 입장에 서서 문제를 바라보아야 한다. 피해학생의 부모가 감정적으로 충분히 동의하고 이해할 수 있게 한 뒤, 학교 규정에 의거해 처벌하도록 하겠다고 하고 생활지도부로 사안을 넘긴다. 괜히 별일 아니라고 무관심한 모습을 보이면 피해학생의 학부모는 불쾌해질 수밖에 없기 때문이다. 더불어 교사가 공정하다는 것을 보여주는 한편, 이러한 처벌이 가져올 이후의 모든 상황에 대해서도 미리 충분히 설명하는 것이 좋다. 중요한 것은 학부모와 교사의 신뢰 관계가 어느 정도인지를 정확하게 인지한 뒤에 충고해야 한다는 것이다.

정말로 별일 아닌 경우, 그 학부모와 이미 신뢰 관계가 형성된 동료교사의 도움을 받으면 문제가 쉽게 해결되는 경우도 있다. 학교 규정상 처벌할 사유가 안되는 경우에는 가해 학부모가 미리 사과하도록 해서 학부모끼리 해결할 수 있도록 유도한다.

Q 어느 날 학부모 한 분이 "촌지 아니에요~." 하면서 백화점 상품권이나 고급 화장품을 들고 오셨다. 거절을 하긴 해야겠는데, 어떻게 해야 기분 나쁘지 않도록 잘 거절할 수 있을까?

A ●● 지역이나 급별에 따라 아직도 학부모들이 간혹 촌지를 들고 찾아오는 경우가 있다. 촌지가 사라진 지역이라면 구태여 걱정할 필요가 없지만 그렇지 않을 경우, 학년초 학부모 총회 때 미리 촌지는 물론 스승의 날 선물 등을 받지 않겠다고 선언하고, 이 내용과 자신의 교육 철학이 담긴 학부모 통신을 학생을 통해서 가정에 전달하면 90% 정도는 예방된다.

그리고 스승의 날 일주일 전쯤이나 학부모 면담 때 유인물을 보내서 촌지를 받지 않는다는 것을 다시 한 번 확실히 한다. 그래도 꼭 감사의 표시를 하고 싶다고 하는 학부모들에게는 여름철 반 아이들 전체에게 아이스크림을 사주시거나, 체육대회 때 음료수나 빵을 사주시면 감사히 받겠다고 말씀드리고, 교사에 대한 선물은 2월 종업식을 마친 뒤, 혹은 아이가 졸업할 때 주시면 감사히 받겠다고 이야기한다.

Q 나이가 어리다고, 혹은 여자라고 무시하는 듯한 태도의 학부모를 만날 때가 있다. 어떻게 대처해야 할까?

A ●● 그런 학부모일수록 교사의 아이에 대한 견해를 선입견 정도로 가볍게 무시하는 경우가 많다. 하지만 가능한 한 감정을 억제하고, 될 수 있으면 학부모의 태도에는 신경 쓰지 않는 게 좋다. 아무리 태도가 안 좋은 학부모라도 항상 틀린 답만을 말하는 것은 아니기 때문이다. 자신의 기분에 좌우되지 말고 '내가 왜 지금 이렇게 기분 나쁜 대접을 받으면서까지 대화를 나눠야 하는가? 그것은 아이에 대한 사랑, 교육 때문이다.' 라는 본질을 잊지 말아야 한다. 10~20분의 대화를 통해 아이를 이해하고 문제를 해결하는 데 도움이 되는 작은 단서라도 찾았다면 그것만으로도 성공한 면담이다. 교사가 학부모의 인격까지 지도한다는 것은 어렵고, 책임질 부분도 아니기 때문이다. 학부모를 훈계하려고 할 필요는 없다. 하지만 인격적인 모독이라고까지 생각이 들 때는 다른 교사와 상의해서 자신이 예민한 것인지, 그 학부모가 문제가 있는 것인지, 아니면 자신의 상담 태도에 문제가 있는지를 객관적으로 파악해보는 것이 좋다.

막무가내로 교사의 말에 귀 기울이지 않고 무시하려 드는 학부모라면, 가능한 한 직접적인 접촉보다는 학부모 통신 등을 이용하는 편이 나을 수도 있다. 학생과 신뢰 관계를 형성하는 데 주력하고, 아이가 학교생활에 대하여 부모와 대화를 하도록 유도한다. 직접적으로 만날 경우에는 지원사격을 구한다. "○ 선생은 젊지만 참 대단한 교사야." 등의 발언으로 힘을 실어줄 동료교사들을 학부모와 만날 때 주변에 배치(?)해보는 것은 어떨까?

Q 학급 아이가 사고를 쳤다. 학부모와의 만남은 부담스럽고 자신이 없어 평소 이렇다 할 교류도 없었는데, 어쩔 수 없이 상담을 해야 한다. 어떻게 대해야 할까?

A ●● 먼저 그 아이에 대한 사전 정보를 충분히 검토하고 자신의 생각을 정리해두어야 한다. 생활지도부 교사나 전 담임에게서 도움을 받고, 학부모가 왔을 때에는 자신감을 갖되, 학부모의 아이에 대한 생각, 집안 사정 등을 털어놓을 수 있는 분위기를 만들어서 많은 이야기를 듣는 것이 좋다. 그리고 그 자리에서 해결 방법이나 결론을 내기보다는 경험 많은 믿음직한 선배 교사의 조언을 얻어 결론을 구하기로 하고, 문제를 일으킨 아이가 우리 학급에서 중요한 아이라는 것, 열심히 지도하겠다는 신뢰감을 조성하는 데 주력한다. 신뢰 관계가 형성되기 전까지는 어떠한 결론을 내리거나 구체적인 지도를 한다고 해도 효과가 별로 없다.

신뢰 관계 형성을 위해서는 학부모를 학교로 부르는 것보다 아이의 집이나 학부모의 회사 근처 커피숍 등, 학부모가 편하게 면담에 응할 수 있는 곳에서 이야기를 나누는 것이 좋다. 특히 학부모의 일터 근처로 가는 경우, 가정 형편이 어려운 학부모의 경우에는 교사로부터 대접(?)을 받아본 경험이 없기 때문에 생각 밖의 효과를 거둘 수도 있다.

학부모의 첫마디 말에 따라 상담 내용 조절하기

1 "우리 아이, 어떻게 도와주면 좋을까요?"

아이의 문제 상황을 잘 인식하고 교사와 협조할 준비가 되어 있는 유형의 학부모이다.

학생의 문제 상황을 설명할 때, 있었던 일을 그대로 전달하는 것보다는 '의존성이 많다.' '자주성이 부족하다.' '우유부단하다.' 등 인간 본성의 측면으로 자세히 설명한다. 그리고 교사와 함께 공동으로 문제를 해결해나갈 것을 제안한다. 적절한 역할 분담으로 학생에게 도움이 될 수 있다.

2 "어쩌겠어요. 선생님이 사람 좀 만들어 주세요."

아이의 문제를 인정하지만 교사에게 교육을 전담시키려는 유형의 학부모이다.

문제 상황을 설명하고 학교와 교사가 할 수 있는 것이 어디까지인지 솔직히 고백한다. 또한 아이의 삶을 변화시키는 것이 쉬운 일은 아니라는 것을 차근차근 설득하고, 학부모의 관심을 촉구한다. 단, 아이의 문제를 정도 이상으로 심각하게 전달하여 학부모의 기를 죽이고 말문을 막지 않도록 조심한다.

3 "어떻게 이런 일이……. 동네 창피해서 얼굴을 못 들고 다니겠어요."

창피해하며 도저히 아이의 문제 상황을 받아들이지 못하는 유형의 학부모이다.

일단 아이의 문제 상황이 그 아이만의 특수한 문제이기보다는 일반적으로 있을 수 있는 일이라고 이야기해준다. 지금은 같이 논의하여 문제 해결 방법을 찾아야 한다고 설득한다. 이어서 학생을 인정하고 체벌하지 말 것을 당부한다. 이후 서로 협조 관계는 편지를 통하여 진행할 수 있다.

4 "우리 애가 그럴 애가 아닌데……. 선생님이 뭘 잘못 아신 것 아닌가요?"

교사의 지도를 믿지 않고 아이를 무조건 보호하려는 유형의 학부모이다.

절제된 언어로 차분히 대응한다. 섣불리 인간적인 논리로 설득하려고 하는 것은 좋지 않다. 교육적 원칙에 근거하여 학교에서는 어떤 지도를 해왔고, 현재 아이의 모습은 이렇다고 논리적으로 이야기한다. 이때 추상적인 언어를 쓰지 말고 학교에서 아이가 하는 실제 행동의 구체적인 예를 들어서 설명해야 학부모에게 문제의 심각성을 인식시킬 수 있다. 문제점을 이야기할 때는 아이의 장점과 가능성도 함께 짚어주어야 학부모를 동반자로 만들 수 있음을 유의할 것. 그리고 학생에게 어떤 도움이 필요하며, 학교와 교사는 어느 정도의 역할을 할 수 있는지 이야기하고 학부모에게 바라는 것, 요구되는 부분을 정확하게 설명한다.

담임의 첫인사 (중학교)

_____ 부모님께

안녕하십니까?
　앞으로 일년 동안 귀댁의 자녀를 가르치고 지도하게 될 담임 교사 ○○○입니다.
　저는 도덕 교과를 맡고 있으며, ○○○○년 3월에 본교에 부임하여 3년째 재직하고 있습니다. 교직 경력은 8년 조금 넘습니다. 철원 토박이로 우리 고장에 대한 깊은 애정을 가지고 있습니다. 올해 2학년 아이들은 작년에 이어서 가르치고 있으므로 서먹하지는 않습니다.
　해를 거듭할수록 아이들을 가르치고 이끌어간다는 것이 얼마나 어려운 일인가를 새삼 느낍니다. 부모님도 익히 경험하셨겠지만, 공부도 잘하면서 올바르고 착한 심성을 가진 아이로 키우는 것은 결코 쉬운 일이 아닙니다.
　저는 아이들 하나하나의 개성을 살리고 서로 협동하며 나눔의 소중함을 깨닫게 하는 데 교육의 1차 목표를 두어야 한다고 생각합니다. 그럴 때 비로소 아이들은 자신감과 아울러 남을 배려할 수 있는 넉넉한 성품을 갖추게 됩니다. 공부라는 것도 사실은 이런 인성이 바탕될 때 진정한 성과를 거둘 수 있습니다.
　공동체 의식을 소중하게 여기는 저의 이러한 교육 방향에 동의하시고 도와주신다면 더욱 힘이 되겠습니다. 혹시 또 다른 생각을 말씀해주시거나 저의 부족한 점을 충고해주시면 겸허하게 받아들여 좀 더 좋은 교사로 성장하는 데 밑거름으로 삼겠습니다.
　그리고 가정에서 아이들에 대한 문제점이나, 상의할 점이 눈에 띄면 언제든지 연락주시기 바랍니다. 자녀에 대해 담임 교사가 특별히 신경 써야 할 사항도 알려주시면 아이들을 지도하는 데 참고하겠습니다.
　학교 문은 학부모님들에게 언제든지 열려 있습니다. 부담 갖지 마시고 자주 오십시오. 아이들 교육은 가정과 학교가 힘을 합칠 때 가장 효과적인 결과를 얻을 수가 있습니다.
　올 한 해 동안 넉넉한 웃음이 깃들기를 기원하며 다시 소식 전하겠습니다.
　안녕히 계십시오.

○○○○년 3월 ○○일　2학년 4반 담임 ○○○ 올림
※아이 문제로 상담이 필요하시면 연락바랍니다. (연락처:　　　　　　　)

담임의 첫인사 (고등학교)

_____ 부모님께

꽃샘 추위가 지나고 이제 교정에도 봄이 만개했습니다. 안녕하신지요?

새 학년이 시작된 지 벌써 한 달이 되어갑니다. 매일 만나는 얼굴들이지만 늘 처음 보는 모습처럼 새롭게 느껴집니다. 아이들은 학교에서 잘 지내고 있습니다.

아이들 속에 묻혀 있다가 이제서야 첫인사를 드리게 되었습니다. 죄송합니다.

우리 반에는 좋은 아이들만 모였습니다. 학급을 구성하다보면 요란스런 아이들도 몇몇 섞이게 마련이지만, 우리 반은 어쩐 일인지 하나같이 고운 심성을 지닌 아이들만 모여서 다른 선생님들의 부러움을 사고 있습니다. 이렇게 예쁘고 좋은 아이들로 길러주신 부모님께 우선 감사의 인사를 드리며, 덧붙여 몇 마디 당부 말씀을 드리고자 합니다.

지금 아이들은 열심히 공부하고 있습니다. 시간 나시면 자녀들의 교과서나 노트, 그리고 참고서를 펼쳐보십시오. 얼마나 공부하고 있는지 확인할 수 있을 것입니다. 아이들의 이런 첫마음이 끝까지 유지될 수 있도록 도와주시기 바랍니다.

고3 학생들에게는 가정의 역할이 특히 중요합니다. 우선 시급한 것은 자녀들에게 스스로 공부할 수 있는 힘과 여유를 길러주는 것입니다. 이렇게 할 수 있도록 환경을 갖추어주는 것도 부모님께서 하실 일입니다. 세 일은 제가 알아서 하겠지, 생각하는 분도 계시겠지만 자신을 통제하기에 아직은 어린 나이입니다. 엉뚱한 일에 몰두하고 있지는 않은지, 말 못할 문제로 고민하거나 방황하고 있지는 않은지 세심하게 배려하고 살펴주셔야 합니다.

그러나 무엇보다도 중요한 것은 아이들을 사랑으로 대하는 일입니다. 지나치게 성적 중심의 지도를 하면 자칫 아이들의 심리적 압박을 가중시켜 탈선의 길로 빠져들게 할 수 있습니다. 그 위험한 상황을 막는 길은 따뜻한 사랑과 관심으로 보살펴주는 것뿐입니다. 가정에서 지도하실 때 강요를 앞세우기보다 사랑으로 독려해주십시오. 또한 성적이 떨어졌다고 노여워 마시고, 열심히 하고자 노력하는 그 자세를 칭찬해주시기 바랍니다.

또한 아이들의 건강을 지켜주는 일도 빼놓을 수 없는 일입니다.

아이들 마음속에 따뜻한 인간애가 넘쳐나길, 그리고 그들이 원하는 미래가 활짝 펼쳐지길 기원합니다. 자주 연락 드리겠습니다. 가정에도 항상 좋은 일만 가득하길 기원합니다.

○○○○년 3월 ○○일   아이들을 사랑하는 담임 ○○○ 드림

※ 아이 문제로 상담이 필요하시면 연락바랍니다. (연락처:)

학부모 총회 안내

_____ 부모님께

안녕하십니까?
　사방은 봄기운으로 충만합니다. 학교 화단에도 흰 목련이 한가득 피어, 오가는 아이들의 발걸음을 잡고 있습니다. 우선 학기초에 많은 관심을 기울여주신 데 대해 감사의 인사를 드립니다. 많은 학부모들께서 직접 방문하시거나 전화로 격려 말씀을 주셨습니다. 이렇듯 성원을 해주시니 마음 놓고 기댈 곳이 생긴 듯하여 얼마나 위안이 되는지 모릅니다.
　_____ 는 학교에서 잘 지내고 있습니다. 처음에는 수줍어 눈도 잘 맞추지 못하던 아이들이 이제는 의견도 앞서서 발표하고, 할 일을 찾아 각각 분주하게 뛰어다닙니다. 부모님들도 그러하시겠지만 저 역시 아이들의 커가는 모습에서 큰 기쁨과 보람을 느낍니다.
　전할 말씀은 다름 아니라 ○○○○학년도 학부모회 개최에 관한 소식입니다.
　○○○○학년도 첫 학부모 총회가 이번 주 목요일(25일)에 열립니다. 이번 학부모 총회에서는 학급 학부모회 구성과 금년도 학사 일정, 그리고 학교 운영 전반에 대하여 자세한 안내가 이루어질 예정입니다.
　학교는 요즘 많이 변하고 있습니다. 학교 운영에 대한 계획 수립과 진행 절차에 학부모님의 의견을 적극 반영하고 있는 것도 눈에 띄는 변화 가운데 하나입니다. 학교교육의 정상화를 위해서는 반드시 필요한 일이라고 생각합니다.
　교육을 바로 세우기 위해서는 학교와 지역사회, 교사와 학부모 사이가 더욱 건강하고 친밀해야 합니다. 눈덩이처럼 불어난 사교육비를 줄이는 길도, 우리 아이들의 참된 삶을 돕는 길도 바로 거기에 달려 있습니다. 학교를 좀 더 가까이 여기시고, 부모님께 열린 공식적인 길을 적극적으로 활용해주시면 고맙겠습니다.
　학부모 총회가 열리는 날, 수업 공개와 함께 담임과의 대화 시간도 마련될 예정입니다. 자녀의 대견스런 공부 모습도 보실 겸 꼭 참여해주십시오. 저는 재미있는 이야깃거리를 많이 마련해놓고 기다리겠습니다. 끝까지 읽어주셔서 고맙습니다.

〈당일 일정〉　1:20~1:50　　**수업 참관**
　　　　　　　2:00~2:30　　**담임 교사와 대화, 학급 학부모회 구성**
　　　　　　　2:40~3:10　　**학교 학부모회 총회(학급 학부모회 대표 참가)**

○○○○년 3월 ○○일　담임 ○○○ 드림

가정방문을 앞두고

_____ 부모님께

안녕하십니까?

생명의 기운이 충만한 계절입니다. 가정에도 두루 좋은 일이 가득하길 빌어봅니다.

많은 부모님께서 학교의 변화에 대해 깊은 관심을 보여주고 계십니다. 학부모와 학생에게 좀 더 틀을 넓게 여는 교육은 여러 부분에서 성과를 거두고 있습니다.

우리 학교도 많이 달라졌습니다. 학부모를 교사로 모신 도예반 같은 방과후 활동이나 개인의 소질과 흥미를 최대화시킬 수 있는 전일제 특별활동 등은 학생들의 큰 호응을 얻고 있습니다. 선생님들의 열정도 뜨겁습니다. 학부모님들의 지속적인 관심과 애정이 우리 학교와 자녀들의 발전을 가져오리라 믿습니다.

다음 주부터 가정방문이 시작됩니다.

가정방문은 아이들을 이해할 수 있는 가장 좋은 방편으로, 학교의 권장사항이기도 하고 저의 소신이기도 합니다. 서로에 대한 이해와 믿음이야말로 진실한 교육의 시작입니다.

이번 가정방문이 자녀들에 대한 교육적 고민과 건강 문제, 인성교육이나 습관 등에 대한 문제를 터놓고 이야기할 수 있는 부담 없는 만남이 되었으면 합니다. 맞벌이를 하시거나 부득이한 경우에는 댁에 계시지 않아도 좋습니다. 아이들의 환경을 돌아보는 것만으로도 충분합니다.

한 가지 당부드릴 것은 서로 부끄러운 만남이 되지 않도록 도와달라는 것입니다. 지나친 음식 접대나 선물은 사절합니다. 그것은 오히려 진실한 만남에 걸림돌이 될 뿐입니다.

곧 구체적인 일정을 잡아서 아이들 편에 전하겠습니다. 혹 사정이 있거나 날짜를 바꾸고자 하실 때는 바로 연락을 주시기 바랍니다. 꼭 가정방문이 아니라도 아이들 소식을 담은 편지를 가끔씩 올리겠습니다. 아이들 문제나 교육 문제는 학부모와 교사가 함께 풀 때 가장 바람직한 해결책을 찾을 수 있다고 생각합니다.

끝으로 학부모님의 가정에 좋은 일들만 가득하시고, 하시는 일이 늘 번성하길 빕니다. 두서 없는 글, 여기서 줄이겠습니다. 안녕히 계십시오.

○○○○년 4월 ○○일   담임 ○○○ 드림

성적표를 보내며

_____ 부모님께

그간 안녕하신지요?

여름이 성큼 다가왔습니다. 교실 안은 아이들이 내뿜는 열기로 후끈후끈하지만 모두 여름 나무들처럼 싱싱합니다. 교실 환경을 생각하면 안타깝기 그지 없지만, 군말 없이 감수하는 아이들이 고맙기만 합니다.

얼마 전에 치렀던 6월 모의 고사 결과를 보내드립니다. 아이들의 현재 수준이라고 생각하시고 진지하게 검토해보시기 바랍니다. 우리 반 아이들의 성적은 그렇게 좋다고 할 수는 없습니다. 동봉하는 진학 사정표를 참고하십시오.

그렇지만 아직 포기하거나 실망할 필요는 없습니다. 아직도 시간은 많습니다. 수능시험은 기본 개념을 바탕으로 종합적 사고력과 창의력을 측정하는 것이기 때문에 평소에 생각하는 습관이 무엇보다 중요합니다.

공부는 강요보다 자유로운 분위기 속에서 스스로 해결하려는 노력이 가장 효과가 높습니다. 무조건 공부하라고 강요하는 식의 방법은 이제 효과가 없습니다. 자녀들이 현실적으로 이해하는 수준에서 공부를 유도해야 합니다. 그리고 (고달프시겠지만) 보여주는 교육이 가장 좋습니다. 예를 들어 아이들이 텔레비전을 못 보게 하려면 부모님이 같이 텔레비전을 보지 마시고 지켜봐주는 자세가 필요합니다.

사실 지금 학생들은 지쳐 있습니다. 아침부터 밤 11시 넘어서까지 의자에 붙박혀 생활하고 있습니다. 이러다보니 스트레스는 말할 것도 없고, 성적과 진학 때문에 엄청난 부담을 가지고 살고 있습니다. 힘드시더라도 묵묵히 뒤를 보살펴보시고 격려해주실 때 아이들은 큰 힘을 얻을 수 있을 것입니다. 학교에서도 최선을 다해서 돕고 있습니다. 다행스럽게 우리 반은 3학년 문과반에서도 학습 태도가 좋고 서로 도와주려는 마음이 돋보이는 반으로 인정받고 있습니다. 그 점이 한결 어깨를 가볍게 합니다.

장마철이라 학부모님 하시는 일도 어려움이 많으리라 믿습니다. 지금 아이들은 기말 고사(7월 5~9일) 준비에 정신이 없습니다. 집에 오면 신경을 쓰지 않도록 마음을 편하게 해주십시오. 물론 아이들도 스스로 노력하는 모습을 보여야겠지요.

늘 건강과 즐거움이 함께 하기를 기원합니다.

안녕히 계십시오.

○○○○년 6월 ○○일 3학년 3반 담임 ○○○ 드림

도움글

나는 아이에게 어떤 부모일까

- 지나치게 감정적인 부모는 아니십니까? "너 내 성질 알지? 본을 보여줘야 알겠니?" 자녀에게 말은 많이 하지만 자녀의 이야기에는 귀 기울이지 않는 부모, 자녀의 잘못을 용서하는 데는 인색하면서도 자신의 잘못에는 너그러운 부모는 신뢰를 얻지 못합니다.
- 자녀를 지나치게 감싸는 부모는 아니십니까? 아이들의 사소한 일까지 일일이 간섭하고 아이의 사소한 문제에도 안달하는 부모는 자신의 인생을 힘들게 살아갈 뿐만 아니라 자녀를 이기적인 아이로 키우게 됩니다.
- 지나치게 희생적인 부모는 아니십니까? 아이가 욕구불만을 가지고 있다고 부모가 초조해할 필요는 없습니다. 지나치면 결국 아이들은 자기의 잘못도 고통도 모두 부모 탓으로 여깁니다.
- 이혼한 부모의 경우, 남편, 아내는 아니더라도 부모의 역할은 계속해야 합니다. 아이들에게는 부모의 이혼이나 별거는 세상의 종말처럼 큰 절망감을 주기 때문입니다.

자녀를 어떻게 도울까

- 자녀의 침착성 없는 태도와 불평도 받아들여야 합니다. 있는 그대로의 자신을 받아주고 신뢰해주는 사람과 함께 있을 때 아이들은 잘 자라날 수 있습니다.
- 지나치게 이해하려고 애쓰지 마십시오. 이해가 안되면 안된다고 표현하십시오.
- 자녀의 생각을 묵살하지 말고, 찬성하지 않더라도 일단 받아들이는 자세를 취하십시오.
- 맞대놓고 비교하거나 비판하지 말고, 경쟁심을 불러일으키지 마십시오. 현명한 부모라면 자녀들의 개인적 차이를 무시하지 않고 기질과 개성의 차이를 고려할 줄 알아야 합니다.
- 고쳐야 할 일이더라도 너무 서둘지 말며 스스로 해나가도록 지켜봐주십시오.
- 사생활 침해 금지! 십대 아이들의 처지에 서서 생각하십시오.
- 상투적인 말이나 설교투로 훈계하지 마십시오. "내가 너만 할 때는……." 하면서, 십대들이 전혀 보고 듣고 느끼지도 못한 것을 확신시키려 들지 마십시오.
- 부모는 자녀의 대변자가 되어야 합니다. 십대 자녀들의 처지에 서주십시오.
- 자녀에 대해 매우 화가 났을 때에는 말보다 글로 표현하는 게 좋습니다.
- '~하면 ~해준다.' 식은 곤란합니다. 일시적 효과는 있으나 지속성이 없습니다.
- 자녀에게 일방적인 약속이나 강요를 하지 말고, 한 번 한 약속은 반드시 지키셔야 합니다.
- 빈정대는 말은 자녀의 심성을 키우는 데 최대의 적입니다.

진학 정보 안내 (중학교/서울)

_____ 부모님께

안녕하십니까?

학교 울타리에 개나리가 한창입니다. 초등학교 티를 벗지 못한 1학년으로 만난 게 엊그제 같은데 벌써 의젓한 학교의 맏형이 된 아이들을 보며 새삼 시간의 힘을 느끼곤 합니다.

얼마 전 학교에서 열린 학부모 총회에 많이 참석해주셔서 감사합니다.

3학년은 고등학교 진학에 대해 가장 고민을 많이 하는 시기인 것 같습니다. 미리 진학 정보를 알려드리는 것이 자녀 지도에 도움이 될 것 같아 간단하게 몇 가지 적어봅니다. 우선, 중학교 성적 반영은 다음과 같습니다.

- 교과 성적 80%(240점 : 2학년 40% + 3학년 60%)
- 출석 성적 4%(12점)
- 행동발달 성적 4%(12점 : 학년당 4점)
- 특별활동 성적 4%(12점 : 학년당 4점)
- 봉사활동 성적 8%(24점 : 학년당 8점)

출석 성적은, 질병 이외의 사유로 인한 지각, 조퇴, 결과는 합산하여 3회를 결석 1일로 계산하며, 결석 일수가 2일이면 11점, 4일까지는 10점, 6일까지는 9점…… 12일 초과면 5점으로 점수가 매겨집니다. 질병으로 인한 결석이나 지각 등은 꼭 결석계, 지각계를 제출해야 사안에 따른 혜택을 받을 수가 있으니 반드시 챙겨주시기 바랍니다.

행동발달과 특별활동 성적은 학년당 기본 점수가 3점이며, 각 학년당 1점의 가산점이 더해질 수 있습니다. (예 : 학급회장이나 클럽활동 반장 경력 등) 봉사활동은 15시간 이상이면 8점, 14시간까지는 7점, 9시간 이하면 6점이 각각 부여됩니다. 부모님과 함께하는 봉사활동은 점수뿐 아니라 인성교육에도 큰 도움이 되니 같이 할 일을 찾아보시기 바랍니다.

참고로 지난해 본교 고등학교 진학 현황을 알려드리면, 인문계 238명(62.1%), 실업계 129명(33.7%), 외국어고 10명, 예술고 3명 등입니다.

혹시 자녀 진학에 대해 궁금한 점이 있으면 언제든지 전화주시기 바랍니다. 아는 대로 충실하게 상담에 응하겠습니다. 건강 조심하십시오.

○○○○년 4월 ○○일　3학년　반 담임 ○○○ 올림
(연락처 :　　　　　　　　　　)

스승의 날을 앞두고

_____ 부모님께

안녕하십니까?

들판이 푸르름으로 가득한 5월입니다. 보기만 해도 마음이 다 흐뭇합니다.

5월은 참으로 행사가 많은 달입니다. 어린이날, 어버이날, 스승의 날, 소풍, 체육대회 등 몸과 마음을 써야 하는 일이 5월에 몰려 있으니 여러모로 바쁘시리라 생각합니다. 이런 때일수록 건강 잃지 않으셔야겠습니다.

드릴 말씀은 다름이 아니오라 스승의 날에 대한 당부입니다. 혹시 스승의 날이 되었다고 이런저런 신경을 쓰시는 것은 아닌지 모르겠습니다.

학부모님!

제가 먼저 작은 제안을 하나 하겠습니다. 저는 사람과 사람 사이에 가장 중요한 것은 서로에 대한 믿음과 따스한 정을 나누는 것이라 생각합니다. 아무리 화려하게 치장을 하고 재물을 동원하더라도 정을 당해낼 수는 없습니다.

저는 스승의 날이 아이들과 그런 정을 나누는 자리였으면 합니다. 마음을 담은 편지 한 장이면 저는 더 바랄 게 없습니다. 언젠가 사이가 좋지 않았던 학생에게서 '선생님과 화해하는 것을 선물로 드리고 싶다.'는 편지를 받은 적이 있습니다. 제가 받은 스승의 날 선물 가운데 가장 큰 선물로 아직도 가슴속에 남아 있습니다.

이번 스승의 날이 반 아이들과 제가 작은 마음을 나누는 그런 자리가 될 수 있게 도와주시기 바랍니다. 저는 편지를 통해서 부모님들의 정성과 사랑을 다 읽을 수 있습니다. 선물을 사서 들려주기보다 초등학교 때나 1, 2학년 때 가르쳐주셨던 선생님께 편지를 쓸 수 있게 도와주는 그런 배려를 보여주셨으면 합니다.

진실한 교육은 조그마한 관심과 사랑에서 비롯된다는 게 제 믿음입니다. 그간의 스승의 날 행사는 그 소중한 뜻을 새기기보다는 사람들에게 불편을 주는 행사였습니다. 보이지 않는 이런 작은 것부터 하나씩 고쳐나갈 때 세상은 더욱 밝아질 것입니다.

스승의 날을 계기로 더욱 아이들과 가깝고 좋은 덕담을 나누는 교사가 되도록 노력하겠습니다. 내내 건강하시길 기원합니다.

○○○○년 5월 12일   3학년 3반 담임 ○○○ 드림

방학 안내

_____ 부모님께

안녕하십니까?
   지리한 장마 가운데 삼복의 무더위가 기승을 부리고 있습니다. 학부모님 댁내에 장마와 더위 피해가 없기를 빌어봅니다. 아이들은 선풍기에 의지해 뜨거운 여름을 나느라 교실에서 비지땀을 흘리고 있습니다. 남은 방학과 보충수업을 잘 이겨내야 할 텐데 걱정입니다.
   편지를 드리는 것은 아이들이 이번 여름방학을 좀 더 알차게 보냈으면 하는 바람에서입니다. 마음이 앞서는 탓에 편지가 좀 길어질지 모르겠으나 양해하시고 끝까지 읽어주시면 고맙겠습니다.
   방학은 가정에서 생활하는 기간이므로 그 어느 때보다 부모님들의 세심한 배려와 꼼꼼한 지도가 이루어져야 하는 시기입니다. 부족한 학과 공부를 보충하는 한편, 그동안 빡빡한 일정에 뒤로 젖혀놓았던 여러 취미 활동을 할 수 있게 배려해주시기 바랍니다. 그리고 틈나는 대로 이야기를 나누어 올바른 진로를 선택할 수 있도록 도와주셨으면 합니다.

학습 계획 점검해주십시오

   공부를 잘하고 싶은 것은 누구보다 아이들 자신입니다. 2학기에 있을 자연, 인문, 직업 계열 선택에 아이들이 자신의 능력과 적성을 고려하여 슬기롭게 대처하기 위해서는 학습 태도와 능력에 대한 자기 점검이 필요합니다. 동봉하는 1학기 성적표와 모의 고사 결과를 참고하시어 부족한 과목을 아이들과 함께 짚어보고, 특히 뒤쳐지는 과목에 집중하여 학습 계획을 세울 수 있도록 지도 바랍니다. 그리고 가능하다면 아이의 학습 계획이 어느 정도 실천되고 있는지 수시로 점검해주시면 고맙겠습니다.
   참고로 말씀드리자면, 무리하게 과외나 학원 공부를 병행하는 것보다 학교에서 하는 보충수업을 중심으로 철저하게 예습하고 복습하게 하는 것이 효과적입니다. 양은 적더라도 완전학습이 이루어질 수 있기 때문입니다. (방학 중 보충수업 일정 : 7월 21일~8월 8일, 수업은 아침 7시 50분에 시작하여 오후 12시 40분에 끝납니다.)

진로 선택을 위한 준비를 하십시오

   학기 중에는 아이들과 부모님 모두 바쁜 생활에 밀려 깊이 있는 대화를 나누지 못했을 것입니다. 그러나 2학기 때부터는 구체적인 방향을 세워 공부해야 하는 만큼 서로 충분한 의견을 나누는 것이 필요합니다. 계열 선택은 막연한 기대만으로 할 수 없는 중요한 것이니만큼 적성검사 결과, 성적, 학습에 대한 열의와 흥미, 그리고 무엇보다도 아이들의 적성과 희망을 잘 들어보시고 의논해주십시오. 아이들에게는 진로 선택에 도움이 되는 몇 가지 과제를 통해 자신을 점검할 수 있도록 하였습니다. 함께 읽어보시고 과제를 도와주시면 고맙겠습니다.

【 아이들 과제 】
① 자신이 알고 있었던 직업 적어보기
② 새로 생긴 직업, 앞으로 유망한 직업 20개 조사해오기(하는 일과 전망, 성취 방법)
③ 전문인으로서의 유망 자격증 5개와 그것을 따기 위한 과정, 방법 알아오기
④ 관심 있는 학과 3개와 그 학과가 있는 학교, 주요 학습 내용, 졸업 후 진로 알아오기
⑤ 가족이나 자기 주변 사람 중에 세 사람을 선택하여 직업 조사해오기(조사 내용 : 자신과의 관계, 나이, 직업, 하는 일, 직업 만족도, 월 수입, 자신의 생각 등)

사회와 자연, 역사를 바르게 인식할 수 있는 기회를 갖게 해주십시오

방학 때 아이들이 가장 하고 싶은 일은 실컷 놀아보는 것입니다. 그러나 단지 논다는 생각뿐 어떻게 놀아야 하는지 방법을 모릅니다. 친구들과 어울려 캠핑을 가거나, 그것도 아니면 시내 거리를 돌아다니면서 몰래 유흥업소를 가거나, 그것도 아니면 그냥 집에서 텔레비전이나 비디오를 보거나 컴퓨터 오락을 하는 걸로 시간을 '죽이는' 경우가 많습니다. 이 점은 학부모님도 크게 다르지 않아 자녀들이 좀 더 의미 있는 시간을 보낼 수 있도록 챙겨주는 노력을 거의 하지 않으시는 것 같습니다. 부모님의 작은 배려가 아이들의 인생관을 바꿀 수 있는 계기가 되기도 합니다. 참고 삼아 몇 가지 권해드립니다.

● 학교에서는 공식적으로 아르바이트를 금하고 있지만 저는 부모님께서 동의만 해주신다면 일과 땀의 의미를 깨달을 수 있는 건전한 아르바이트(서점, 신문 배달, 우유 배달, 주유소, 세차장 등)를 하는 것은 권장할 만한 방학 계획이라고 생각합니다.

● 아이들이 우리 역사와 국토, 문화에 대한 인식을 새롭게 하고 애정을 키울 수 있었으면 합니다. 다음 책들을 참고하시어 아이들과 함께 여행을 계획해보셨으면 합니다.

【 참고할 만한 책 】
《나의 문화 유산 답사기 1·2·3》, 유홍준, 창비
《답사 여행의 길잡이 1~10》, 한국문화유적답사회, 돌베개
《곽재구의 예술 기행》, 곽재구, 열림원
《나는 공부하러 박물관 간다》, 이원복, 효형출판

● 요즘 아이들은 단순한 재미와 흥미 위주로 영화를 고르는 경향이 강합니다. 부모님들께서도 영화 보기에 대해서는 별로 신경 쓰지 않으시는 것 같더군요. 그러나 영화는 때로는 강력한 지적 자극과 충격으로, 때로는 순수한 감동으로 사람을 움직이는 힘을 갖고 있다는 점에서 적극적으로 활용할 만한 매체입니다. 이번 방학에는 자녀와 좋은 영화를 함께 나누는 자리를 마련해보십시오. 기왕이면 우리가 살고 있는 이 세상에 대한 진지한 성찰과 고민, 통찰력을 담은 영화면 더 좋겠지요.

【추천할 만한 영화】
죽은 시인의 사회, 시네마 천국, 길버트 그레이프, 캠퍼스 군단, 스쿨 타이, 프리 윌리, 퍼펙트 월드, 늑대와 춤을, 베어, 볼륨을 높여라, 간디, 로메로, 시티 오브 조이, 미션, 사랑과 우정, 말콤 X, 쇼생크 탈출, 마틴 기어의 귀향, 써머스 비, 피고인, 델마와 루이스, 까미유 끌로델, 허공에의 질주, 피아노, 필라델피아, 파워 오브 원, 포레스트 검프, 뮤직 박스, 프라이드 그린 토마토, 제르미날, 하얀 전쟁, 마이크로 코스모스, 돌로레스 클레이븐, 카드로 만든 집, 마이 라이프, 내 책상 위의 천사, 뮤리엘의 웨딩, 고양이를 부탁해, 처음 만나는 자유, 세 친구, 그린 마일, 빌리 엘리어트, 키즈 리턴, 마리포사, 슈렉, 이웃집 토토로, 귀를 기울이면, 원령공주, 오아시스, 번지 점프를 하다 등

이 밖에도 눈을 돌려보면 활용할 프로그램은 많습니다. 사회단체에서 운영하는 각종 청소년 수련회를 통해 극기와 공동체 생활의 의미를 배울 수도 있고, 각종 전시회나 문화 공연 관람을 통해 우리 예술에 대한 안목을 키울 수도 있을 것입니다.

저는 보충수업에 참여하지 못하기 때문(건강상의 이유입니다.)에 방학 중 아이들의 생활을 꼼꼼히 챙기기는 어려울 것 같습니다. 이 점 죄송스럽게 생각하며, 모쪼록 이번 방학이 부족한 학습을 보충하는 한편, 자신과 세상에 대한 이해의 폭을 넓힐 수 있는 시간이 되었으면 합니다. 부모님께서 많은 관심을 갖고 배려해주시기 바랍니다.

더운 날씨에 건강 조심하십시오. 개학 후에 건강한 얼굴로 뵙겠습니다.

　　　　　　　　　　　　　　　　　　　　ㅇㅇㅇㅇ년 7월 ㅇㅇ일 방학을 앞두고
　　　　　　　　　　　　　　　　　　　　1학년 6반 담임 ㅇㅇㅇ 드림
　　　　　　　　　　　　　　　　(방학 중 연락처: 　　　　　　　　　　　)

상담 안내 편지 (2학기 개학 편지)

_____ 부모님께

안녕하십니까?

들녘 벼이삭이 누런 색으로 그 속이 꽉 차오르고 있는 가을이 우리 곁에 성큼 다가왔습니다. 유난히 무덥던 올 여름, 건강하게 지내셨는지요?

세 번째 소식 전하게 되었습니다.

개학을 하고 아이들을 만나니 모두들 새까맣게 그을린 피부가 반짝거렸습니다. 신나고 즐겁게, 그리고 건강하게 여름방학을 보낸 것 같았습니다. 그러나 아직 여름 끝자락의 더위가 남아 있어, 저도 아이들도 조금은 지치고 어수선한 분위기에서 생활하고 있습니다. 여름방학 후유증(?)이라 생각하며, 상쾌하고 성실한 자세로 2학기를 맞기 위해 신발끈을 다시 고쳐매려 합니다.

지능보다 감성을, 능력보다는 인간됨을 중시하며 생활했던 1학기였습니다만, 많이 미흡하고 게을렀던 점 반성하고 있습니다.

아이들을 교육하는 일은 이처럼 저 혼자 감당하기는 어렵습니다. 이런 어려움을 함께 나누고 2학기 학급활동의 방향을 상의드리기 위해 학부모님과 상담을 하고 싶습니다. 바쁘시겠지만 시간이 허락하면 상담 날짜와 시간을 정해서 아니 편에 보내주십시오. 저는 오후 3시 30분부터는 늘 자리에 있습니다.

학교로 방문하기가 여의치 않으시면 전화상담도 괜찮습니다. 언제든지 연락하시면 반갑게 통화할 수 있을 것입니다.

다음에 또 소식 전하겠습니다. 항상 격려의 말씀 부탁드리며 가을 들녘처럼 풍성하고 좋은 일만 있길 기원하겠습니다.

9월 새 학기를 출발하며　담임 ○○○ 올림

상담을 원합니다

- 상담 날짜 :
- 상담 시간 :
- 학생 이름 :

학급 행사 협조

_____ 부모님께

안녕하십니까?

　새 학년을 시작한 것이 엊그제 같은데 벌써 한 해가 끝나가고 있습니다. 나라가 안팎으로 어려운 만큼 부모님께서도 힘겨운 시간을 보내셨을 것이라 생각합니다. 아이들 편에 가끔 부모님의 가슴 아픈 사연을 전해듣곤 한답니다. 힘내시기 바랍니다.

　아이들은 잘 지내고 있습니다. 저희 딴에는 힘들고 괴로웠던 일들도 많았을 텐데 묵묵히 이겨내고 생활하는 것을 보면 참으로 대견스러울 때가 많습니다.

　편지 드리는 것은 학급문집에 대한 일 때문입니다. 우리 반은 요즘 일년간 틈틈이 모아놓은 생활글과 모둠일기를 묶어 학급문집 만드는 작업을 하고 있습니다. 다소 어설프고 미숙하긴 해도 아이들 모습이 어찌나 생생하게 담겨 있는지, 힘든지도 모르고 일하고 있습니다. 훗날 멋진 추억이 되리라 생각합니다. 평소 하나로 어우러지는 공동체 의식을 강조했던 저에게는 그런 마음을 담고 있는 이 학급문집이 얼마나 소중한지 모릅니다.

　문제는 문집 발간 비용입니다. (인쇄소에 알아보니 약 20여 만원이 든다고 합니다.) 긴 학급회의 끝에 비용 마련을 위한 알뜰장터를 열기로 했습니다. 제가 부탁드리는 것은 바로 이 알뜰장터에 쓸 만한 물건을 보내주셨으면 하는 것입니다. 음식장터도 생각해보았는데 수익금은 많이 생기겠지만 여러모로 번거로울 것 같아 물품장터만 열기로 했습니다. 만약 장터 수익금으로 문집 비용을 채우지 못하면 그때는 다른 방법을 생각해보겠습니다.

　알뜰장터는 이번 주 토요일에 실시할 예정입니다. 물품은 금요일까지 보내주시면 됩니다.

　덧붙여 학급문집에 실릴 부모님의 원고도 모읍니다. 평소에 아이들에게 하고 싶었던 말씀을 써주셔도 좋고, 아이들에 대한 생각, 부모님의 학창 시절을 돌아보는 글, 어떠한 글이라도 좋습니다. 부모님들의 글은 아이들에게 또 다른 감동으로 다가갈 것입니다. 부모님을 이해시킬 수 있는 좋은 기회이기도 합니다. 모쪼록 여러 부모님들의 좋은 글 부탁드립니다.

　글도 물품과 함께 금요일까지 보내주시기 바랍니다. 방학 중에 문집 편집을 마쳐야 하므로 기한을 꼭 지켜주셨으면 합니다.

　날씨가 춥습니다. 내내 건강하시길 바라며 이만 줄입니다.

〇〇〇〇년 12월 15일　담임 〇〇〇 드림

주제별 키워드로 찾아보기

ㄱ

개인상담 16, 20
- 개인상담의 대화법 48
- 개인상담의 목표 20
- 개인상담의 원칙 30
- 교사의 도움이 필요한 문제 46
- 교사의 상담 유형 24
- 귓속말 공책 상담 39
- 발자국 공책 상담 40
- 상담 신청서 받기 42
- 아이들 읽기 28, 155, 188
- 편지상담 38

ㄷ

또래 관계 개선 집단상담 57
- 관절 돌리기 61
- 나는 누구인가 59
- 나에게 영향을 준 사람들 69
- 별명 짓기 58
- 얼음장 깨기 62
- 움직이면서 자기 소개하기 63
- 인생 곡선 그리기 68
- 일방통행, 쌍방통행 69
- 장·단점 말하기 66
- 쪼개진 사각형 71
- 천국 여행 64
- 혹성 탈출 65
- 희망과 사랑의 선물 주고받기 73

ㅂ

부적응아 지도 96
- 거짓말 행동 분석 101
- 도벽 상담 140
- 부적응아와 관계 맺기 98
- 성문제 상담 124
- 집단따돌림 지도 사례 115, 118
- 집단따돌림(왕따) 상담 106
- 학교폭력 상담 120

- 학업 태도 상담 134
- 행동 변화 신호 108, 150
- 부적응아 집단상담 74
- 가족 안에서 나의 스트레스 82
- 가족들의 스트레스 84
- 나의 자존감 지키기 75
- 나의 친구들 80
- 불만 털어놓기 78
- 성공 경험 나누기 76
- 어려움 극복하기 86
- 자신감 발견하기 77
- 친구 도와주기 81
- 친구 사귀기 81
- 학교에서의 인간 관계 79

ㅇ

일상생활 지도 146, 160
- 가출 지도 사례 162
- 반성문 쓰기 지도 156
- 생활지도 사례 160, 162
- 학급 문제 상황 158

ㅈ

집단상담 52
- 긴장 풀이 놀이 88
- 집단상담 준비 54
- 학년초 집단상담 54

ㅎ

학부모 만나기 176
- 가정방문 사례 212, 216
- 가정방문 원칙 206
- 학급 홈페이지 201
- 학부모 상담 상황별 대응법 222
- 학부모 첫만남 준비 181
- 학부모 통신 활용 사례 192, 194
- 학급 학부모회 꾸리기 180
- 학급 학부모회 연간 활동 186

- 학급 학부모회 회의 진행 182
- 학부모 학급활동 198
- 매체 활동 198
- 모둠일기 함께 쓰기 200
- 문화 활동 199
- 일일 명예교사 198
- 학급 행사 참여 199
- 학급활동 도우미 200

상담통신
1 전문가에게 도움 구하기 27
2 전문 상담기관 활용 45
3 학부모 상담 6계명 221

예시 자료
1) 상담 약속 확인표 30
2) 개인상담 신청서 43
3) 학급원 전체 상담 신청서 43
4) 또래 관계 개선 집단상담 프로그램 57
5) 인생 곡선표 68
6) 나에게 영향을 준 사람들 69
7) 학급 학부모회 참여 학부모 설문 183
8) 학급 학부모회 월별 토의 주제 187

학부모 통신 예시
1) 담임의 첫인사 (중학교) 226
2) 담임의 첫인사 (고등학교) 227
3) 학부모 총회 안내 228
4) 가정방문을 앞두고 229
5) 성적표를 보내며 230
6) 진학 정보 안내 (중학교/서울) 232
7) 스승의 날을 앞두고 233
8) 방학 안내 234
9) 상담 안내 편지 (2학기 개학 편지) 237
10) 학급 행사 협조 238

한눈에 보는 일년 학급운영 (1학기)

	3월 ● 개학식/입학식 ● 정·부반장 선거/CA 조직 ● 교실 환경 꾸미기	4월 ● 학부
연중 활동	**첫만남 준비** (빛깔 학급운영 1권 20쪽) ● 학급운영 오리엔테이션 ● 쪽지통신 (첫주 종례는 쪽지통신을 활용한다.) 교사일기(교단일기) 시작 (짧게라도 쓴다. 첫날부터 쓴다. 학생 관찰과 학급 흐름에 주목한다.) 학급일기 모둠이 없어도 일기는 쓴다. (빛깔 학급운영 1권 29쪽, 88쪽)	----→
학급 일상 활동	● 자기 소개서 작성 / 학부모 설문 수합 (빛깔 학급운영 1권 36쪽, 39쪽) 정·부회장 / 임원 선출 (빛깔 학급운영 1권 50쪽) ---- 임원진 집단상담과 다과회 모둠 구성 (빛깔 학급운영 1권 80쪽) ---- 모둠 집단상담 (빛깔 학급운영 1권 124쪽) 모둠이 구성되면 모둠일기를 쓴다. 월별로 '모둠일기 베스트 5'를 뽑아 격려한다. 교실 꾸미기 (빛깔 학급운영 3권 18쪽) ※게시판은 학급활동 결고 가정방문 4월부터 5월에 걸쳐 실시	
학급 행사	● 자기 소개	**3월 생일잔치** (빛깔 학급운영 1권 114쪽) 모둠 비빔밥 비벼 먹기 ● 비밀친구 놀이 (2주간) (빛깔
학급회의 주제	● 학급 규칙 만들기 ● 환경미화 계획 세우기	● 우리 반 소풍 계획 짜기 ● 3월을 마친 소감 발표하기
학부모 만나기	**학부모 통신 1호 발송** (빛깔 학급운영 1권 23쪽, 2권 226쪽) ---- 학부모 총회 준비 (빛깔 학급운영 2권 180쪽, 228쪽)	**학부모 총회 개최**
게시판 운영	● 쪽지신문 마련하기 (빛깔 학급운영 1권 89쪽, 3권 31쪽) ● 예감이 좋은 친구·선생님 쓰기 ● 지우개 낙관 전시회 (빛깔 학급운영 3권 48쪽)	● 내 몸의 비밀 ● 내가 족집게 도사 (빛깔 학급운 ● 짝지 얼굴 그리기
학급문집 활동	● 편집부원 뽑기 (빛깔 학급운영 3권 157쪽) ● 예산 미리 확보하기 (학교운영위 요구) ● 미리 챙길 원고 첫날 소감, 임원 선거에서 생긴 일, 담임 첫인상	● 모둠일기 3, 4월치 입력하기 ● 학급일기 3, 4월치 입력하기 ● 행사 소감문 챙기기

한눈에 보는 일년 학급운영 (2학기)

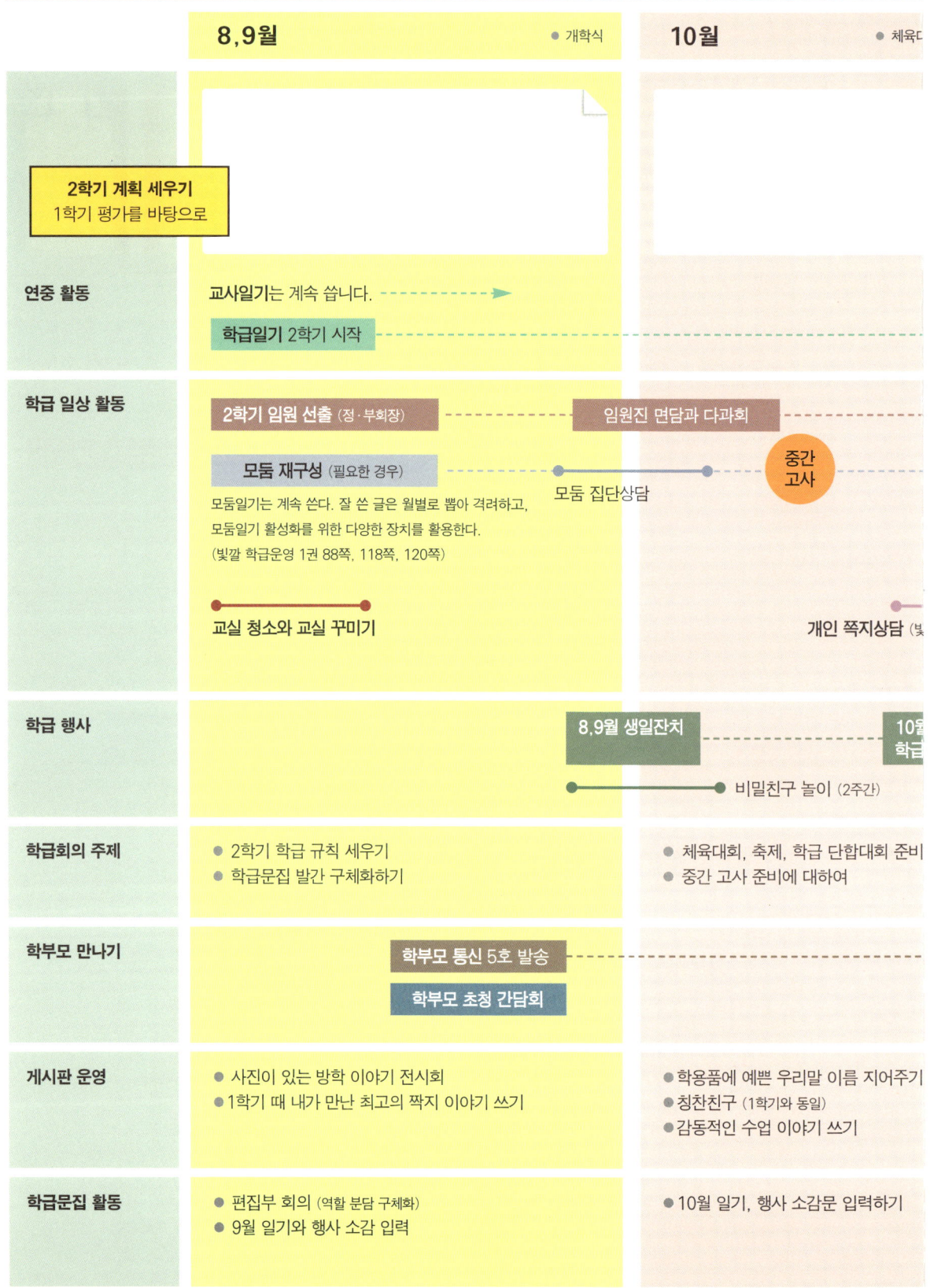

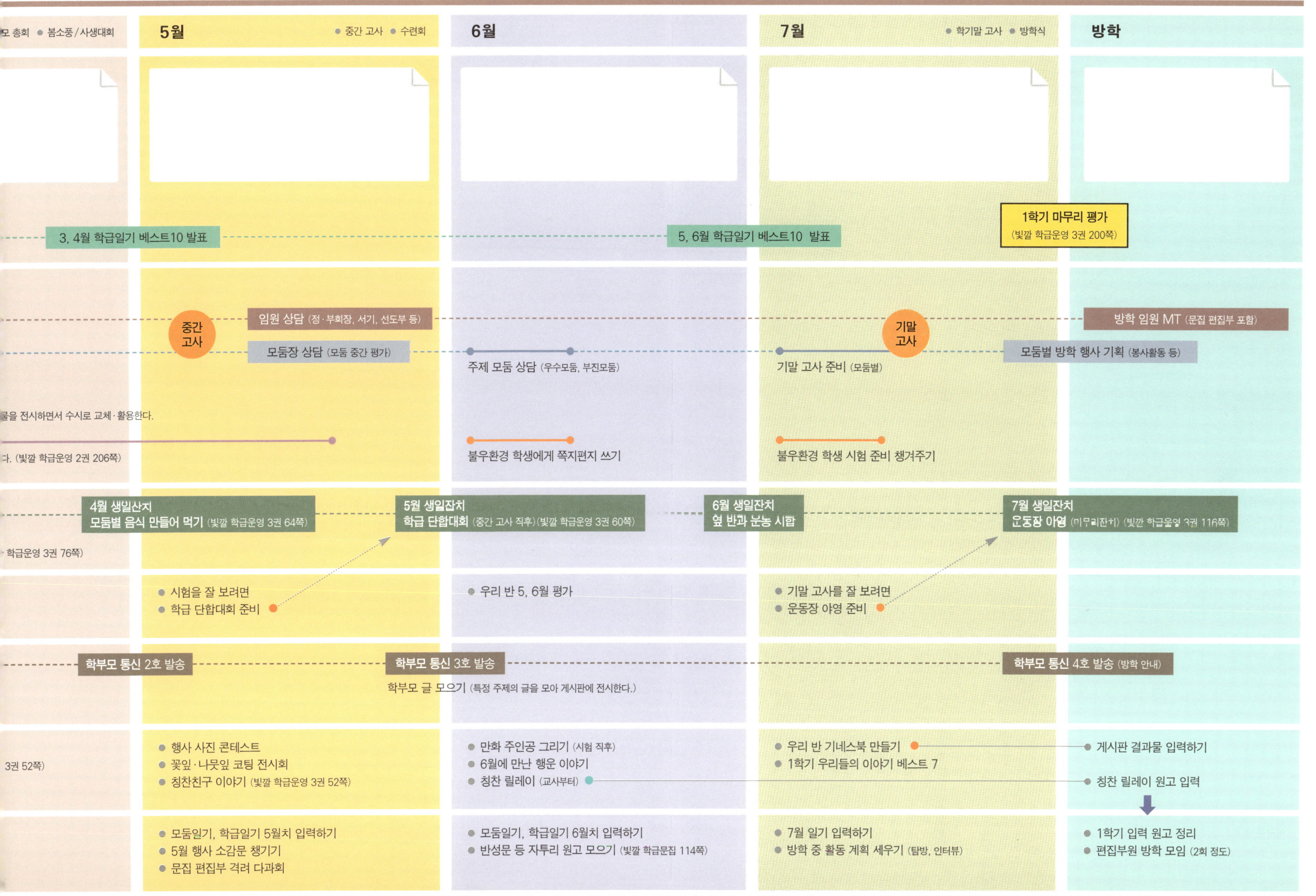

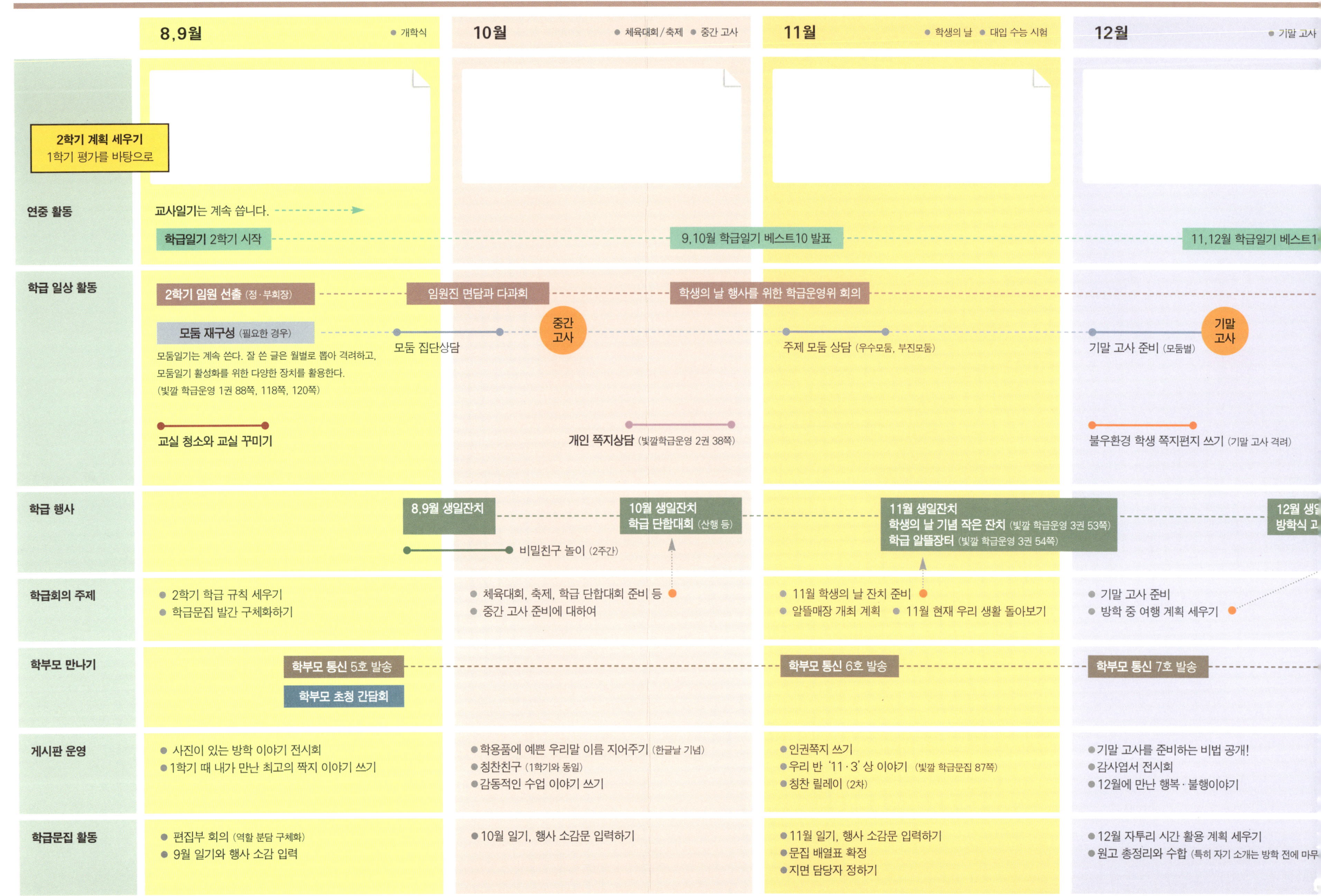

한눈에 보는 일년 학급운영 (1학기)

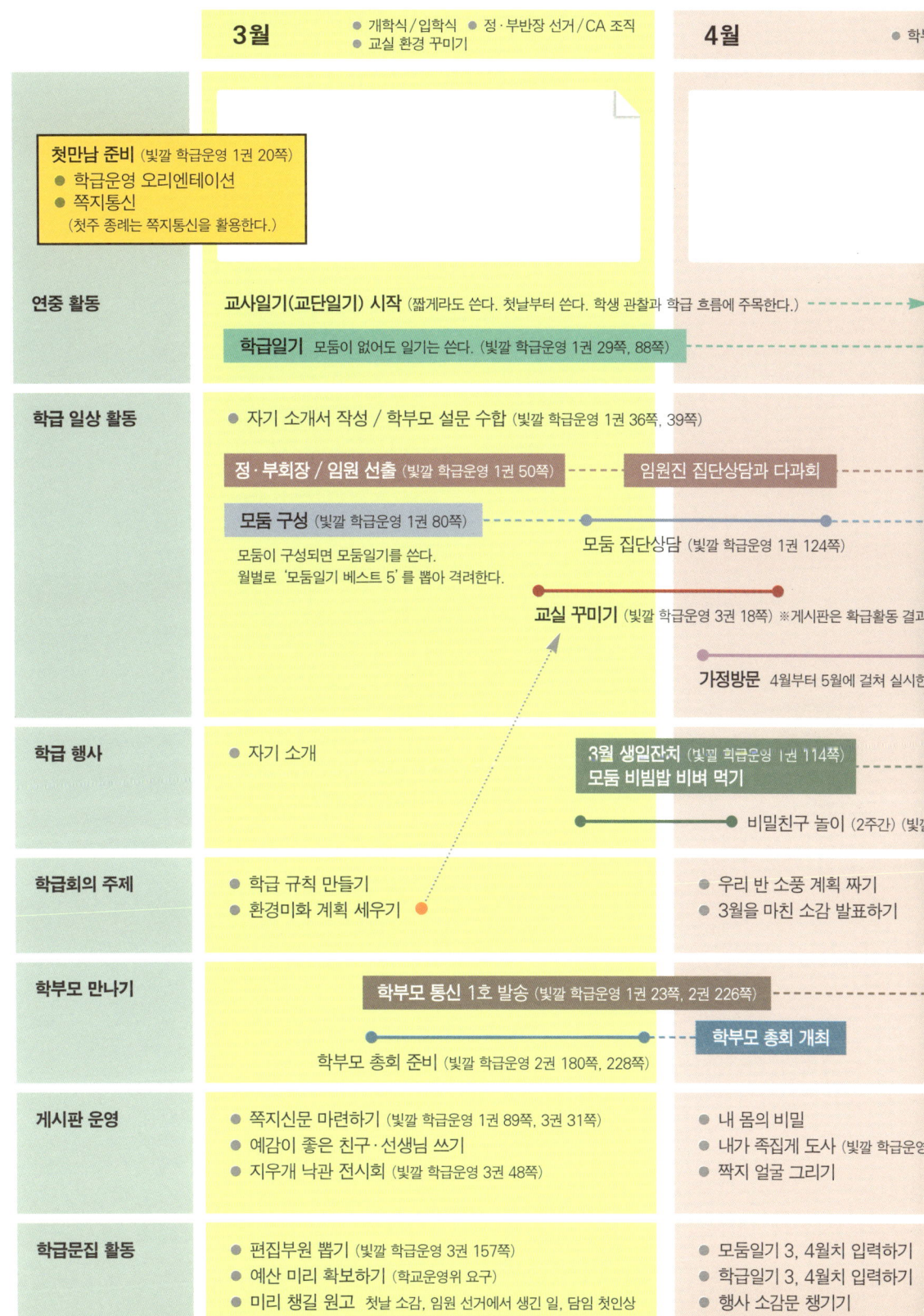